本书获上海市马克思主义理论学科发展支持计划思政课选修课教材（教学参考资料）编著资助（编号：2022BZ05）

# 马克思主义国际贸易理论在新时代的发展及实践研究

梁骁 著

WUHAN UNIVERSITY PRESS
武汉大学出版社

**图书在版编目(CIP)数据**

马克思主义国际贸易理论在新时代的发展及实践研究/梁骁著.
—武汉:武汉大学出版社,2024.6
ISBN 978-7-307-23722-3

Ⅰ.马… Ⅱ.梁… Ⅲ.马克思主义—国际贸易理论—研究
Ⅳ.F740

中国国家版本馆 CIP 数据核字(2023)第 069605 号

责任编辑:聂勇军    责任校对:汪欣怡    版式设计:马 佳

出版发行:**武汉大学出版社**  (430072  武昌  珞珈山)
(电子邮箱:cbs22@whu.edu.cn  网址:www.wdp.com.cn)
印刷:武汉中科兴业印务有限公司
开本:720×1000  1/16  印张:14.75  字数:219 千字  插页:2
版次:2024 年 6 月第 1 版  2024 年 6 月第 1 次印刷
ISBN 978-7-307-23722-3  定价:68.00 元

# 前　言

　　中国经济的快速增长与对外开放密不可分，其中对外贸易发挥的作用更为突出。当前，我国对外贸易的规模稳居世界前列，但对外贸易多元化尚待进一步拓展，协调国外国内两个市场、应对经贸摩擦、争夺国际话语权、运用经贸规则的能力等尚待进一步提高。在此背景下，研究马克思主义国际贸易理论在新时代的发展和实践具有重要的理论意义和现实意义。

　　马克思主义国际贸易理论在新时代发展的理论前提是：经典作家马克思、恩格斯、列宁的国际贸易理论为新时代国际贸易理论的发展提供了理论基础，十八大前中国共产党领导人毛泽东、邓小平、江泽民和胡锦涛关于国际贸易的重要论述为新时代国际贸易理论的发展提供了思想来源。

　　马克思主义国际贸易理论在新时代发展的现实前提是：党的十八大召开以来，世界经济格局发生了巨大变化，国际贸易的发展面临着如逆全球化、贸易保护主义抬头、全球贸易增速放缓、新兴市场国家和发展中国家群体性崛起、全球价值链布局调整等新变化的挑战，这些新变化亟待马克思主义国际贸易理论的创新并提出新的应对之策。

　　基于上述理论前提和现实前提，产生了马克思主义国际贸易理论在新时代发展的伟大成果，即习近平总书记关于新时代国际贸易的重要论述。习近平总书记关于新时代国际贸易重要论述的主要内容包括建立公平合理的国际贸易新秩序，提出合作共赢理念，构建以国内大循环为主体、国内国际双循环相互促进的新发展格局，积极主动拥抱全球化，转变外贸发展方式，推动贸易对象、贸易主体、贸易产品多元化，培育贸易新业态新模式等。这些内容是对马克思主义国际贸易理论的继承和发展，为丰富马克思主义国际贸易理论体系做出了新的理论贡献：首先，在基于马克思"人类社会从孤立封闭走向开放自由联合的过程不可逆"的论断基础上，基于新时代发展的现实情况，创造性地提出了"经济全球化是不可逆转的历史大势"的论断，坚信进一步扩大开放是实现我国高质量发展、实现国家繁荣富强的必由之路，开辟了马克思主义国际贸易理论新境界。其次，基于新时代国际贸易的基本特征和当前我国贸易发展的需要，明确了新时代我国贸易发展的奋斗目标、基本原则和战略构想，形成了内涵丰富、意蕴深远的习近平新时代关于国际贸易的重要论述，是对中国特色社会主义理论体系中国际贸易理论内容的极大丰富和发展。最后，习近平新时代关于国际贸易的重要论述秉承人类命运共同体理念，摒弃了传统冷战思维、零和博弈的旧观念，摆脱意识形态偏见，将其作为新时代国际贸易追求的价值目标，克服了西方国际贸易理论发展中遵从的丛林法则、"美国优先"的单边主义等贸易理论缺陷。此外，习近平总书记关于新时代国际贸易重要论述也为缩小发达国家和发展中国家的发展鸿沟，最大限度地保障发展中国家的正当发展权益，促进不同国家之间的权利平等、机会平等、规则平等，增强各国之间合作机制、理念、政策的开放性和包容性，共同维护世界经济的繁荣稳定等，贡献了中国智慧。

习近平总书记关于新时代国际贸易重要论述的实践，是通过新时代推行的具体贸易政策实现的。不同规划时期的对外贸易政策重点也有所差异，分别为："十二五"规划期——"加快转变外贸发展方式，培育外贸竞争新优势"；"十三五"规划期——"推进供给侧结构性改革，实施优进优出战略"；"十四五"规划期——"推动贸易高质量发展，服务构建新发展格局"。随着这些贸易政策的实施，一系列具体措施相应出台并取得了巨大的成效：我国制造能力进一步凸显，货物贸易稳居第一大国地位；进出口商品结构持续优化，高附加值出口商品持续增加；民营企业成为外贸第一大主体且活力持续增强；贸易方式更加优化；贸易伙伴更趋多元；外贸企业创新能力增强；数字贸易引领服务贸易创新发展。此外，新时代我国对外贸易也为世界经济发展做出了巨大贡献，不仅提高了世界贸易互惠水平，降低了世界交换的不平等程度，也为加快全球经济复苏贡献了力量。

展望未来，我国对外贸易发展仍将面临几大挑战：第一，全球经济缓慢复苏，世界经贸复苏分化；第二，贸易保护主义依然盛行，"去中国化"呈加速态势；第三，区域发展水平不一，跨境贸易面临重重挑战；第四，全球能源短缺严重，影响贸易复苏进程。针对这些挑战，应在习近平总书记不断发展的关于新时代国际贸易重要论述的指导下采取以下应对策略：第一，推进内外贸一体化，保障供应链畅通运转；第二，引领构建亚洲新秩序，有效应对"去中国化"；第三，创新引领外贸发展，增强我国核心竞争力；第四，拓展能源新渠道，加快人民币国际化进程；第五，持续优化贸易结构，实现贸易高质量发展；第六，实施扩大内需战略，推动构建新发展格局。

# 目　　录

# 绪　　论

## 一、选题背景、目的和研究意义

### (一)选题背景及选题依据

#### 1. 国际背景

当前,经济一体化速度在国际经贸发展环境发生巨大变化后开始呈现放缓态势,全球治理体制重构、经贸规则调整也接踵而至。2008 年金融危机之后,全球经济复苏之路漫长且艰难,全球经济结构也发生了重大变化。新兴市场国家和发展中国家如雨后春笋般群聚式崛起,“如临大敌”的西方主要发达经济体大搞“防御工事”,处处构筑区域高标准自由贸易高墙,欲在新一轮的技术革命中占据有利地位。然而,当前全球日趋一体化,政治、经济、文化、社会和科技合作日趋增多,世界各国之间联系互动频繁。此时,各国需要在贸易政策这一重大命题中做出抉择,是选择构筑高墙,搞小群体的保守封闭,还是共同积极探索创新全球治理机制,更好地实现贸易开放合作?

在如此重要的历史时刻,以习近平同志为核心的党中央高瞻远瞩、谋篇布局,提出和平与发展仍然是当今世界的主题,经济全球化是生产力发展和科技进步导致的必然结果,是不以人的意志为转移的客观规律。由此,习近平总书记提出全面参与全球治理,各国携手共同打造人类命运共同体的重要理念，为进一步推进全球治理公平合理，促进全球经贸繁荣发展贡献了重要的中国方案。

## 2. 国内背景

对外开放是我国长期坚持的一项基本国策，是国家繁荣发展的必由之路。在以经济建设为中心的基础上，对外开放与社会主义现代化建设紧密相连，中国经济的发展离不开对外开放。

1978 年，党的十一届三中全会确定了我国经济体制改革方针，从此开启了我国对外开放新征途。这次会议确立将经济建设作为党的工作重点，全面实行改革开放的伟大战略。邓小平坚定地指出对外经济开放，不是短期政策，是我国的长期基本国策。随后，对外开放逐步扩大，形成了从经济特区逐步向沿海开放城市、经济开发区再到内陆城市的全方位、多层次的对外开放格局。我国综合竞争实力和影响力在改革开放后不断提升。在各方努力下，2001 年我国加入了世界贸易组织（WTO）。改革开放40 多年来，我国贸易政策发生重大转变——从"引进来"变为"引进来与走出去并重"，出现了各种市场资源和劳动力要素与海外市场深度对接的新局面。

当前，在全球经济疲软、需求不足的形势下，中国凭借强大的经济韧性，顶住下行压力，不断优化结构，成为助推世界经济复苏的主要动力引擎。"十三五"时期，我国经济保持了较快的增长速度。2016 年至 2019 年，年均增速保持在 6%以上，经济总量也相继突破了 70 万亿元、80 万亿元、90 万亿元、近 100 万亿元，2020 年更是成为全球唯一经济实现正增长的国家，GDP 也正式首次突破 100 万亿元大关。这一时期，中国经济总量稳坐世界第二把交椅。与此同时，人均 GDP 也连续两年超过 1 万美元，稳居中等偏上收入国家行列，为全球经济增长贡献了四分之一份额，是促进全球经贸繁荣的有力助推器。但是，我国贸易发展仍然存在较大短板：第一是支撑高水平对外开放体制的相关因素还不成熟；第二是寻求全球化科技合作的能力和攻克卡脖子关键技术的水平亟待提高。从整体上看，我国对外开放水平还有待迈向更高的台阶。为此，习近平总书记指出："现在的问题不是要不要对外开放，而是如何提高对外开放的质量和发展的内外联动性。"①由此，以习近平同志为核心的党中央在党的十九大报告中提出，要积极主动地参与和推动经济全球化进程，发展更高层次的开放型经济，在不断壮大我国综合实力中坚持新发展理念。

新时代的中国贸易稳居世界前列，但在新的国际国内形势变化下，需要进行更深层次的改革。因此，研究马克思主义国际贸易理论在新时代的发展和实践显得尤为必要，通过理论和实践结合，系统地回答新时代如何发展对外贸易能更好地帮助建设中国特色社会主义全面对外开放新格局，以及在当前国际国内复杂多变形势下，积极构建以国内大循环为主体、国内国际双循环相互促进的新发展格局。

## (二) 研究目的

本书通过梳理马克思主义国际贸易理论的发展脉络，即马克思、恩格斯、列宁以及党的十八大前中国共产党领导人关于国际贸易的重要论述，为新时代国际贸易理论发展提供理论前提，梳理并总结马克思主义国际贸易理论在新时代的最新发展内容，即习近平总书记关于国际贸易的相关论述及其对马克思主义国际贸易理论的发展和贡献，并针对当前国际国内严峻形势下我国进一步发展对外贸易实践中面临的挑战和问题，提出相应的应对建议。

## (三) 研究意义

本书以马克思主义国际贸易理论为出发点，对其发展脉络、理论价值、实践成效等予以创新性研究，这一研究对构建新时代中国特色社会主义对外开放新格局具有重大的学术价值、应用价值和社会意义。

---

① 十八大以来重要文献选编[M].北京：中央文献出版社，2016：826.

### 1. 学术价值

第一，对系统性、创新性地研究新时代中国特色社会主义国际贸易理论具有重要的理论价值。

目前，以马克思主义国际贸易理论视角来系统性地研究中国特色社会主义新时代全面对外开放新格局中的国际贸易问题在理论界尚存较大空间。本书通过梳理该理论的发展脉络，同时结合新时期以来国际贸易发展的现实情况，阐述并总结该理论在新时代发展的主要内容，并针对当前国际国内严峻形势下我国对外贸易实践中面临的挑战，提出相应的对策建议，以期能进一步推进中国对外开放新格局的创新性发展，这对于增强中国特色社会主义国际贸易理论(对外贸易理论)的研究深度具有重要的支撑作用。

第二，对构建基于马克思主义国际贸易理论体系的新时代国际贸易理论具有重要的引领价值。

长期以来，学术界关于国际贸易领域(对外贸易领域)的研究都被西方主流经济学所主导，基于马克思主义国际贸易方面的研究甚少，既有部分的研究仅停留在对问题表面的研究上，既不系统也不充分。本书通过梳理该理论的发展脉络，进而阐述并总结该理论在新时代发展的主要内容及其对马克思主义国际贸易理论体系的继承、发展和创新，本书将对新时代中国特色社会主义构建全面对外开放新格局的理论研究产生抛砖引玉的作用，以引领该领域的发展。

### 2. 应用价值与社会意义

第一，新时代中国特色社会主义全面对外开放新格局是全面实现习近平总书记提出的"四个全面"战略布局的重要保证。习近平总书记 2014 年首次提出"四个全面"战略布局，2015 年进一步对这一战略布局进行了明确的阐述和界定。其中，全面建成小康社会是奋斗目标，也是党和国家在今后各项工作中的关键。全面建成小康社会的目标，要求我们必须将对外开放推进到一个新的高度，更大范围、更深程度、更高层次地让我国经贸融入世界发展，助力我国经济可持续增长。

第二，新时代中国特色社会主义全面对外开放新格局是进一步解放生产力和发展生产力的有力保证。社会主义的本质是解放生产力，发展生产力。改革开放以来，我国一直致力于解放生产力，发展生产力。当前，我国产业结构正处于升级期，建立高层次的开放型经济格局加大了我国与国际市场的融合度，能够较好地化解我国当前部分行业产能过剩问题，对促进我国产业升级以及消费结构升级都具有重大意义。

第三，新时代中国特色社会主义全面对外开放新格局为实现高层次开放型经济格局提供了科学依据。本书基于马克思主义国际贸易理论，通过对其发展脉络的梳理，阐述新时代习近平关于国际贸易相关论述形成的现实背景和主要内容，进而梳理该理论下的实践并对这些实践成效进行检验，最后针对当前国际国内严峻形势下我国进一步发展对外贸易所面临的挑战，提出应对建议。国际贸易争端和矛盾直接关系到我国能否构建更高层次的开放型经济格局，以及如何推进贸易强国建设，本书通过严密的理论论证和科学的实证手段为中国未来进一步深化对外贸易实践，构建新时代中国特色社会主义全面对外开放新格局提供了学理支撑。

# 二、文献综述

## (一) 可视化分析

在 CNKI 数据库中，作者以"马克思"并含"贸易"作为主题关键词进行高级搜索后，共检索到 2853 篇相关文献(图 0-1)。为了缩小范围，更加精准匹配文献，再次以"马克思"并含"国际贸易"以及"马克思"并含"对外贸易"分别作为主题关键词进行高级检索，共得到对应相关文献 662 篇和 642 篇，每年的发文量如图 0-2 和图 0-3 所示。

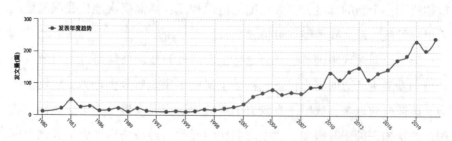

图 0-1　以"马克思"和"贸易"作为主题关键词的文献发表情况

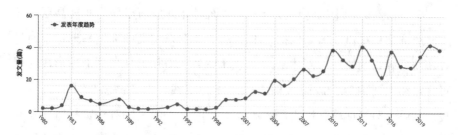

图 0-2　以"马克思"和"国际贸易"作为主题关键词的文献发表情况

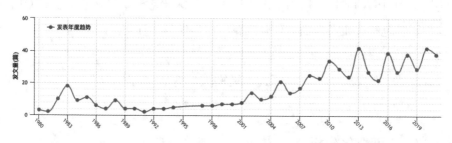

图 0-3　以"马克思"和"对外贸易"作为关键词的文献发表情况

从图 0-1、图 0-2 和图 0-3 可知，从 1980 年到 2020 年，三种搜索方式都显示发文量走势大致保持一致，排除了由于关键词差异导致搜索遗漏相关文献的可能。将图 0-2 和图 0-3 的搜索结果综合起来看，自 1978 年改革开放以来，发文量从 2001 年后开始大幅攀升，之后基本每隔三至五年，发文量都会迈向新的台阶，2019 年的相关发文量更是创下历史新高，达 232

篇(图 0-1)。这一变化趋势和中国共产党召开全国代表大会的时间以及相关贸易政策的发布时间基本吻合：2001 年，我国正式加入世界贸易组织（WTO）；2002 年，党的十六大提出要坚持"引进来"和"走出去"相结合，全面提高对外开放水平；2007 年，十七大指出要"拓展对外开放广度和深度，提高开放型经济水平"①；2012 年，十八大提出要"全面提高开放型经济水平"②；2017 年，十九大指出要"推动形成全面开放新格局"③；2019年，国务院提出要坚持新发展理念，坚持推动高质量发展，以供给侧结构性改革为主线，加快推动由要素流动型开放转向制度型开放，建设更高水平开放型经济新体制。

在研究马克思主义国际贸易理论过程中，本书选取相关度最高的前100 篇文献，同时结合近十年来专家学者的研究内容（为了能够更好地把握马克思主义国际贸易理论研究前沿问题，选取的大部分文献是近五年至十年的核心期刊和 CSSCI 中的相关内容），对马克思主义国际贸易理论内容进行梳理分析。

## (二)国内外研究现状

### 1. 国内研究现状

通过整理分析，可以将研究马克思主义国际贸易理论的文献大致分为三类：

第一类为国内国际贸易理论界对马克思主义国际贸易理论的研究和探

---

① 胡锦涛. 高举中国特色社会主义伟大旗帜 为夺取全面建设小康社会新胜利而奋斗——在中国共产党第十七次全国代表大会上的报告[J]. 实践(思想理论版)，2007(Z1)：4-19.

② 胡锦涛. 坚定不移沿着中国特色社会主义道路前进 为全面建成小康社会而奋斗——在中国共产党第十八次全国代表大会上的报告[J]. 党建，2012(12)：13-30.

③ 习近平. 决胜全面建成小康社会 夺取新时代中国特色社会主义伟大胜利——在中国共产党第十九次全国代表大会上的报告[J]. 实践(思想理论版)，2017(11)：4-21.

讨。如孙玉宗和王寿椿(1992)对马克思主义国际贸易理论体系中的国际分工、国际价值等各理论进行了梳理和概括,并针对世界范围内对外贸易经济所发生的新情况和新问题,进行了分析、研究和理论的探索①。许兴亚(2002)也在其《马克思的国际经济理论》著作中对马克思主义国际贸易理论及其发展脉络进行了较系统的梳理和概括,主要从国际贸易理论在马克思主义政治经济学中的地位(包含研究对象、研究方法以及和西方经济学的差异对比)、国家(包含国家经济职能、国家税收、信用、干预、货币、银行和货币市场等国家经济活动以及人口等内容)、对外贸易(包含生产方式、国际分工、国际生产价格、国际市场价值以及利润率等内容)、世界市场(包含国际分工、国际交换、世界货币、国际信用和投资等各种要素的分析)以及世界市场危机(包含世界市场危机形成的根本原因以及其中形成的各种要素、条件和可能性等分析内容)这五个方面进行阐述②。同样,杨圣明2002年和2017年也先后主编并出版了《马克思主义国际贸易理论新探》③和《马克思国际贸易理论研究》④,系统梳理并概括了该理论的发展脉络,成为系统研究这一理论体系的首创。在时代不断发展中随着各种现实问题的增多,后者在前者的基础上进一步完善并增加了更多的理论和现实研究,开启了新的探索。他在其著作《马克思主义国际贸易理论新探》(2002)中初步阐述了国际贸易的产生和发展、国际分工、世界市场等理论内容。进一步地,其在著作《马克思国际贸易理论研究》(2017)中构建了较为完整的理论体系,不仅深入分析了该体系中世界市场理论、国际分工理论、国际价值理论等内容,还创新性地增加了对关税、成本、汇率、国际流动理论及马克思国际服务贸易思想的研究,首次探索了国际贸易领域中

---

①　孙玉宗,王寿椿. 对外贸易经济学[M]. 北京:中国财政经济出版社,1992:71.

②　许兴亚. 马克思的国际经济理论[M]. 北京:中国经济出版社,2002:21.

③　杨圣明. 马克思主义国际贸易理论新探[M]. 北京:经济管理出版社,2002:53.

④　杨圣明,冯雷,夏先良. 马克思国际贸易理论研究[M]. 北京:当代中国出版社,2017:121.

的重大课题，而且最后章节部分还探讨了国际贸易理论是否适用于无形产品贸易，成为其研究团队新的研究方向。类似地，李翀在其《马克思主义国际贸易理论的构建》（2006）中，基于西方贸易理论研究范式，运用马克思经济学的基本范畴、基本理论、基本方法分析研究国际贸易相关问题，使得这一理论体系被重新构建。该理论体系从国际分工出发，通过对国际价值、国际生产价格等内容的阐述，进一步探索国际贸易产生的动因和未来走势，并且结合实践分析了组织内、产业之间以及市场主体之间的贸易现象，进一步展示了国际贸易在全球范围内的利益分配情况，最后在国际贸易的条件下研究了资本积累和社会资本再生产过程，揭示了世界资本主义经济体系最终走向灭亡的历史归宿[1]。但遗憾的是，该研究仍然被"约束"在西方贸易理论研究范式中。

第二类为运用比较分析的方法来研究马克思主义国际贸易理论和西方现代国际贸易理论之间的区别和联系。这一类文献数量较多，也是近年来众多国内学者研究马克思主义国际贸易理论的主要方法，主要原因在于通过深入比较分析，学习借鉴西方现代经济理论的分析方法，"化西学为东用"，以有效提高自身竞争优势。在这些文献中，通过对比两者理论体系中某一具体理论之间的差异，从而得出两者是互补性而非歧义性的结论；或者从具体的现实问题出发，通过对比两者差异，提出需要不断创新发展马克思主义国际贸易理论，同时针对现实问题提出相应的应对之策。事实上，马克思主义国际贸易理论也要随着时代的不断发展与西方国际贸易理论相融合，才能构建适应时代需求的国际贸易理论，才能提高该理论对现实的解释力。李荣林和史祺（2000）是结合两者研究的代表性人物，他们对马克思国际价值理论和西方贸易理论如比较成本、资源禀赋以及新贸易理论进行对比，提出马克思国际价值理论模型是一种特殊的产业内贸易模型，由此通过现代经济学方法构建了国际价值理论的基本模型，以此探讨

---

① 李翀. 马克思主义国际贸易理论的构建 [M]. 北京：中国财政经济出版社，2006：131.

9

国际价值理论中不同情况下的贸易形式和贸易福利等问题，最终得出这两种理论具有互补性而非歧义性的结论①。类似地，张弦和王家斌（2003）通过梳理马克思对西方重商主义学说、范德林特和休谟的自由贸易思想以及亚当·斯密和大卫·李嘉图的古典贸易理论的批判评述，同时融合这些理论的科学部分，为我国发展对外贸易，参与全球化竞争和治理提供了坚实的理论基础②。刘厚俊和袁志田（2006）在对比二者的研究中，认为市场性质的差别是马克思国际价值规律在国际范围内无法充分发挥作用的原因，因为资本主义生产方式无法形成一个充分的竞争性世界市场，而且通过比较发现，两者的研究方法论存在巨大差异：马克思主义国际贸易理论是从无产阶级角度出发，运用总体动态方法研究资本运动过程中的所有经济关系，不局限于研究某一具体经贸问题；而西方贸易理论则相反，它从微观经济层面出发，故而多采用静态分析的方法研究具体个体问题。所以西方尽管拥有各种层出不穷的新理论，而且在内容和方法上都有了很大的创新，但是对于解释现实特别是国际分工现象仍然稍显不足，而具有强大实践性、阶级性和开放性的马克思主义国际贸易理论能够不断结合现实情况"去伪存真"——揭露一些西方贸易理论的虚伪面目，同时通过不断吸纳众多西方理论的科学成分，进一步强有力地支撑自己的观点，进而增强了自身对不同时代、不同国家在世界市场上的各种贸易问题的解释力，如资源禀赋、产业转移、全球化贸易问题等③。当然，西方的这些理论也为马克思主义国际贸易理论的发展贡献了丰富的事例和数据，因为马克思的研究并不仅仅聚焦于贸易和分工的某种具体的或是特殊的情况和现象，而是从整个资产阶级社会运动规律进行考察，只关注贸易和分工现象的社会属

---

① 李荣林，史祺. 马克思的国际价值理论与西方国际贸易学说[J]. 南开经济研究，2000(5)：41-45.

② 张弦，王家斌. 马克思与其前人的贸易思想研究[J]. 社会主义研究，2003(3)：71-73.

③ 刘厚俊，袁志田. 马克思国际贸易理论与西方国际贸易理论的比较[J]. 当代经济研究，2006(1)：17-20，72-73.

性，只强调现实的贸易和分工历史，以及某一特定历史阶段的经济社会关系下的国际交换和国际分工是由怎样的社会生产力支撑并形成的。因此，马克思主义国际贸易理论仍然需要通过吸纳西方这些理论和研究成果不断发展和完善。可见，两者之间并不完全互相排斥，双方在一定层次和一定范围内仍然是可以相融的。李恒(2007)①同样也在两者比较研究中，从当下西方大肆倡导自由贸易但现实却实行贸易保护作为各国贸易主流政策的巨大反差中，看到国家利益才是理论和实践矛盾的主要原因。通过对比分析两者关于国家利益表述的差别和联系，以比较利益论为例，提出了重构国际贸易理论必须遵循马克思经济理论的三个重要要求：第一是必须运用总体的研究方法分析贸易发展的整个过程；第二是运用历史的分析方法，在统一的劳动价值论的基础之上，来决定贸易商品的价值和利益分配；第三是在考察国际贸易理论中的国家利益时，要注意国际分工的社会属性，这是与国际分工体系的产生、发展和深入息息相关的，同时也要注意与人类生产力的发展阶段相适应。此外，马克思主义国际贸易理论也要随着时代的发展与西方国际贸易理论相融合，以此构建适应时代需求的国际贸易理论，增强该理论对现实的解释力。尹栾玉(2007)对比分析了马克思国际贸易理论和克鲁格曼的新贸易理论的研究方法、研究对象和政策主张等方面问题后，指出虽然两者有着本质的区别，但是后者关于企业技术创新的分析和创建"竞争优势"的贸易观点非常符合我国当前经济发展的现实需要，不过在学习和借鉴该理论的同时，仍然需要保持警惕并且清醒地认识到只要国家和阶级仍然存在，西方鼓吹的"自由贸易"并非真正的"自由"，而是维护其自身贸易利益的"自由"②。如果无法"拨开迷雾"，不了解国际交换根本不平等的本质，甚至天真地将发达资本主义国家优先给予的"甜头"视为我国自身在发展贸易中的真实实力，将会对我国自身工业发展水

① 李恒. 国家利益与国际贸易理论的重构——西方贸易理论与马克思贸易理论的比较研究[J]. 国际贸易问题，2007(9)：121.

② 尹栾玉. 马克思国际贸易理论与克鲁格曼新贸易理论之比较[J]. 马克思主义研究，2007(5)：28-32.

平进行误判，最终会对我国经济发展产生巨大危害。所以，我们必须坚定不移地运用马克思主义国际贸易理论指导我国的贸易发展，在学习借鉴任何西方理论之前都要进行深入的比较分析，学习并融合他者优点，以此"化西学为东用"提高自身"竞争优势"。杨玉华（2011）从企业过度依赖政府扶持以在国际市场中获得比较优势的现实问题出发，通过分析对比马克思主义国际贸易理论和西方国际贸易理论的动力来源，认为西方资本主义国家企业参与国际竞争的动力在于各国之间的绝对优势、比较成本优势、生产费用、要素禀赋或技术以及产品周期差异等，而马克思主义国际贸易理论则认为以上种种理论都是在为资产阶级追逐无限利润做掩饰，因为资本主义需要通过不断地追求剩余价值实现扩大再生产，这种追求是其生产方式源源不断、永不枯竭的内在驱动力。此外，文中基于国际价值规律，对其作用条件、内容以及结果进行了梳理和总结，认为国内企业参与国际竞争的积极性主要来源于国内和国际利益之间转换的差额大小。究其原因在于国际市场竞争不充分造成国际价值不能"平均化到原来的水平"①（国际价值平均化水平大打折扣），势必导致国内企业将目光转向国际市场。因此，他提出国内应该建立高效、统一、公平的市场环境，通过相关贸易政策的出台，激发并调动企业参与国际竞争的积极性，同时给予企业关于贸易投资方面的信息指导，为企业出海保驾护航。此外，鼓励企业自主创新，获得可持续的国际竞争优势，才能在国际竞争中立于不败之地②。张志敏和何爱平（2013）同样也提出要充分理解两个体系的差异，同时学习西方贸易理论中关于如何调节市场供需以及增强自身比较优势等研究内容，以此积极有效地应对国际国内贸易形势中的各种新变化和新挑战③。刘国晖和吴易风（2015）通过对两个理论体系的研究对象、研究方法和理论体系

---

① 马克思恩格斯全集（第四十六卷）[M]．北京：人民出版社，2003：266.
② 杨玉华．马克思经济学与西方经济学国际贸易动力理论的比较[J]．经济纵横，2011（5）：1-5.
③ 张志敏，何爱平．马克思经济学与西方经济学国际贸易理论比较研究[J]．经济纵横，2013（8）：60-65.

中的五个核心问题(国际贸易的动力、来源、政策、利益分配、与世界市场的关系)的深度对比,指出马克思主义国际贸易理论是从世界无产阶级利益的角度去研究并考察社会经济关系中的贸易政策的,而西方国际贸易理论无论选择何种贸易政策,丝毫都不影响其自圆其说式的辩护,因为它永远为资产阶级利益说话,永远带有明显的阶级属性和浓厚的国家主义色彩①。显然,社会主义国家在这个由西方资本主义发达国家主导并构建的世界经贸格局中,总会受到不平等交换的束缚而处于劣势地位。由此,社会主义国家更应该在这种不公正、不合理的世界秩序中对"自由贸易"保持谨慎态度,不断学习西方资本主义发达国家的先进技术和管理经验,加快我国产业转型和产业结构调整,不断提高国际地位和国际话语权,让世界形成真正公平、合理的国际贸易新秩序。鲁晓璇和张曙霄(2018)结合了我国对外贸易发展与部分高校国际经贸教学及研究的实际,对马克思主义经济学和西方经济学中的国际贸易理论内容进行了对比分析,指出马克思主义国际贸易理论应该成为我国高校贸易教学和研究的重点,同时也需要吸纳并掌握西方贸易理论中的科学部分和研究方法,由此,为不断提升我国在国际分工中的地位筑牢理论基础②。

第三类则聚焦于理论层面的研究,比如对马克思主义国际贸易思想的整体研究,如马慧敏(2003)③、徐雅(2020)④、罗云等(2020)⑤;对马克思恩格斯国际贸易理论体系中某一具体理论对当代启示或现实意义的研究,如杨圣明等(2018)对马克思世界市场理论及其现实意义的研究⑥,黄瑾和王敢

① 刘国晖,吴易风. 国际贸易理论:马克思经济学与西方经济学的比较[J]. 政治经济学评论,2015,6(4):118-136.

② 鲁晓璇,张曙霄. 对马克思主义国际贸易理论和西方国际贸易理论及其关系的思考[J]. 经济学家,2018(1):20-28.

③ 马慧敏. 当代中国对外贸易思想研究[D]. 复旦大学,2003.

④ 徐雅. 马克思国际贸易思想研究[D]. 东北财经大学,2020.

⑤ 罗云,戴轶,蒋琳莉. 论经典马克思主义的国际贸易思想[J]. 人民论坛,2020(Z1):150-151.

⑥ 杨圣明,王茜. 马克思世界市场理论及其现实意义——兼论"逆全球化"思潮的谬误[J]. 经济研究,2018,53(6):52-66.

(2020)对马克思自由贸易思想对当代启示的研究①，赵茜(2021)②、徐绍元等(2021)③对马克思主义国际贸易政策理论对当代启示的研究以及谢地和张巩(2021)④运用马克思主义政治经济学对逆全球化进行阐释等。

总体来看，国内学者已经构建了相对完整的马克思主义国际贸易理论体系，内容详实，为后辈学者参考学习提供了良好的理论指导基础。但是，在目前的期刊文献中，研究多偏向于理论层面，而且大多局限于对马克思、恩格斯经典著作思想本身的研究以及思想的政策性解读，对马克思主义国际贸易理论的创新和发展不足。此外，在研究一些国际贸易实际问题时，研究又多偏向于运用西方的理论和方法，将马克思主义国际贸易理论作为文献文本"束之高阁"，并未将其作为解决现实问题的理论依据，从而无法进一步创新发展该理论。

## 2. 国外研究现状

目前西方国家的贸易理论繁多，主流的有亚当·斯密的绝对优势理论、李嘉图的比较优势理论、俄林的资源禀赋论、迈克尔·波特的国家竞争优势理论，以及克鲁格曼的新贸易理论等，这些理论对于发达资本主义国家的国际贸易理论具有很强的指导性和实践性，但是对于发展中国家，特别是对于中国这样一个社会主义国家来说，这些西方的研究框架和理论体系并不符合我国的实际情况。

从西方学者研究国际贸易理论的情况来看，许多学者赞同马克思的

---

① 黄瑾，王敢. 马克思恩格斯自由贸易思想及当代启示[J]. 经济学家，2020(3)：16-24.

② 赵茜. 马克思恩格斯的国际贸易政策思想及其当代启示[J]. 社会主义研究，2021(2)：31-37.

③ 徐绍元，史春林. 马克思恩格斯对资本主义国际贸易政策本质的分析及现实启示[J]. 湖湘论坛，2021，34(4)：35-47.

④ 谢地，张巩. 逆全球化的政治经济学解释[J]. 马克思主义与现实，2021(2)：75-80.

"贸易不平等"观点，比如，萨米尔·阿明（2000）提出"不平等发展"理论揭示了国际贸易的不平等实质①；伊曼纽尔（1988）运用马克思劳动价值论和国际贸易理论的基本观点，提出了关于帝国主义时代国际贸易中不等价交换，导致发达国家剥削发展中国家的理论②，由此呼吁建立国际经济新秩序。

此外，近年来随着国际社会越来越关注"自由贸易与贸易保护主义"这一主题，相关的辩论越来越激烈，部分西方学者也将目光转移到了研究马克思早期在这个问题上的著作。Reza Ghorashi（1995）认为尽管马克思既不是"自由贸易者"，也不是"贸易保护主义者"，但是在二者之中，马克思认为自由贸易相比贸易保护更符合资本主义工业化发展，更有利于总体的经济发展③，尤其是在将贸易保护主义与商业资本主义时代联系在一起的情况下，马克思更喜欢自由贸易而不是贸易保护。但是，作者认为不能仅通过这一观点就简单对当今世界贸易格局下结论，因为当下全球化发展情况越来越复杂，对于150年前的西方欧洲国家有效，但不一定对当今世界同样有效，如此简单粗暴地将这一观点强加于当下现实，而不考虑其他新增因素，也同样是否定了历史唯物主义和辩证法相统一的马克思方法论的要义，也就是说，对问题的分析应该充分考虑时间和地点的统一性。Reza Ghorashi 认为尽管这一观点不能延续至今，但是对马克思的"自由贸易和贸易保护主义"话题的关注和研究仍然有助于马克思主义经济学家们去探讨在当下由晚期资本主义主导的世界中，不同贸易体制的本质。

Bill Dunn（2009）对于国际贸易的经典问题"自由贸易还是保护贸易"也提出了自己的看法。他既不支持"自由贸易是不公平贸易"，也不认可"放任的自由贸易"，而是驳斥了这种矛盾，他认为国际贸易本质上并不比其

---

① ［埃及］萨米尔·阿明. 不平等的发展［M］. 北京：商务印书馆，2000：57.

② ［希腊］伊曼纽尔. 不平等交换：对帝国主义贸易的研究［M］. 北京：中国对外经济贸易出版社，1988：231.

③ Ghorashi Reza. Marx on Free Trade［J］. *Science & Society*，1995，59（1）：38-51.

他的任何市场交易更好或更坏①。换句话说，人们对贸易态度的两极分化，应被视为一种保守的、带有意识形态色彩的历史建构，国际贸易充斥着不平等，但其回避了权力和生产问题，以及一些难以量化的经济问题，如性别不平等和环境破坏等，显然两派观点的分化以及其中提及的贸易不平等性并不是国际贸易（市场交易）不平等的主要原因。

　　此外一些学者较关注马克思关于资本主义全球化问题的论述，日本一桥大学的平子友长教授（Tomonaga Tairako）（2003）对马克思的资本主义全球化概念的不断发展和修正进行了论述，他认为资本主义经济通过全球市场形成并扩张成一个全球体系，但是资本主义的扩张在不同地区展示出了巨大的差异性，并非所有国家的资产阶级和工人阶级都发展到了足够高的相同程度，因此他认为马克思背离过去全球资本主义的概念，发展出了新的特征：发达资本主义国家都会让隶属于自己的殖民地和附属国家处于"欠发达"状态。此外，发达国家的工人阶级虽然处于被统治地位，但是其作为"国家"的一员，在全球格局中仍然占统治地位，也开始与资产阶级分享着同样的国家利益②；全球资本主义制度中的阶级斗争以国家斗争的形式存在，这个时代中，人民必须从殖民地中被解救出来，因为这也是解放发达资本主义国家工人阶级不可或缺的条件。在传统社会与西方资本主义不断碰撞和融合导致巨大区域性差距的背景下，世界各区域的资本主义发展历史和特征变得愈加复杂，平子友长认为无法建立统一的类型学或趋同定律。

　　Ganguli（1965）区别于将马克思的贸易理论和李嘉图的比较优势理论进行对比，而是将马克思的国际贸易理论和俄林的贸易理论联系起来，即贸易可以用不平等的要素价格来解释，这种不平等的要素价格导致了不同的

---

　　① Dunn B. *In Global Political Economy*：*A Marxist Critique*［M］. London：Pluto Press，2009：179-202.

　　② Tairako T. Marx On Capitalist Globalization［J］. *Hitotsubashi Journal of Social Studies*，2003，35(1)：11-16.

国家形成了不同的要素组合①。将要素禀赋差异与贸易国家的不平等经济发展联系起来是因为马克思的对外贸易理论是建立在不平等贸易伙伴之间的特性和动态发展的基础之上，贸易，无论是国内贸易还是对外贸易，都会产生交换价值，这都与通过剥削剩余劳动力创造剩余利润是分不开的。因此他认为贸易的本质就是不平等的交换，从而得出马克思主义国际贸易理论不适应于殖民贸易、发达国家和不发达国家之间以及不发达社会之间贸易的结论。

此外，Hoselitz(1949)追溯了社会主义对国际贸易理论的主要贡献，阐述了各种主要学说之间的联系和产生的条件。其中提到马克思是对外贸易理论最重要的贡献者，马克思站出来支持英国的自由贸易，但是只支持有条件的自由贸易，原因既不是基于收入最大化，也不是基于对比较成本原则的分析，而是因为马克思对资本主义国家经济政策的认识，本质上是站在一个强调资本主义发展历史形态和为无产阶级增强自身权益的立场上所说的②。对他来说，没有"正确的"政策，因为任何时候和任何国家的政策都取决于该国特定的经济发展阶段。资本主义下的贸易政策是资产阶级内部为分配剩余价值而进行斗争的表现，这种斗争是通过国家这个媒介进行的。每一位资本家都希望增加自己的营收份额，此时就产生了无限的冲突。这些享受到剩余价值的受益者迫使国家采取以牺牲其他群体利益的政策，以此增加自身的利益。在这样的情况下，社会总剩余价值的构成反映了资本积累的阶段和资本主义发展的程度，且这种发展反映在控制国家机器和国家政策的政治斗争中。

Sau Ranjit(1977)认为要形成马克思主义的对外贸易理论，就必须先深入研究马克思的资本主义理论③。其研究首先介绍了李嘉图的比较优势理

---

①　Ganguli B N. Marx's Theory of Trade Policy[J]. *The Economic Weekly*, 1965(2)：217-224.

②　Hoselitz B F. Socialism, Communism, and International Trade[J]. *Journal of Political Economy*, 1949, 57(3)：227-241.

③　Ranjit S. Towards a Marxian Theory of International Trade and Capital Flow[J]. *Economic and Political Weekly*, 1977, 12(33/34)：1437-1450.

论，进而对马克思的(1)货币、价格和利息的理论；(2)工资、利润和利息理论；(3)马克思理论体系下积累、就业和工资之间的相互关系问题；(4)价值、价格和不平等交换理论等进行概述，最终将这些影响因素联系起来，形成了国际贸易和资本流动理论，并基于此理论体系对国家、对外贸易和世界市场之间的相互联系提出看法。作者认为如果一个资本家 A 的积累速率高，科技进步快，劳动生产力高，相应地，他的经济实力相对以上因素弱的资本家 B 更占主导。若资产阶级作为统治阶级时，B 国会屈从于 A 国，此时 B 国对 A 国的臣服程度与 B 国资本家对 A 国资本家的臣服程度成正比。马克思主义的国际贸易理论揭示了两个看似"平等"的贸易国家即使在遵守完全竞争和自由贸易的游戏规则下，"欠发达国家"是如何受到影响的。决定一个欠发达资本主义国家进行自由贸易的专业化范式既不取决于生态优势也不取决于比较优势，而是发达资本主义国家早就将资本主义生产的进步要求强加到贫穷的贸易伙伴身上。

京都大学的 Kiyoshi Matsui(1951)对西方拥有的很多具有划时代意义的现代国际贸易理论表示赞许和认可，如哈伯勒的机会成本理论和俄林的资源禀赋论，这些理论将劳动价值论从古典理论中排除，和以马克思主义政治经济学为理论基础的国际贸易理论研究(基于劳动价值论)形成了对立①。作者在欣赏这些理论的同时，将这些著作译成日文引入日本，为发展并推动日本的国际贸易理论做出了很大的贡献。但是他发现日本该领域内的大多数专家仍对这些西方的现代国际贸易理论的结论持怀疑态度。原因在于，尽管这些结论在形式上很新颖，但基本上与古典学派没有太大的差异。目前日本的大多数专家学者仍然采用马克思主义劳动价值论，并试图通过批判国际贸易经典理论，进而形成一个新的观点和流派。由此作者对日本研究国际贸易理论的主流学派观点进行了阐述——马克思主义政治经济学的各种概念，如对李嘉图理论的批判，修正的价值规律(价值规律

---

① Matsui Kiyoshi. On The Theory Of International Trade [J]. *Kyoto University Economic Review*, 1951, 21(1)：23-38.

的修正），以货币形式表现的国际价值，以及和其他主流国际贸易理论学派的对比等，这些观点在日本广为人知，而且相当受欢迎。

此外，也有学者运用西方国际贸易理论研究中国的对外贸易。例如，世界银行的经济学家 Alexander J. Yeats（1992）通过分析联合国和 WTO 数据库里中国进出口数据，阐述了中国在贸易发展中拥有的"比较优势"，得出中国将在全球贸易中占据越来越重要的地位①。Ingrid H. Rima（2004）在其《中国的贸易改革：凡登定律与亚当·斯密的"盈余发泄"理论相结合》一文中研究了中国自 1976 年"文化大革命"后进行的贸易改革，直接投资和合资成为促进以出口为中心的产业发展的主要手段，这些产业已从劳动密集型产业逐渐快速转变成资本密集型产业②。在基于中国作为世界贸易组织成员，其产业贸易实践与专业化分工和比较优势理论相一致的假设前提下，作者认为中国的贸易改革举措与"凡登定律"和亚当·斯密的"盈余发泄"理论更相符，而不是李嘉图、赫克歇尔、俄林的传统贸易中的效率理论。

Robert S. Ozak（1960）也曾对中日贸易问题进行了研究，他发现由于贸易是政治和意识形态相对经济问题占据上风的领域，所以对中日贸易的未来作长期预测是很困难的③。但是在第二次世界大战结束之前，中国和日本之间的贸易发展在后者的经济扩张过程中发挥了重要作用，所以研究中日贸易问题非常有必要。日本政府的基本论点是，尽管两国之间存在政治壁垒，但是现在或将来都有可能在不同的领域内对政治和经济问题进行区别处理，以期能逐步发展更密切的经济相互依赖关系，最终建立一种更友好的政治关系。但是，自 1958 年中期开始，中日贸易陷入僵局，此时已经

---

① Yeats A J. *China's Foreign Trade and Comparative Advantage：Prospects，Problem，and Policy Implications*[R]. Washington，D. C：World Bank，1992(141).

② Rima I H. *China's Trade Reform：Verdoorn's Law Married to Adam Smith's "Vent for Surplus" Principle*[J]. *Journal of Post Keynesian Economics*，2004，26(4)：729-744.

③ Ozaki Robert S. *A Note on the Future of Japan's Trade with Red China*[J]. *The American Economist*，1960，4(2)：36-38.

无法把政治和经济问题分开来处理，特别是中国已经将日本划分为美国"帝国主义"势力范围内。尽管如此，作者仍然肯定了未来中国工业化生产的潜力，他认为中国的煤矿行业具有先进的技术，未来煤炭的产量将大幅提高，不仅能满足中国国内的需求，也能满足国外的需求。届时，日本将能够从中国获得煤炭以满足其进口需求中相当大的一部分。

同样，日本一桥大学经济学教授南亮进在研究中国经济发展问题时也对中国贸易进行了相关研究，在其《中国的经济发展：与日本的比较》著作中，他将日本作为参照对象，运用比较分析的方法研究中国的经济发展，其中，在分析国际贸易部分时，他指出中国过去一直强调"自力更生"，这将会导致该国忽视贸易在促进经济增长中发挥的巨大作用①。

此外，世界各地也出现了一些工会为了抵制和抗议资本主义自由贸易，仍然寄希望于马克思的相关理论来指导实践，比如工人自由联盟（Alliance for Workers' Liberty）就以一个世纪前马克思主义自由贸易的核心思想为基础来指导当前工会的各种实践。

综上，西方因为拥有了自己的国际贸易理论，对马克思主义国际贸易理论的关注和研究大多仅局限于某一主题，鲜少系统地研究该理论体系，更别提关注该理论在新时代进一步发展的情况。当然，我们仍然能从国外对中国经济史研究的专著中以及国外学者运用对比研究的方式比较马克思主义国际贸易理论与西方贸易理论的差异中，了解到大量关于中国对外贸易（国际贸易）的信息，这方面的研究领域广泛，文献资料也非常丰富。

# 三、研究框架及研究方法

## （一）研究框架

本书的结构框架如图 0-4 所示，马克思主义国际贸易理论是习近平新

---

① ［日］南亮进. 中国的经济发展：与日本的比较［M］. 北京：经济管理出版社，1991：21.

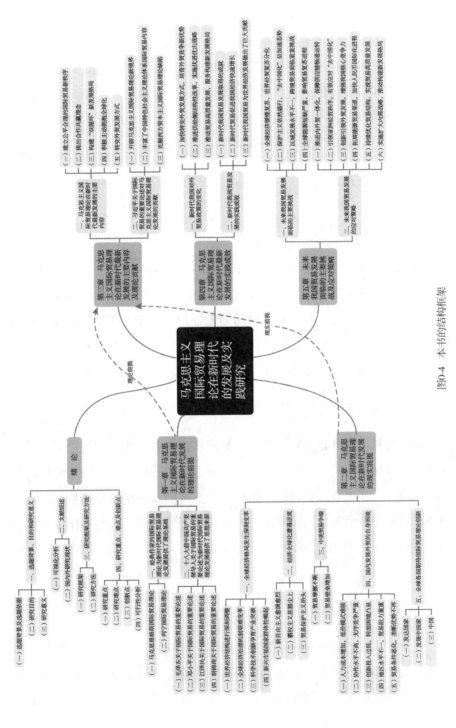

图0-4 本书的结构框架

时代关于国际贸易重要论述的理论前提，新时代国际贸易发展出现的新问题、新趋势是习近平新时代关于国际贸易重要论述的现实前提。基于理论和现实的双重前提，习近平新时代关于国际贸易的重要论述继承并创新了马克思主义国际贸易理论，本书通过梳理习近平总书记关于新时代国际贸易相关论述的内容及相应实践，进而对实践成效进行检验，最后针对当前我国贸易实践进一步发展面临的挑战提出应对建议。

## (二) 研究方法

### 1. 文献研究方法

本书全面梳理了经典作家马克思、恩格斯、列宁以及十八大以前中国共产党领导人毛泽东、邓小平、江泽民和胡锦涛关于国际贸易的重要论述，以及习近平新时代关于国际贸易的重要论述的相关文献，梳理研究国际贸易思想的理论渊源、演变和形成，就文献中涉及习近平新时代关于国际贸易重要论述的相关内容和观点进行鉴别、整理、归纳和评析。

### 2. 系统分析方法

系统分析方法亦是马克思主义政治经济学的重要研究方法之一，与单因素、边际化的研究视角相比，这一分析方法能够更全面地揭示经济现象的本质规律。本书在剖析习近平新时代关于国际贸易重要论述形成的现实背景，研究中国新时代国际贸易发展中的经济变化时，充分运用了系统思想，运用了生产力-生产关系系统分析方法，将该方法论贯穿于本研究之中。

### 3. 逻辑推演法

逻辑推演法的优势在于控制经验局限性影响，基于逻辑合理地分析事物发展的脉络，得出理论命题。本书运用逻辑推演法分析马克思主义国际贸易理论的发展规律，探究该理论在新时代的发展和实践成效，在此基础上提出相应的政策建议，力求做到历史与逻辑相一致。

### 4. 理论分析与实证分析相结合的方法

本书运用了理论逻辑分析与数理逻辑分析相结合的方法。本书在进行理论研究后，将对马克思主义国际贸易理论在新时代的实践研究成效进行实证分析，并运用相关计量经济学软件对这些实践进行检验。

### 5. 规范分析与实证分析相结合的方法

本书运用马克思主义国际贸易理论体系中的国际分工、国际价值、世界市场及服务贸易等内容对国际贸易发生的实质和形成基础进行规范研究，对在马克思主义国际贸易理论指导下我国新时代对外贸易发展的实践进行实证研究，从而得出相关结论。

# 四、研究重点、难点及创新点

## (一) 研究重点

本书的重点在于理论研究问题，因为理论研究是实证研究的基础、指南和方法论，理论框架是否科学和全面，是实证研究方向正确、方法可行、结论可靠的保障。

习近平总书记对新时代国际贸易的发展及实践研究是试图对马克思主义国际贸易理论做出的理论回应，本书以马克思主义政治经济学生产力-生产关系系统方法为指导，系统研究该理论在新时代的发展运用，以对马克思主义国际贸易理论形成科学、系统、全面的认识，促进后续理论的发展。

## (二) 研究难点

关于马克思主义国际贸易理论在新时代的发展和实践，一是没有太多的系统研究可供借鉴。对于新时代国际贸易的发展问题，需要以马克思主义国际贸易理论体系作为理论基础，进而系统梳理和总结新时代国际贸易理论的主要内容，并基于该理论进一步探究其对应的实践发展成效。二是国际贸易理论本身是一个外延不断扩大的系统，在整个系统中影响的因素也纷繁复杂，需要形成一个开放性和系统性兼顾的理论。三是对于经济现象规律的总结和把握，需要很强的抽象思维能力和深厚扎实的理论功底。

### (三) 创新点

#### 1. 研究问题的创新性

首先，选题具有创新性。通过梳理国内外文献发现，目前国内外硕博学位论文鲜少运用马克思主义国际贸易理论指导新时代国际贸易的发展和实践，即关于系统研究习近平关于新时代国际贸易的重要论述并指导贸易实践的选题较少。现存的对马克思贸易相关内容的研究，多数只局限于对其思想史和理论层面的梳理，鲜少拓展延伸到通过马克思主义国际贸易理论指导贸易实践，对当前新时代国际贸易出现的新问题和新情况的研究就更是少之又少。此外，在众多研究新时代国际贸易理论的学者中，研究的理论基础和理论范式也多偏向于运用西方现代发展经济学和西方国际贸易理论。显然，本选题具有一定的创新价值。

其次，研究视角的整体性、系统性、辩证性。本书基于理论前提和现实前提，按照历史与逻辑相统一的原则，根据马克思主义国际贸易理论发展的固有逻辑和内在客观规律，结合国际贸易不同的历史发展阶段，理论联系实际，系统性地分析习近平新时代关于国际贸易的重要论述的主要内容、理论贡献以及具体实践，进而对这些实践进行成效检验，显示出本书的系统性思维，并且对构建新时代中国特色社会主义全面开放新格局提出对策建议。此外，在对习近平新时代关于国际贸易重要论述的理论来源方面本书坚持了马克思主义理论的整体性和辩证性思维，具体来说，就是既坚持了新时代国际贸易理论的马克思主义本源，又结合实际吸收借鉴了中国传统实践和西方相关理论中的优秀部分。

最后，研究的归宿具有现实的指向性。本书并没有只单纯停留在习近平总书记关于新时代国际贸易论述的思想来源及内涵、价值和意义等方面的理论研究和阐释方面，而是通过对这些理论阐释及构建新时代中国特色社会主义全面开放新格局中所面临的机遇与挑战进行分析，以期靶向精准地通过对马克思主义国际贸易理论在新时代的发展和指导下的具体实践（如"一带一路"倡议，亚投行的建立，主动扩大进口，深化金融体制改革，完善产权保护制度等）的分析，对这些具体实践的成效进行定量定性的实证研究，显示出本研究既有学术性，又有现实的指向性。

### 2. 学术观点的创新性

首先，马克思主义国际贸易理论是习近平新时代关于国际贸易的重要论述的理论启蒙点。在国际和国内背景下，以马克思主义国际贸易理论为启发，引领该理论在新时代的发展和创新，反过来，通过新时代的实践回应并验证该理论，不断丰富和发展马克思主义国际贸易理论。

其次，国际贸易理论是一个系统性理论，必须将新时代国际贸易发展问题上升为理论范畴，对其进行系统性的理论分析。现有对于国际贸易的研究主要局限于单一因素分析，但关于新时代中国特色社会主义贸易相关问题的研究，应该是全方位、整体性和系统性的分析。

最后，对外开放是推动形成全面开放新格局的重点，研究新时代的贸易发展问题就成为当前的核心问题，因此，通过系统的理论构建和实证检验，得出的政策建议就具有科学性，能为中国未来对外开放道路的理性选择提供有效的理论支撑。

### 3. 研究方法的创新性

首先，将马克思主义政治经济学的辩证唯物史观应用于分析国际贸易问题。本书运用历史分析方法而不是盲目依赖西方经济学的计量方法，分析马克思主义国际贸易理论在新时代开放格局下的发展问题，将新时代基本特征和主要矛盾引入国际贸易理论，为分析中国新时代经济全面开放新格局框定历史约束条件、规划远景目标，以此关注国际贸易活动间的互动关系。

其次，采用理论研究与实证研究相结合的方法对习近平新时代关于国际贸易重要论述的发展及实践进行研究和检验。新时代中国特色社会主义经济全面开放新格局是建设目标，需要进行价值判断，使其服务于"两个一百年"奋斗目标的实现和中华民族伟大复兴的中国梦的实现；在实证研究新时代中国国际贸易实践成效时，需要分别考察国际贸易的实践合格标准，选择合适的研究方法和研究标准，进而得出成效结论。

最后，运用综合分析理论框架研究国际贸易问题。目前大多数研究国际贸易问题的学者多依赖西方经济学的研究框架及研究方法，本书试图综合西方经济学和马克思主义政治经济学的研究方法，既考虑影响国际贸易的生产力因素，又考虑影响国际贸易的生产关系因素，既对新时代中国特色社会主义全面开放新格局问题进行价值判断，又对相关的影响因素进行量化分析。

### (四) 可行性分析

首先，数据搜集具有可行性。本书充分利用同济大学图书馆的知网期刊、国研网、中经网、WTO 等数据库，人大复印报刊资料以及 Elsevier、Springer Link 等数据库搜集数据，这些都为本书的数据搜集提供了便利的科研条件。

其次，研究视角具有可行性。本书以马克思主义国际贸易理论为理论基础，以习近平新时代关于国际贸易的重要论述为理论着眼点，基于传统理论和实践智慧，试图通过对马克思主义国际贸易理论的研究，对新时代习近平关于国际贸易的相关论述进行理论梳理，并对其实践成效进行检验。此外，中国新时代的基本特征和新时代的主要矛盾两个因素为研究习近平新时代关于国际贸易的相关论述提供了全新的切入点，有利于对新时代国际贸易理论发展和实践的研究，且能为构建全面对外开放新格局的理论创新提供一定的帮助。

最后，研究对象素材丰富。中国主要矛盾的转化、新时代的基本特征、十八大以后中国对外贸易发展出现的新问题及新特征为本书提供了重要的实践素材和现实前提，使得新时代中国特色社会主义全面对外开放新格局有了新的建设目标，基于理论研究、历史分析、现实剖析和实证分析，可为如何构建新时代中国特色社会主义全面对外开放新格局提供全面可靠的理论基础和现实依据。

# 第一章　马克思主义国际贸易理论在
# 新时代发展的理论前提

任何理论的提出都是基于前人的理论研究基础上而不断向前发展、丰富和完善的，新时代国际贸易理论也不例外，它以经典作家马克思恩格斯的国际分工、国际价值、世界市场、国际服务贸易和贸易政策理论，以及列宁首次在社会主义国家实行对外贸易国家垄断政策的贸易思想作为理论基础，结合毛泽东坚持独立自主发展外贸的外交政策主张、邓小平的和平与发展的对外开放理论，以及江泽民进一步扩大对外开放和胡锦涛统筹国内发展和对外开放的贸易思想作为思想来源，形成了今天新时代全面构建对外开放新格局的理论基石。这些前人的思想和理论为新时代国际贸易理论的发展提供了充足的理论前提，让该理论绽放出耀眼的光芒。

## 一、经典作家的国际贸易理论为新时代国际贸易
## 理论发展提供了理论基础

### (一) 马克思恩格斯国际贸易理论

#### 1. 国际分工理论

(1)国际分工理论的主要内容

一般而言，社会分工的发展程度直接决定了经济社会的进步速度。在此过程中，商品交换越来越频繁，其发生频次、交换范围和商品种类也随

着社会分工的不断细化而不断扩展。分工不仅包括工厂内分工①，也包括外部分工——社会分工。如果社会分工冲破国界，进入世界市场，就演变成了国际分工。

马克思的国际分工理论主要有两个基本特征：（1）分工具有二重性，分别是社会属性和自然属性。（2）国际分工的出现是由资本主义的内在生产方式决定的。国际分工的发展进程和发展深度以及它所形成的全球格局主要取决于全球经济体的生产发展能力（即生产力）以及与其相适应的经济社会关系（即生产关系）。

马克思不仅从资本主义生产力发展的角度缜密地分析了国际分工产生和发展的内在逻辑，而且从资本主义生产关系的角度总结了资本主义跨越国界在世界市场上进行分工的固有特征。正如他所说："新的国际分工……使……一部分……以服务于另一部分。"②此外，分工不断发展，产生了许多独立的个体。尽管人与人之间表面是独立的个体，但是被物与物之间的交换而联系在了一起。分工将劳动产品变为商品，那么再将其转换为货币也就不足为奇了。由此，资本主义将各国划分成"工业生产"国（地区）和"农业生产"国（地区），从而基于该分类大肆开展对各国生产加工的掠夺，在此过程中，这些被"人为"划分的国家（地区）由于被"赋予"了不同的角色，双方的走向"渐行渐远"，也就呈现出当前全球国际分工不断加深的状态。根据马克思的国际分工理论，处于劣势地位的国家具有极强的受剥削性质，这是资本主义生产关系的内在本质属性。

一国社会分工跨越国界转变为国际分工的过程中，资本主义主导的机械化生产方式必然取代家庭式的小作坊生产，由此规模化的集约生产急需大批量的初始原料作为支撑，显然，国内原料市场已经不能满足车间一旦开闸就必须持续生产的"资本主义"产能，此时，"贪婪之手"必将伸向海外。此外，机械化生产不断压缩成本，即使加上包装和运输的费用，仍然

---

① ［英］亚当·斯密. 国民财富的性质和原因的研究［M］. 北京：商务印书馆，1974：152.

② 马克思恩格斯全集（第四十四卷）［M］. 北京：人民出版社，2001：520.

有利可图，这一方式必然屹立于国际市场，成为无法阻挡的强有力的竞争法宝。在这样的大背景下，马克思认为这一具有极强腐蚀全球的资本主义剥削方式根本无法阻挡，唯有呼吁全球各国积极应对，通过深刻理解国际分工的本质，主动参与国际分工，发展对外贸易，在与资本主义国家进行商品贸易交易的过程中占据主动地位，不断改变全球不公平的贸易格局才是劣势地位国家的出路。虽然这一观点看似"悲观"，但是也全面印证了马克思的唯物辩证法中的一个重要观点：事物之间相互联系就要树立开放性的理念。全球竞争中，在无法绕过资本主义国家的情况下，就需要和它们"打交道"，彼此之间相互联系，相互依赖。在此之中，发展中国家必须清醒地认识到这一联系中掩盖的"剥削"与"被剥削"的实质，存在着"命令"与"被命令"的情况，且当前这一贸易格局是各个资本主义国家通过各种流血牺牲等胁迫手段打造的，世界被分割成了"主导国"和"依附国"二分天下的格局。

按照马克思对劳动分工的定义，"分"意味着切割，"工"就是商品生产中的工种类别，显然，将这一生产过程"切割"成不同的部分，然后要求不同部分执行不同类型的劳动，从事不同的工种，进而形成现代工业化的生产细分模式，在这之中，不同部分所创造的价值及其在国际市场中的所处地位都是千差万别的。

马克思将劳动分工视为"资本主义的普遍特征"，他与亚当·斯密、李嘉图等一众古典哲学家所持观点的不同之处在于，他不认为工业生产中的劳动分工会给整体人类社会增加福利。他认为，制造业中的劳动分工使劳动者直面生产过程中的物质力量，将劳动者划分成不同的具体劳动者。此时，人的知识、判断和意志在形式上一切都只是为了工厂而存在，这会极大地伤害劳动工人的身心健康。因此，制造业劳动分工有别于将社会中不同群体之间相互区分开来的社会劳动分工。马克思基于亚当·斯密和李嘉图的理论基础，在糅合他们观点的同时，旗帜鲜明地批判这一定义只从经济社会维度出发，而忽视了政治维度。

(2)国际分工理论是形成国际贸易的基础

　　分工的出现和深化发展就会带来大量的剩余产品，使商品交换或者贸易成为可能。马克思曾在一般商品货币理论中阐述了商品交换如何从自然分工开始逐渐分化发展成规模庞大且交易繁多的贸易形式。商品交易一旦跨越国界出现在国际市场上就成为国际贸易。显然，国际贸易是国内交易的进一步发展和延伸。一国商品交易的最终结果必然是商品走出国门，出现在世界市场上进行交换。在此之中，分工成为推动国际贸易发展的重要因素。社会分工在横向和纵向上的发展，分别形成了产业链上的分工和产品个体上的分工，不同方向的分工细化发展延伸到国际市场上，也带动了贸易在这些方面的分工加深发展。因此，国际贸易和国际市场之间的关系可以这样理解：国际贸易的分工不断深化发展，最终形成了国际市场，反过来，国际市场的不断壮大也为国际贸易提供了交易"场所"，使国际商品交换成为可能。

　　显然，国际分工是形成国际贸易的基础。马克思认为一国内部的社会分工发展的基本路径主要分为两大类：第一类是基于一国内部的自然分工，第二类则是基于毫不相关的产业之间互相交织、依赖、联系而发展起来的。对于第一类，家族内部，由于生理差异等原因，出现了自然分工。这一分工会随着部落扩大、部落间产生冲突进而发生产品交换而不断深化发展；在此过程中，分工促进了部落之间的产品交换，而产品交换又反过来促进了部落之间分工的进一步细化发展，此时不同类型的劳动通过产品交换这个枢纽而被牢牢地联系在了一起。显然，国际分工就是国内社会分工的进一步延伸和规模扩大。当一国内部的社会分工超出一国、一族或者一个区域的范围和边界，它就自然而然地变为全球范围内国际分工的一个分支或一个部分。对于第二类，社会分工是由互不依赖的独立生产领域通过交换而形成的。人类最初的物物交换是在不同的家族、部落之间产生的，因为原始社会的个人并不是承担物物交换的主要活动个体，不作为独立自主的行为人参与这一活动，而家庭和氏族才是这一活动过程中的主要承担者和载体，不同的家族或者族群所处的地理环境、拥有的原始资源、饮食生活习惯的差异都造成了其所拥有的生产和生活物资的不同，由此呈现出物质资料的多样化，尽管这一时期的差异化程度较小，但这一"初始范本"是后期多样化不断发展的前提，不同族群由于产品种类的不同，进而在交往中拉开了"产品交换"的序幕，顺理成章地使得"产品"变为"商品"。类似地，商品间的跨国贸易也是由于国际各经济体之间的原始分工差异造成产品种类不同而开展起来的。交换让不同生产领域之间建立联系，逐渐地，它们发展成为社会总生产中的各部门。在此之中，分工成为商品社会发展的"重要枢纽"。技术的进步和生产力的提高促进了分工的不断深化发展，反过来分工的细化也促进了商品交换的不断发展，进一步提高了生产力水平。待发展到较高水平时，贸易这一高阶形式便由此诞生。由此可见，社会分工理论是马克思一般商品交换的理论基础，进而也是马克思主义国际贸易理论的发展基石。

（3）资本主义生产方式的发展推动了国际分工、国际贸易的发展

国际贸易助力资本主义生产方式在世界市场上不断扩大，同时也成为这一生产方式进一步发展的必然产物。资本主义通过对外贸易剥削、掠夺周边甚至跨越多个陆地国家后尝到了扩张的"甜头"——积累了巨额财富，巩固了所处阶层后，开始了布局全球的贸易建设，使得全球各地纷纷沦为其财富增长的加工厂，国际贸易正式成为西方资本主义国家加速敛财的最好工具。马克思也指出贸易是这种生产方式初期的基础，但是后期却成为这种方式本身的产物。

18 世纪之前，商品交换就已经突破一国界限冲向世界市场，此时国际分工迅速分化发展。18 世纪后，国际化分工规模扩大，全球生产产业链网络雏形开始显现，体系运转逐渐稳步壮大。一些资本主义国家率先在国内实行了产业化分工，将众多职能单元独立开来形成专业化部门，于是一时间各种专业化工厂如雨后春笋般纷纷建立，并由此开始了大规模的商品生产，并且通过低廉的价格敲开了全球各国的大门，这也就呈现了马克思所描写的景象——"它使未开化和半开化的国家从属于文明的国家，使农民……从属于资产阶级的民族，使东方从属于西方。"①此时，全球各国在

---

① 马克思恩格斯选集（第一卷）[M]. 北京：人民出版社，2012：405.

这一野蛮的资本主义生产方式下被要求服从于"世界工厂"的各种无理要求，由此各种经济联系被频繁地建立起来，促进了世界范围内的分工发展。因为，大工业革命的到来促进了机器革命，而这台机器源源不断生产的动力"完全依赖于世界市场、国际交换和国际分工"①。最终，"世界市场……把全球各国人民……彼此紧紧地联系起来"②。

因此，国际贸易的发展方式与资本主义生产方式"暗合"，国际贸易助力了这种方式的扩大发展，同时这一方式也将贸易内含在自己的发展逻辑中，"按照自己的面貌为自己创造出一个世界"③。因而，这种打着"商品平等交换的国际活动"掩盖了资本主义赤裸裸的压榨意图，披着这层"国际贸易"羊皮为资本主义的无限扩张、嗜血全球各国提供了合理化的借口。而现实情况就是，这种国际贸易形成的逻辑基础就是建立在资本主义生产方式上的，因此也拥有一切资本主义扩张的本质属性和特征。

## 2. 国际价值理论

马克思曾在《政治经济学批判》中先后草拟了两个写作框架——"五篇计划"和"六册计划"，用于撰写政治经济学原理。前后两个框架尽管作了一些调整，但是都包含了"国家、国际贸易、世界市场"三个部分的写作内容，这充分说明了他研究的资本主义生产关系是包含了整个世界市场的，进而在这一研究框架下进一步拓展国际价值、国际分工等具体内容。其中，国际价值理论在马克思国际贸易理论体系中占有重要的地位。尽管这一部分内容没有形成系统的文字，但是关于国际价值的相关论述仍能从其经典的著作中找到，因此也成为本书的研究来源。

（1）国民价值——形成国际价值的前提和基础

国民价值，即商品的国内价值，也可称为商品价值。它是凝结在商品中无差别的一般人类劳动，也被马克思称为抽象劳动，也就是指不论人在

---

① 马克思恩格斯文集(第一卷)[M]. 北京：人民出版社，2009：627.
② 马克思恩格斯文集(第一卷)[M]. 北京：人民出版社，2009：687.
③ 马克思恩格斯选集(第一卷)[M]. 北京：人民出版社，2012：404.

生活中进行了何种具体实践活动，不管实践的方式、目的、作用对象等，统一将这些具体实践活动抽象化为一种同质的、不具有特殊性的劳动，浓缩为一种劳动的总和。抽象劳动是价值的源泉，但并不能简单粗暴地将前者理解为后者，抽象劳动并不等同于价值，前者只有被凝结到商品中才能形成后者，并且通过商品交换，使各种不同形式的具体劳动还原为一般抽象劳动，且本质毫无差别，它们之间的差别只体现在量上（或多或少、或高或低），这一被高度凝结在商品中的劳动构成了商品的价值本源和价值基础，进一步地，通过在人类社会的商品交换中得以体现出凝结了不同抽象劳动价值量的商品在交易中的交换价值，在此过程中，商品价值量的大小取决于国内社会必要劳动时间，即"在社会平均的劳动熟练程度和劳动强度下制造某种使用价值所需要的劳动时间"①。市场供求平衡时，商品价值量的大小是由中部生产厂家决定的，即它们生产该商品所需要的必要劳动时间；当供过于求时，这一"决策权"就落到了头部生产厂家手里，剩余的厂商都将被残忍淘汰；当供不应求时，尾部生产厂家就拥有了"决策权"；任何一种情况在短期之内都有可能发生，但是从整体角度来看，价值规律会起作用，指导市场的供需状况在动态中趋于平衡。

商品的国民价值是国际价值的基石。从全球发展历史看，世界各地的对外贸易事业都是基于其国内市场的商品交换得到蓬勃发展之后，才有了逐步扩展到海外市场，进行各种海外经营活动的机会。显然，海外市场的商品交换只是国内商品交换的"高阶"形式或者特殊形式，其本质仍然还是国内的商品交换，只是随着商品交易场所的变化——延伸和扩展到海外，在国内的商品交换呈现的国民价值就转换成了基于全球市场衡量的国际价值。从事物先后发展顺序看，国际价值必须在国民价值的基础上才能构建。没有国内商品的国民价值，海外市场商品的国际价值毫无意义。具体而言，如果一个物品在国内既没有使用价值，也没有价值，在国内市场上也就不具备成为商品的条件，无法在国内市场进行交换，显然，这样的物

---

① 马克思恩格斯全集(第四十四卷)[M]. 北京：人民出版社，2001：52.

品不可能进入海外市场进行交易，也不可能具备国际价值。

（2）国际价值的基本内容

按照马克思的解释，一种商品国际价值的大小是由世界劳动的平均单位或者世界社会必要劳动时间决定的，这一单位就是世界各国生产该商品所需要付出的必要劳动时间的平均值。市场供求平衡时，商品的国际价值量的大小是由中部生产国家决定的，即它们生产该商品所需要的必要劳动时间；当供过于求时，这一"决策权"就落到了头部生产国家手里，剩余的国家都将被残忍淘汰；当供不应求时，落后的生产国家就拥有了"决策权"；任何一种情况在短期之内都有可能发生，但是从整体角度来看，价值规律会起作用，指导市场的供需状况在动态中趋于平衡。

决定商品的国际价值因素较为复杂。马克思认为："国家不同，劳动的中等强度也就不同"①，世界市场上各个国家之间就形成了一个劳动平均单位，马克思首次用"世界市场上的平均必要劳动时间"②这一概念揭示国际价值的内涵。由此，进一步拓展了国际价值的内容：

首先，相较于国民价值，国际价值是将生产商品的某一种或者某一类具体劳动通过国际交换还原为毫无差别的一般人类劳动。在这个商品通过贸易交易由国内市场流通进入世界市场过程中，商品价值变为由全球各国共同决定，即它们的必要劳动的平均单位来决定。当贸易市场充分发展时，各国的劳动产品才能在这片广袤的全球土地上获得其真正存在的价值，"在世界贸易中，商品普遍地展开自己的价值"③。

其次，国际价值计量单位和国内不同。因为世界市场没有形成统一、公开的体系，也就不可能形成统一的世界必要劳动时间。而且，不同国家的劳动强度有所差别，这就意味着每个国家生产某一产品所需的国内社会必要劳动时间有所差异，这些差异构成了"一个阶梯"序列，每一个国家代表序列中的一个数值，各国的数值高低不一，但是它们呈现出了一个相对

---

① 马克思恩格斯全集（第四十四卷）[M]．北京：人民出版社，2001：645．
② 马克思恩格斯全集（第三十七卷）[M]．北京：人民出版社，2019：26．
③ 马克思恩格斯全集（第四十四卷）[M]．北京：人民出版社，2001：166．

稳定的平均单位(平均值)，也就是该商品的国际价值。

最后，劳动生产率、劳动强度和自然条件都会影响国际价值的大小，主要在于它们都对世界必要劳动时间产生影响。世界必要劳动时间会随着历史的发展而不断变化，这也就意味着国际价值也会伴随历史发展而不断发生变化，国际价值在历史上的几次产业变革前后也会呈现值的差异。影响因素具体包括：第一，世界平均劳动生产率。它与世界必要劳动时间联系最为紧密，两者成反比关系，即世界社会必要劳动时间越大，世界平均劳动生产率越小。第二，作为劳动生产率的另一种表现形式——劳动强度，也是重要的影响因素之一。比如，在 A 国和 B 国的劳动生产率几乎相当的情况下，A 国的劳动强度较大，则 A 国的单位工作日生产率就会高于 B 国，此时 A 国的劳动生产率也会高于 B 国，因此 A 国商品的国际价值也会高于 B 国。第三，自然条件。一般而言，拥有丰富天然资源或是地理、气候等适宜的地方，其产品加工生产的劳动生产率会更高，特别是那些需要"望天吃饭"的产业，比如农业、畜牧业、渔业和采掘业等。因此，围绕在影响世界必要劳动时间这一指标周围的劳动生产率、劳动强度以及自然条件都与国际价值量大小息息相关，劳动生产率越高、劳动强度越高，自然条件越好，一国商品的国际价值就会越高，反之亦然。

### 3. 世界市场的形成

马克思从来没有将世界市场从他构建的理论体系中隔离开来，作为他的政治经济学中的高阶内容，作为他构建其理论体系的逻辑前提和预设范畴，他一直站在全球视野上来整体思考资本主义的产生、发展和灭亡过程。1859 年 6 月，马克思的经济学著作《政治经济学批判》在柏林正式出版，此书首次展示了他的经济学著作的完整结构，也就是被世人所熟知的"六册计划"，其中就包含了世界市场理论，尽管这部分内容没有形成完整的著作，但是丝毫不影响在马克思政治经济学中的重要地位。而且，国家、对外贸易和世界市场是他经济学原理中很重要的部分，从他前后调整写作计划就能看出——"六册计划"之前的一版"五册计划"中，同样也有

"世界市场"这部分内容,并同样作为最后章节,"因此……国际关系构成第四篇,世界市场构成末篇"①。显然,在他看来,不管是"五册计划"还是最终的"六册计划",前面部分主要阐述一国内部资本的发展情况,后面部分则将研究扩展至世界领域,而且"世界市场"部分作为其理论体系的最后部分,是马克思经济学原理的高阶部分,是整个理论体系逻辑发展的最终指向,贯穿了资本主义体制从诞生、发展直至最终走向消亡的过程,充分体现了历史与逻辑的统一。

关于世界市场,马克思作了大量论述:"大工业创造了…世界市场……使……资本集中"②;"资产阶级,由于开拓了世界市场,使一切国家的生产和消费都成为世界性的了"③;"这些工业所加工的,已经不是本地的原料,而是来自极其遥远的地区的原料……物质的生产是如此,精神的生产也是如此"④。对于马克思来说,世界市场是对外贸易发展的重要组成部分,也是国内市场的重要补充。各国通过产品生产以及在国内市场进行频繁的商品交易,伴随着这样的商品交换市场的不断发展壮大,一方面巩固了国内市场的发展根基,另一方面也奠定了向海外市场扩张,为满足海外需求提供商品的能力基础。由此,国内商品交换冲出国界进入到世界市场中来。它在与世界市场建立联系的同时,也与对外贸易交织在了一起。

此外,马克思还从另一角度对世界市场进行了论述。他认为世界市场是资本主义生产关系的总和,是由全球各国国内市场相互不断发生商品交换所建立起来的有机整体,通过国际交换形成了有规模且也是必然的国家之间的对外贸易场所。"资本……具有创造越来越多的交换地点的补充趋势……就是推广以资本为基础的生产或与资本相适应的生产方式"⑤。可以

---

① 马克思恩格斯全集(第四十六卷)(上)[M]. 北京:人民出版社,1979:178.

② 马克思恩格斯文集(第一卷)[M]. 北京:人民出版社,2009:566.

③ 马克思恩格斯选集(第一卷)[M]. 北京:人民出版社,2012:404.

④ 马克思恩格斯选集(第一卷)[M]. 北京:人民出版社,2012:404.

⑤ 马克思恩格斯文集(第八卷)[M]. 北京:人民出版社,2009:88.

这么理解，看见"资本"这一概念，就应该要将研究视角放到"世界市场"的高度，因为前者概念里早已包含了后者。因为，资本天然的逐利性让其自身不断地积累、扩张、膨胀，最终突破一国国界，使其可以在世界市场中不受地域限制尽情地交易。

马克思认为，世界市场形成的根本原因在于资本自身不断扩张的"贪婪"本性。资本靠不断地占有剩余价值维持自己的生存与发展。资本的矛盾且无法自抑的本质规定了其自身不得不向外部市场扩张，而且扩张速度只能越来越快，同时也内含了资本及与之相匹配的生产方式必须复制到外部市场的各个地方。一国国内分工和国民价值（国别价值）伴随着商品交换通过世界范围这个"枢纽"，也就变成了国际分工和国际价值，它们与世界市场有着紧密而内在的联系。马克思主义经济学认为，资本之所以能在世界范围内快速扩张，主要原因在于资本主义制度下的国际分工要与世界市场的发展相适应，这一分工方式在世界的沃土里生根发芽并快速发展壮大。在这一过程中，国际分工越深入，在世界市场的国际交换也就越发达——"海上贸易的繁荣、银行业的繁荣，都依赖于工业的繁荣"[1]。国际分工发展的深度和广度也决定了国际交换在世界市场的规模、频率、范围、速度和方式等；国际交换越多，国际分工也将产生并创造新的分工，进一步加速了分工，交换让不同的产业交换，让不同生产领域之间建立联系，逐渐地，它们发展成为社会总生产中的各部门；"大工业造成的新的世界市场关系也引起产品的精致和多样化"[2]。显然，国内价值（国别价值）通过国际分工和交换在世界市场发展并转化成国际价值，这一转化过程也同时加速了国内分工和国际分工的进一步发展。

然而，资产阶级和无产阶级之间的矛盾越来越多，资本在本国发展的空间越来越小，此时国内的市场已经无法满足资本无限扩张的需求，资本势必冲破国界，将这一发展逻辑扩展至全球。于是，欧洲老牌资本

---

[1]　马克思恩格斯全集（第四卷）[M]. 北京：人民出版社，1958：60.

[2]　马克思恩格斯全集（第四十四卷）[M]. 北京：人民出版社，2001：512.

主义国家轰轰烈烈大肆开办工厂发展工业生产，在扩大规模后利用规模优势一举"进攻"发展中国家和欠发达国家的市场，这些落后国家不具备任何抵御能力，在尝到了资本的"甜头"后，也许是被"蝇头小利"打动"欣然"接受，也许是被列强威逼利诱，面对这样的"新生事物"不得不就此妥协，从此被卷入这样一场资本蓄谋已久的风波中，成为发达资本主义经济体中的一部分。在此之中，发达资本主义国家从事工业生产，而这些落后国家则在此之中充当原料供应商以及消费资本家生产商品的倾销地。以此为基础，"市场已经……扩大为……世界市场……产生了历史发展的一个新阶段"①。

### 4. 国际服务贸易理论

目前，全球各国在第一、二产业发展逐渐稳步向前的情况下，纷纷将目光望向了服务产业，服务贸易也逐步成为各国贸易发展势头强劲的新领域。2005—2017 年，服务贸易年均复合增长率为 5.4%，超过世界货物贸易 4.6%的年均复合增长率。服务贸易占世界贸易的比重也发生了巨大变化，1970 年这一比重仅为 9%，现在上升为 20%，预计到 2040 年这一比例将超过 30%。尽管当下国际服务贸易的蓬勃发展与马克思所处年代的服务贸易不够发达、贸易规律也未得到充分展现的情况形成巨大差异，但是马克思国际服务贸易理论具有强大的解释力，对指导新时代国际贸易发展实践仍然具有重要的理论和现实意义。

（1）服务的内涵及定义

马克思认为服务和货物商品的本质是一样的。服务也具有价值、使用价值和交换价值。服务就是商品，尽管某些服务一旦与提供这些服务的劳动者独立开来，就无法找到任何实物痕迹，但这丝毫不改变它们的经济性质。对于一些服务，如果用于个人消费，其价值就会和消费同步消失。如果用于生产消费，它的价值会随着生产、运输、交换等环节而被追加转移

---

① 马克思恩格斯选集(第一卷)[M]. 北京：人民出版社，2012：190.

到商品中去。服务可以具体归纳为：第一，服务和货物商品本质相同，一样具有价值、使用价值和交换价值，因为它也是凝结在商品中的无差别人类劳动，服务劳动后输出的产品或结果使得服务本身具有了价值和使用价值，通过人类之间交换服务劳动这一过程就具有了交换价值。在交换过程中，社会必要劳动时间同样也是衡量服务的价值标准，服务的交换也必然按照价值规律进行。第二，服务的使用价值体现在满足人们现实和精神生活等具体需求上。第三，服务的价值是通过为他人劳动而实现价值转移的，因为服务产品转化为服务商品，其本身就具有价值。

此外，马克思将服务分为两种类型：一是非实物形态的使用价值，即"单纯的服务"①；二是也可以体现在实物中的"非单纯服务"。

从"单纯的服务"来看，马克思眼中的"服务"并不是一个全新的概念，它只是劳动所提供的一种特殊使用价值。但是，拥有这种特殊使用价值的"服务"和实物(如钟表)一样没什么太大的区别。可见，他认为具有特殊使用价值的服务就是劳动产品，这一使用价值的特殊性在于服务是由活劳动直接提供的，而不是由实物产品提供的。因此，可以这么理解，一般而言，服务是由活劳动提供且不依附于具体实物的劳动，它具有特殊使用价值。

从"非单纯服务"来看，服务也有内含在实物中的情况。马克思指出某些服务体现在商品中，而一些服务一旦与提供这些服务的劳动者独立开来，就无法找到任何实物痕迹。换句话说，这些服务不是商品。

对于内含在实物中的服务，比如木匠制作家具、裁缝剪裁衣物、厨师烹饪食物等。这种类型的服务，生产过程和最终呈现的商品都较难界定，无法厘清商品和服务的界限，故此都归为"非单纯服务"。随着社会生产力的发展，越来越多的服务可以以储存在实物中的形式加以体现。比如，互联网、网络直播、视频、5G、人工智能等高科技的出现，能让一些劳动者"解放双手"，比如医生对一般疾病的科普和诊疗信息可以储存在电子信息

---

① 马克思恩格斯全集(第三十三卷)[M]. 北京：人民出版社，2004：149.

平台上，供有需求的病人购买查看；教师录制了相关知识的课件，上传到网络平台后，可以供购买的学生反复观看，而不需要教师一直在线；律师、商人、演员等的工作都可以通过新的技术实现储存。显然，现代技术可以让劳动者的部分劳动储存起来，让劳动者与他们的劳动分离开来，待购买者需要时，再提供给对方。而且，服务能有效减少劳动时间，提高社会劳动生产力。比如，改进交通能有效缩短交易时间，让全球商业周期都成倍缩短，比如通过铁路、公路、运河、电报等缩短流通过程，"可以随时使棉花从利物浦运到曼彻斯特"①，而且，"交通工具越发达，市场上的存货就越能越少"②。

由此，可以概括出服务有别于实物形态商品的特点主要有：第一，服务不是具体的货物，它的生产和消费过程是同步发生的；第二，对于一般服务来说，服务无法储存，不能独立于生产者和消费者而储存在一个具体实物上；第三，服务具有无形性，有时需要将某种有形实物作为一种有效的载体展示给购买者看；第四，服务具有差异性，由于服务以个体需求为中心，势必按照消费者的要求而专门制定服务活动，要求千差万别，差异性也就巨大；第五，服务具有提升社会劳动生产率，节约社会劳动时间的特殊价值。

（2）国际服务贸易理论

服务劳动是在人类社会的第三次大分工中"脱颖而出"的，在这之前它仅仅以辅助农业和工业的劳动形式（如税务、记账、保卫、教育）存在，并未成为一个单独的经济部门。在第三次大分工后，服务劳动正式成为一个单独的经济部门，其中，商业便是最早也是最重要的服务业。马克思曾指出商人等职业就是从不断细化的产业分工中发展出来的，他们不直接生产商品，只参与商品交易，而且，这个群体会不断地发展壮大，因为他们的职能就是服务于资产阶级，工作使命就是巩固整个资产阶级利益，帮助其

---

① 马克思恩格斯全集(第三十五卷)[M].北京：人民出版社，2013：265.
② 马克思恩格斯全集(第三十四卷)[M].北京：人民出版社，2008：548.

完善资本主义生产方式在世界市场上的无限扩张，且尽可能多地攫取巨额利润。此外，这些职业也会进一步细分发展，形成基于货币更加专业化的分工，比如银行柜员、出纳员、信贷员、操盘手等，由此，相对应的产业也开始独立发展起来，成为独立化营运的一种生产资本。显然，与货币相关的服务业就是从贸易交易中发展出来的。

随着社会分工的不断发展，国内商品交换已无法满足人们需求，最终势必冲破国界，发展成跨国贸易。在这样的发展过程中，一些需要依附于或者说是搭载着货物商品交换的服务如交通运输、保险等也随着货物商品在世界市场的交易而一起走出国门，就这样，服务业也成为贸易交易的对象，服务贸易开始蓬勃发展。先前，服务部门不是企业的主营业务，仅仅作为支持货物商品交易的"后勤部门"存在于企业内部。可是，随着分工的细化发展和规模化效应带来的成本减少，使得服务部门脱离企业，单独发展成为一个专业化的产业，如物流、物业等，其不仅能满足人们生活方面的各种需要，而且也为促进货物贸易的快速发展"推波助澜"。比如，一些货物商品发展到了后期，需要为客户提供不同的个性化服务，满足不同人群的具体需求，就需要通过服务实现产品的差异化竞争，如通过市场调研、产品包装设计、广告宣传、高端售后服务等实现不同品牌产品的差异化竞争优势。由此，服务逐渐成为让货物商品在市场化竞争中决胜的重要手段，也是现代国际服务贸易的重要内容。此外，一些服务也与货物商品割离开来，它们不需要依附于货物商品，就能直接满足人们的需求，如音乐、电影、艺术、教育、美容、健身、医疗、宠物服务等，还有一些高端服务如金融、咨询、人工智能、数据处理等也快速地发展起来。当一国的服务业无法满足本国人民的需求时，人们就把目光望向了国际市场，此时，国际服务贸易便开始流行起来，而且，随着高科技产业的快速发展，一些新的服务业态也随之出现，不断成为国际服务贸易新的主体。

马克思认为国际贸易特别是国际服务贸易能有效促进社会从传统到现代化的转变。相比货物贸易，服务贸易更贴近人们生活的方方面面，能让人们更快速地融入现代化生活。比如，人们通过出国旅行增加当地的生活体验，了解当地的宗教民族文化和生活习惯；国际夏令营能让学生快速体验不同的教育体系差异，为出国深造提供了提前了解的机会；网络视频和网络信息平台给人们提供了打开快速了解世界的窗口。这些不同的服务贸易极大提高了各国人民生活的多样性和现代性。

此外，马克思认为依附于国际货物贸易的一部分服务贸易有效促进了国际货物贸易的发展，为货物贸易正常交易起到了不可或缺的辅助作用。比如，铁路、公路、运河、电报等的发明都为提高货物贸易运输速度，缩短交易时间做出了巨大贡献。电报辅助提高信息交换速度，各种交通方式辅助提升运输速度，这些手段和方式的技术越发达，市场上的囤货量就会越少，交易速度就会越快，为资本进一步快速地开疆扩土提供了"新思路"。类似地，恩格斯也提出了相同观点，他指出德国在1848年后经济发展进步惊人，虽然发展水平相比于"世界工厂"的英国以及法国相去甚远，但是也获得了前所未有的巨大发展，这些都离不开德国对交通、电报、海运等产业的重视，而且这一切都成为不可扭转的发展趋势，让德国深深地融入到世界市场中来。另外，独立于国际货物贸易的服务贸易本身发展就构成国际贸易发展的重要内容。

马克思还认为国际服务贸易能在世界范围内有效节约社会劳动。因为在世界市场进行贸易交易，一国的发展劣势能被另一国的发展优势快速"弥补"，因为相比于自己的生产和制造，劳动时间成本能够有效节约，即使需要付出更多的货物和货币用于交换，但是综合算起来，这笔买卖仍然是划算的。类似地，马克思认为国际服务贸易同国际货物贸易一样都能有效提高一国利润率。比如，一切缩短必要劳动时间、提高劳动生产率的方法如进一步细化产品分工，引进新技术新设备，提高各种交通工具的速度都能进一步提高利润，因为这些方式进一步降低了劳动的价值，提高了剩余价值；贸易不仅能降低固定资本的成本，而且也能降低由可变资本转变为固定资本的那部分成本，进而提高了剩余价值率和利润率。

### 5. 国际贸易政策理论

马克思恩格斯对于各国选择不同国际贸易政策的看法颇有见地，他们并非从各国"国情"出发，而是从资本主义时期这些发达资本主义国家的经贸发展情况，以及为追求巨大利润而发表的各种堂而皇之的政策评价中得出结论。革命导师们从无产阶级利益出发，揭露了资本主义发达国家实行自由贸易和保护贸易政策的意图，阐明了对两种政策的态度和观点，为后人更好地理解并运用国际贸易政策提供了坚实的理论基础。

（1）自由贸易政策观

自由贸易政策是由当时奉行贸易保护关税政策的英国提出的，因为关税政策限制了英国经济的快速发展，不再能使这座"世界工厂"完成其资本主义进一步扩张的"美梦"。此时，对外扩张成为必经之路。在此之后，英国废除了它曾经制定的一系列贸易保护政策，如著名的谷物法、航海法等，与各国的边境贸易关税一降再降，曾经授予贸易特许经营权的公司也失去了这一资格，渐渐地放开了对其殖民地的许多贸易规定和管理，同时还与法国等国家签署了一系列倡导自由贸易的协定。

在当时，自由贸易派拥有一整套完整的说辞——自由贸易可以极大地降低商品价格，消费需求因此增加，从而进一步扩大生产，此时对劳动力的需求也会增加，最终更多的工人拥有工作，工人工资也会提高。但是，这样看似缜密的逻辑被马克思和恩格斯用辛辣讽刺的语言和无可辩驳的推理给予了强有力的回击。

在与贸易演说相关的文章①中，马克思揭露了资产阶级鼓吹自由贸易的真相，他抨击自由贸易实现的资本增值，会让工人一贫如洗，因为资本扩大后必然带动工业化发展，最终机器会替代工人。自由贸易只会让资本家赚取满盆金箔，让无产阶级者陷入失业和贫困。资本家不断扩大的积累

---

　① 包括《关于自由贸易的演说》和《保护关税派、自由贸易派和工人阶级》等文章。

是建立在工人贫困的基础之上的。他们喊着自由贸易的口号,挂着羊头,卖着狗肉,实则将资本主义生产方式对世界的无尽剥削无限扩大,以求得巨额财富,进一步巩固其所处阶级。

马克思认为,自由贸易政策理论事实上是超越了国家界限,在世界范围内制造阶级矛盾,同时由于不同阶级所处国家存在强弱之分,又有了富国对穷国的剥削,因为资本家们都深知一个阶级要想致富,必须踩在另一个阶级之上,而自由贸易中的"自由"仅仅是资本的自由流动,却无法改变诸如民族等阻碍资本扩张的因素。由此,劳动和资本之间的紧张关系将在世界范围内加剧,阶级对立也将越来越显著。到那时,"一旦不再有谷物法,不再有关税……所有次要因素全都消失……工人将会看到……对他的奴役并不亚于受关税束缚的资本对他的奴役"①,"不管……交换的条件如何有利,只要雇佣劳动和资本的关系继续存在,就永远会有剥削阶级和被剥削阶级存在"②。

马克思认为自由贸易加速了国际分工的发展,让更多的弱国、穷国、殖民国陷入专业化分工体系之中,成为资本主义体系的一部分,但是绝不能单纯地认为一切的分工都是由于这些国家拥有优渥的各种天然和地理资源,而应该是也主要是受到资本主义强国的发展意志的影响。因此,马克思对于史密斯和李嘉图为代表的自由贸易促进国际分工的观点——各国根据自身拥有的自然资源和生产优势来参与世界贸易竞争——不以为然,他毫不客气地抨击这种所谓的"自然禀赋"是被强国"赋予"的,而且这种"赋予"随时会因另一弱国更低的生产成本而被收回,东、西印度之间虚假的"自然禀赋"③竞争就是最好的例子。恩格斯则将英国资产阶级希冀在自由贸易政策下吸取世界鲜血的"如意算盘"生生暴露在太阳之下,"其他一切国家都应……成为英国工业品的销售市场……多么灿烂的前景啊"④!

---

① 马克思恩格斯选集(第一卷)[M]. 北京:人民出版社,2012:373.
② 马克思恩格斯选集(第一卷)[M]. 北京:人民出版社,2012:373.
③ 马克思恩格斯选集(第一卷)[M]. 北京:人民出版社,2012:374.
④ 马克思恩格斯选集(第一卷)[M]. 北京:人民出版社,2012:72.

不过，马克思和恩格斯认为自由贸易政策可以加速资本主义的灭亡，站在这个角度，他们完全举手赞同自由贸易。"因为在实行自由贸易以后……矛盾将在更大的范围内……发生作用……引起一场斗争……结局则将是无产阶级的解放。"①"自由贸易……瓦解……各个民族，使……对立达到了顶点……加速了社会革命……这种革命意义上我才赞成自由贸易。"②

（2）贸易保护主义政策观

贸易保护主义政策也被称为保护关税制度，当时被认为是西方一切文明国家的正常政策。这种政策同自由贸易政策一样，也是资产阶级为了巩固自身利益，抵御旧势力和外来者而采取的必要战略措施。他们对外宣传这一政策能保护工人阶级的利益，比如他们的工作不会被抢走以及能以更低的价格购买到面包和牛奶等生活必需品。德国当局者曾说，保护关税制度能让工人们过上幸福的生活。但是，事实上却并非如此。恩格斯曾抨击道，说这些话的人其实心知肚明，"目的只是为了迷惑群众"③，因为，保护自己的商业和工业是资产阶级巩固自己政权赖以为生的基础，如果不采取手段，十年内就会垮台。资产阶级实行保护关税制度只是想用机器替代工人，不断扩大自身的统治。

对此，资产阶级辩护道：首先，实行关税政策可以抵御外资，不让其剥削我们，而工人阶级被自己人剥削也好过被外国人剥削；其次，实行该政策可以保护工人的现有工作，否则外来资本进入，竞争实力过强，这些工人只能被裁员；最后，国内本身就需要进行社会改革，保护关税制度是用来进行社会改革的一种方式和手段而已。对此，马克思毫不客气地对上述这些说辞进行了一一反击：第一，让创造财富的工人阶级在受自己人和受外国人剥削之间做出选择实在是滑稽可笑。第二，实行保护关税制度保

---

① 马克思恩格斯全集(第四卷)[M]. 北京：人民出版社，1958：295-296.
② 马克思恩格斯选集(第一卷)[M]. 北京：人民出版社，2012：375.
③ 马克思恩格斯全集(第四卷)[M]. 北京：人民出版社，1958：68.

护的是当局者利益，和工人毫不沾边，现在的"问题不是要保持现状"①，而是要彻底改变这种局面。第三，保护关税制度美其名曰让一国人民团结起来与外国资本作斗争，希冀资本不对工人阶级"痛下杀手"。但是，"这就等于指望资本大发慈悲"②，我们应当让弱者强大起来进行社会改革，而不应该期待强者的"良心发现"。显然，保护关税制度和自由贸易政策一样，也是维护资产阶级自身利益的工具，与无产阶级的福利毫无关系。

（3）小结

在马克思和恩格斯看来，无论是哪种贸易政策，都是维护和巩固资产阶级利益的工具。但是，对于两种政策的态度，马克思和恩格斯认为无论资本主义国家选择哪种政策，都"丝毫无损于社会主义的前途"③，只要这样的政策是让资本主义矛盾扩大，加速其制度灭亡的，那么无产者们都应该支持，哪怕会短暂地失去很多。因为，"不论实行哪种制度，工人得到的都只能是维持他这架开动着的工作机（器）所必需的"④。

马克思认为两种政策的差异主要在于对一国的经济影响：自由贸易有利于提高生产力水平，有利于培养竞争力并提高效率，符合生产力发展的要求；而保护贸易则有利于保护一国的幼稚产业，但如果该政策实施一刀切，对于幼稚产业的识别不清，势必产生盲目保护所有落后产业的情况。显然，对于一个国家的产业发展和经济增长而言，都应该以该国家的具体情况来选择贸易政策，一国如果有具备较强国际核心竞争力的产业，应考虑实行自由贸易政策，而对于仍在孵化期的产业，政府应给予适当保护和扶持。

马克思和恩格斯在分析国际贸易政策时是从无产阶级角度出发的，揭示贸易政策产生利益的实质以及真正的受益阶级。同时，在基于历史客观发展的基础上，重视在不同的历史条件下和在不同地域（国家）国际贸易政

---

① 马克思恩格斯全集（第四卷）[M]．北京：人民出版社，1958：283．

② 马克思恩格斯全集（第四卷）[M]．北京：人民出版社，1958：284．

③ 马克思恩格斯全集（第二十八卷）[M]．北京：人民出版社，2018：556．

④ 马克思恩格斯全集（第四卷）[M]．北京：人民出版社，1958：68．

策所发挥的不同作用。他们的这种研究立场和方法对于分析新时代我国对外贸易政策以及世界各国国际贸易政策趋势提供了基本的判断法则和指导方向。

### (二)列宁国际贸易理论

#### 1. 列宁国际贸易理论形成的历史背景

革命前夕的苏俄是一个落后的农业国家，工业生产发展基础薄弱。当时整个国家的农业产品占到全部产品的三分之二，而工业产品只占三分之一。在对外贸易中，苏俄作为粮食和未加工原材料的供应者，农产品、食品和工业原料占出口总额的90%，工业产品很多都依赖于进口。

由于当时国内工业生产发展较为落后，苏俄在国际市场上一直处于被动状态，成为各资本主义工业强国的销售市场和剥削对象。在经历多年内战外战后，苏俄经济更加落后，各产业发展都陷入了困境，此时的苏俄状况正如列宁所说的一样："在战争结束的时候，俄国就像是一个被打得半死的人，他被打了七年。"[①]经济的破坏导致大批量的工厂关闭，工农业产值大幅下降，国内生活必需品严重匮乏，百姓生活困苦不堪，经常处于半饥饿状态，工人也由于失业挨饿，逃跑到农村，造成工厂工人数量锐减。农民的生活状况也由于战时共产主义政策时期制定的"余粮征集制"和"禁止自由贸易政策"而变得更加艰难，当时的苏俄祸不单行，不仅要遭受惨重的经济危机的恶果，还经历了农民工人罢工的政治暴动。此时的苏俄国内面临着国民经济濒于崩溃、工农业生产瘫痪、财政收入困难、粮食和生活日用品匮乏、人民生活穷困潦倒、资产阶级和富农分子不时暴动的局面。

而从国际形势看，十月革命后，资本主义国家在政治上对苏维埃政府持不承认态度，对苏俄进行了经济封锁。英国、美国先后对俄展开了行

---

① 列宁选集(第四卷)[M].北京：人民出版社，2012：454.

动，协约国也进一步封锁了苏俄进行外贸结算的唯一货币——黄金，对其进行了黄金封锁。

在这种情况下，列宁清醒地认识到必须快速恢复遭到严重破坏的国民经济，发展工农业生产，摆脱苏俄所处的悲惨困境，打破帝国主义和国内反动势力蓄意挑起争端的意图，才能维护并巩固在帝国主义包围下的社会主义苏维埃政权。为此，列宁坚决重申务必实行对外贸易的国家垄断制。只有这样，才能免受威胁，保持经济独立自主。否则，"我们就不能用交纳'贡赋'的办法'摆脱'外国资本"①的控制。

早在十月革命前夕，列宁的社会主义国际贸易思想就已开始萌芽，当时他已经意识到实行对外贸易国家垄断政策的必要性，并为实行该政策作了充分的准备。1917年12月10日，列宁在《关于实现财政和经济方面的社会主义政策》的札记中就提及了"实行对外贸易的国家垄断"②问题。同年12月14日，他在《关于实行银行国有化及其必要措施的法令草案》的草稿和提纲中要求全国范围的银行都要由国家控制；所有私人银行同国家银行合并；全俄成立统一的人民银行。次年5月（1918年5月）"宣布对外贸易由国家垄断"③，在颁布该令之前，从1918年2月15日开始，苏俄政府就逐步将全国粮仓收归国营。同年2月25日将与民生息息相关的必需品如粮食、蜡烛等商品贸易收编进国营部门，商品范围逐步扩大到糖、纺织品等。同年3月31日，苏俄政府设立了对外贸易委员会，列宁亲自领导并参与审查工作。1918年4月初，列宁在制定社会主义经济建设计划时，在他的著作《苏维埃政权的当前任务》中阐述了国家垄断对外贸易的基本任务，国际贸易思想得到了进一步的发展。上述种种策略最终都为实行"对外贸易国家垄断制"奠定了实施基础。

最终，这一政策正式实施，确保了苏维埃初期在外贸方面的绝对领导地位。尽管苏俄在三年内战时期，受到西方国家的联合经济封锁，导致贸

---

① 列宁选集（第三卷）[M]. 北京：人民出版社，2012：486.

② 列宁选集（第三卷）[M]. 北京：人民出版社，2012：486.

③ 列宁全集（第三十三卷）[M]. 北京：人民出版社，2017：448.

易关系的停止，列宁的这一对外贸易国家垄断制在实施上遇到了重重障碍，但是在过渡期到新经济政策时期，这一制度再度被提出并且不断完善发展，为列宁国际贸易理论的发展筑牢了根基。

### 2. 列宁国际贸易理论的主要内容

苏俄政府的对外贸易是基于国家垄断基础之上进行的，即将对外贸易纳入国家的统一计划和管理中。列宁的国际贸易理论主要体现在实行"对外贸易国家垄断制"的原则中。

（1）坚决维护对外贸易国家垄断制地位不动摇

尽管苏俄政府于 1918 年 4 月正式发布了要实行"对外贸易国家垄断制"，但是该政策出台后，仍然遇到各种波折未能执行下去。在外部战争干预和国内内战动荡的时期，交通运输和经济上的混乱不堪已使对外贸易举步维艰，再加上西方列强的封锁导致对外贸易更加不可能。西方资本主义国家对苏俄的经济封锁是致命的，连外贸交易的唯一手段——黄金也遭到了封锁，导致苏俄当时无法使用黄金，连一些小额的贸易也只能通过波罗的海国家秘密进行。根据统计，由于外贸的减少，苏俄当局政府不得不对其管理贸易部门人员进行缩减，将中央贸易和工业服务以及粮食供应部门的全体人员缩减到了 130 人。同时，国内资产阶级也极力反对这一政策。企业主和商人称政府无法担此重任，因为外贸部门需要有数十年以上贸易实操经验的人才能开展工作，而政府并不具备这样的能力和人才。最终，在 1918 年封锁期间，对外贸易国家垄断制未发挥其作用，签署的《关于对外贸易国有化》法令仅被看做一种对技术设备的确认（这种确认早于苏联政府政权上台），或被看做一种打击当时苏俄走私泛滥的有力武器。

到了新经济政策时期，这一政策再度被提出，但是，情况仍和之前一样不太顺利。因为此时就对外贸易实行国家垄断这一问题上，苏联政府内部出现了不同的意见。党内一些领导人包括斯大林、布哈林等，纷纷质疑这一政策的必要性。

针对党内的分歧，列宁做了大量调查研究工作，认为当时搞自由贸易是不可能的，而应坚决实行对外贸易国家垄断制，对此他指出："要一百次地考虑条件"，否则"一切都会被……侵吞干净"①。显然，列宁是反复思考并结合了苏联当时所处的历史条件所做出的决策。在政权还未稳固，经济还未复苏的情况下，只有资本家们指望取消对外贸易垄断制。

为了消除攻击，列宁撰写了一系列文章②，详细论述了实行这一制度的必要性，同时也根据新阶段的贸易情况增加了若干规定用于补充说明之前的政策。1922年初，《对外贸易提纲》正式出台，以坚持这一制度为基础，规定了新经济时期商品贸易的条件。随后，苏联政府基于该提纲通过了《关于对外贸易》的决议，用于指导新经济政策时期的外贸活动。

列宁坚定维护这一制度，认为"任何切实有效的关税政策都谈不上"③。但是，他也不是一刀切，而是给予一些地区一定的自主权，以此与西方建立较好的贸易关系，这在当时的历史条件下实属特殊。因为，让全国按计划进行贸易是他实行这一政策的基本原则——"个个生产部门的一切计划……共同组成……经济计划。"④统一计划的对外贸易与社会主义客观经济发展规律"暗合"，因此，这种贸易发展计划也应当服从于基本经济计划的需要。最终，列宁在斗争中取得了胜利。

（2）和平共处，学习西方先进技术

列宁通过对资本主义社会和无产阶级革命的深刻认识，全面分析了苏俄当时所处的客观环境，以及帝国主义集团各资本主义国家之间不可调和的深刻矛盾，同时也洞悉了苏俄同世界各国特别是西方资本主义国家建立经贸联系的可能性。

十月革命胜利后，列宁力排众议，甚至"违背"其宣称的对世界革命胜利的期望，对资本主义国家采取了和解态度，提出要与西方资本主义国家和平共处，他认为莫斯科对西方的需要比西方对莫斯科的需要更迫切，而

---

① 列宁全集(第六十卷)[M]. 北京：人民出版社，2017：452.
② 包括《关于对外贸易垄断制给斯大林的信》和《论对外贸易垄断制》等文章。
③ 列宁全集(第四十三卷)[M]. 北京：人民出版社，2017：334.
④ 列宁选集(第四卷)[M]. 北京：人民出版社，1972：395.

不同意托洛茨基对资本主义国家漠不关心的断言："衰落中的资本主义不会为苏俄的复兴提供必不可少的援助。缺乏援助是政治和经济因素共同作用的结果——社会主义和资本主义政权之间的不相容性使得西方试图通过经济手段来实现他们通过军事干预未能实现的目标——毁掉苏联社会主义政权。"列宁强调："不同世界发生联系是不能生存下去的。"①他认为，与世界各国建立联系尤其是与西方这些资本主义发达国家保持经贸联系才是实现和平共处的唯一有效途径。世界各国之间经济高度相互依赖，苏俄需要世界，世界也需要苏俄，与这些国家建立睦邻友好关系并签订经济贸易协议，能快速实现苏俄的经济复苏，因为，"我们同资本主义国家若没有一定的相互关系，我们就不可能有稳固的经济关系"②；"俄国需要同资产阶级国家做生意……没有俄国，欧洲的经济生活就不可能调整好"③。

1920 年，列宁邀请西方资本主义国家与苏联建立商业联系，苏联确立了三个明确的目标：获得贷款、与外国进行贸易并且在政治上获得外交承认。在会上，苏联共产党对外宣称多年来苏俄一直处于严重的危机状态。尽管苏俄与资本主义世界经济保持着隔绝，但自身的生产危机在本质上与资本主义国家所遭受的危机并没有什么不同，这种危机与国际分工的分离，以及无产阶级专政息息相关。

列宁认为尽管俄国在经济、政治和军事上的弱点与其他大国相比非常明显，但国际形势还是保持了一定的稳定性，所以苏俄应该好好利用"喘息之战"休养生息，同时继续保持在所有政治外交和经济战线上的和平斗争，这是新时期所迫切需要的。苏联提出的两种制度共存的概念具有很强的可塑性，足以兼容世界革命和与资本主义之间的关系正常化。

列宁希望向西方学习并吸取科学中一切真正有价值的东西。他曾指出："社会主义能否实现，就取决于……同资本主义最新的进步的东西结

---

① 列宁全集(第四十一卷)[M]. 北京：人民出版社，2017：167.
② 列宁全集(第四十二卷)[M]. 北京：人民出版社，2017：339.
③ 列宁全集(第四十三卷)[M]. 北京：人民出版社，2017：160.

合得好坏"①。与世界保持良好的经济联系，有助于吸收一切先进的东西用来发展社会主义，因此，这成为苏联的"第一等"的首要任务。

虽然三年内战阻碍了对外贸易发展，迫使苏俄政府不得不采取政治和经济上的妥协，但这些妥协毫无疑问只是暂时的。一旦苏俄政府感到局势缓和，政策就会恢复，临时的联盟界限也会被重新划定。显然，承认苏联社会主义制度是贸易谈判的先决条件，因为它也是两种制度共存的先决条件。

随着内战结束，苏联工作重点由战时经济转向和平发展，此时，经济建设成为第一任务。列宁认识到只有与发达资本主义国家建立经贸关系，吸取其中一切对自身发展有益的部分，才能帮助建设苏联的社会主义经济。因此，好好地建设合营公司，使其成为与外部世界联系的经贸枢纽，不断地吸收外部世界的一切优势，成为恢复苏联工业发展的基础。这一思想贯穿了他领导的整个新经济政策时期。可见，列宁将学习吸取西方先进知识和技术作为社会主义国家经济建设的一项长期方针。

（3）独立自主，平等互利

坚持独立自主、平等互利是列宁贸易思想的根本立足点。列宁认为，在与任何国家的交往中，苏联始终是独立的。在这个原则下，一切就全看苏联能否通过让渡一些贸易交易以保持国内自身的经济独立。显然，在国际对外贸易中，坚持独立自主、平等互利的原则是苏联拥有独立自主权的根本。

此外，列宁认为两种制度之间是不平等的，仅有的平等也仅仅体现在"拉帕洛条约"②中。所以，苏联建立的社会主义制度为世界公平带来新的机遇，社会主义国家的到来就是要把合理平等的经济基础带给全世界。苏联能为全世界供应最好的小麦等粮食，还有丰富的矿产资源。同时，苏联也需要先进发达的资本主义国家的帮助。

---

① 列宁选集(第三卷)[M]. 北京：人民出版社，2012：492.
② 列宁全集(第四十三卷)[M]. 北京：人民出版社，2017：194.

新经济政策实行期间，列宁反复强调与别国的一切经济贸易联系都必须从苏俄的根本利益出发，必须善于在这场悬殊斗争中保护苏俄和全党的利益，这是苏俄拥有主权独立的必要前提。因此，列宁要求全党和苏俄政府务必对租让合同保持谨慎态度，在执行过程中要时刻监督并汇报情况；在对外交往中，要懂得如何与帝国主义做生意，要熟悉自由贸易的规则，人人成为贸易专家和内行，如此才能有效参与竞争并取得胜利。此外，在这一过程中，也会出现一些投机倒把和浑水摸鱼的现象，比如新罗西斯克港让粮食外流，彼得格勒港亚麻走私频繁。对此，必须坚决打击一切走私等非法行为，用共产主义影响抵制不良影响；同时严格监督资本家行为，保障工人和农民的权益。最终，这一方针得到有效执行。

### 3. 列宁对马克思主义国际贸易理论的贡献

一直以来，马克思都"小心翼翼"地避免对社会主义的内部生产发表任何声明，特别是在界定与其他国家的合作形式时，他更加"谨慎"，对社会主义国家的对外贸易政策就更是未作任何相关论述。但是，他的世界市场理论和商品跨国界交换带给列宁重大启示，成为列宁构建其对外贸易理论的重要基石。国际分工加速全球市场的形成和发展，让分散在全球的各国、各民族、各部分都连接起来。从此，"资本主义生产离开对外贸易是根本不行的"[①]。

虽然社会主义制度有别于资本主义制度，但是在全球一体化的大时代背景下，断绝往来是不现实的。如果自身经济发展还处于落后情况，加速自身发展就必须好好地利用资产阶级的资本，也就是西方资本主义的资金和先进技术。如果仅仅依赖当时苏联破败不堪的经济基础，是无法在短期之内实现快速发展的。对此，列宁再次重申即使西方发达国家对苏联恨之入骨，也必须同它们进行贸易，否则苏联的经济发展将会滞后十年。因

---

① 马克思恩格斯全集(第四十五卷)[M]. 北京：人民出版社，2003：527.

此，"对资本主义的西方在经济上要千方百计地加以利用"①。这一思想自始至终贯穿于列宁的对外经贸政策中，成为他制定策略的一个基本准则。基于此，社会主义实践者列宁在帝国主义包围与扼杀中通过各种崭新的尝试，开启了社会主义国家实行对外贸易和付诸实践的先河。最终，在列宁对外贸易垄断制的方针政策指导下，苏维埃积累了大量外汇储备，贸易发展卓有成效。

尽管列宁因为过早离世，没有完整阐述解决国内建设与发展对外经济贸易两者关系的理论内容，但是在新经济政策时期，这一思想基础已经形成。更为重要的是，列宁关于社会主义发展对外贸易的思想是对社会主义经济规律的高度总结，他提出的对外贸易垄断制是坚持马克思主义理论与实践相结合的最好体现，是对马克思主义理论宝库的极大丰富和完善，为后人在新形势下灵活运用马克思主义国际贸易理论树立了样本，它也成为众多社会主义国家实行对外开放政策的根本指导思想，为之后的社会主义国家发展对外贸易开启了新的思路。

## 二、十八大前中国共产党领导人关于国际贸易的重要 论述为新时代国际贸易理论发展提供了思想来源

### (一) 毛泽东关于国际贸易的重要论述

#### 1. 毛泽东关于国际贸易重要论述的形成背景

毛泽东一直是对外开放的倡导者，尽管他晚年时期出现的失误使我国在政治、经济和文化上陷入了一定时期的"闭关锁国"状态。回顾毛泽东的全部思想以及他的各种具体国际关系实践，他一直在对外开放问题上做着各种积极努力和探索。他的外交政策主张以及处理中国与世界关系的实践

---

① 列宁全集(第四十一卷)[M].北京：人民出版社，2017：185.

活动都极大奠定了我国对外开放的指导思想，为开创并形成符合我国国情的社会主义国际贸易理论作了充分的准备。

青年时期的毛泽东是一位思维开阔、心怀天下的诗人，他阅尽无数古今中外史籍，引经据典，从他的引词中经常可见他放眼世界的恢宏气魄和广阔胸怀。他为救国救民四处奔走，主张汲取古今中外学说的精华改造中国与世界。他发起成立新民学会，鼓励各仁人志士"向外发展"，组织数百名青年奔赴法国勤工俭学，组建苏俄留学队向西方发达国家学习各种先进思想，以寻求中国改革之道。他意识到在资本主义时代，各国之间相互影响巨大。中国是世界的一部分，需要时刻和国际社会保持紧密的联系，取得国际援助同时又对世界做出贡献。这是毛泽东主张的"大家好的主义"①。他曾提出："凡是社会主义，都是国际的。"②显然，这一时期，毛泽东看待世界的视角和思考问题的方式，都贯穿进他所构建的全部理论和实践中。

武装夺取政权前，毛泽东带领中国走了"农村包围城市"的革命道路，在严酷的农村游击战中，仍然力求冲破封锁，积极参与并与外部保持联系。1931 年，他对外宣称中华民族对外交往的原则和立场——中华民族自主独立，不承认帝国主义在华一切特权，不承认一切不平等条约，但可以重新签订平等的新条约③，各国人民可以在新条约规定下自主经营。显然，这一时期，他的主张也不是完全与外界隔绝的。

1936 年深秋，毛泽东就"中国共产党和世界事务"问题与美国记者斯诺进行讨论，在此之前，他就表达了要与友好国家建立良好经贸关系的愿望。因为，中国的独立自主，将会为来华的投资国家创造更多的利益。中

---

① 中共中央文献研究室. 毛泽东早期文稿（1912.6—1920.11）[M]. 长沙：湖南人民出版社，1990：560.

② 中共中央文献研究室. 毛泽东书信选集[M]. 北京：中央文献出版社，2003：2.

③ 复旦大学历史系中国近代史教研组. 中国近代对外关系史资料选辑（下卷第 1 分册）[M]. 上海：上海人民出版社，1977：233-234.

国巨大的消费市场，需要各国来帮忙①。如果各国的投资能帮助中国经济建设，特别是对工农业的发展，我们都欢迎。但是，如果对中国政权有任何干扰，"一概不予承认"②。

新中国成立初期，冷战爆发让世界分为两派，我国"一边倒"选择站在了苏联一方。在当时的国际形势下，美国联合多国对我国从政治、军事、经济等方面实行孤立政策。但是在经济方面，我国仍然没有实行"一边倒"，也没有放弃争取西方各国来华投资办厂。比如，为了促进贸易发展，毛泽东提出要统筹全局，在与苏联合作的同时，也要与德、英、日、美等国做生意；一些外资合营公司可以不只和苏联合作，也可以与资本主义国家订立合同。因为，技术不应与政治沾边，它没有阶级之分，没有阵营之分，学习苏联也不代表不可以学习西方资本主义国家有用的东西。

显然，如果单一地将"一边倒"就认定为毛泽东对外思想的全部内容，进而认为是我国主动选择"自我封闭"的政治方针或态度都是不符合历史事实的。实行"一边倒"政策在当时历史背景下是不得已而为之，也是十分必要且正确的。新中国成立初期，毛泽东反复强调我们要在政治上建立独立自主的外交关系，在实行"一边倒"外交方针的同时也要"另起炉灶"，"打扫干净屋子再请客"，即推翻一切国民党政府时期同各国建立的旧的外交关系，在此基础上与各国建立新的外交关系。同时，要根据平等互利的原则与外国人做生意；除了与社会主义国家，也要与资本主义国家做生意。显然，这一时期，他仍然没有排斥与西方国家交往。在平等的前提下，除了要和同阵营的国家发展外交关系，也要同对立阵营的一切国家发展外交关系。但是在新中国成立之初，美国对我国采取了对抗模式，对我国的一切活动都持反对态度，其中，就反对与我国进行贸易进出口活动，不仅严令禁止出口战略物资给我国，而且连普通的货物贸易也进行了限制。更甚的是，在新中国成立后的一个月，美国联合其他西方国家共同成立了对社

---

① ［美］埃德加·斯诺. 西行漫记［M］. 北京：三联书店，1979：77.

② 毛泽东文集（第一卷）［M］. 北京：人民出版社，1993：394.

会主义国家禁运的"巴黎统筹委员会"，企图从外交、经济、军事、科技和文化方面全方位封锁新中国政权。很多西方国家为了讨好美国，不得不奉行对中国的禁运政策，最终导致新中国和西方国家之间的贸易额急剧下降，仅一年时间，我国进口贸易额从 1950 年的 8.2 亿元降为 1951 年的 2.1 亿元，出口贸易额也从 1950 年的 6.7 亿元降为 1951 年的 0.8 亿元。此时我国实行的"一边倒"方针已不是新中国主动选择关上同西方国家交往的大门，而是迫于美国以及西方各国的经济封锁和禁运政策所致。

此外，新中国成立初期，全国整体经济环境极其破败，通货膨胀及财政赤字严重威胁国民经济。由于长期受到封建统治的压迫和帝国主义的剥削和掠夺，以及战争带来的资源耗竭，1950 年初期，我国经济已经处于崩溃边缘。生产萎缩，交通滞后，人民生活困苦不堪。当时主要的工农业产品主要是钢、煤、原油、棉布和粮食，而且这些产品的生产产量都不高。工农业的生产产值占比大概为 3∶7。1950 年初期，我国工业基础薄弱，基础设施建设落后。这些也是国内外反动势力不看好中国共产党最终会胜利的主要依据——"资产阶级怀疑我们的建设能力……估计我们终久会要向他们讨乞才能活下去。"①为了打破西方的封锁，毛泽东于 1949 年 12 月亲赴苏联访问，期望争取到苏联的援助，并能和东欧国家开展贸易。

在这样的国际和国内背景下，新中国成立初期实行国家统制的保护贸易政策，优先和同阵营的苏联东欧等社会主义国家，其次是与非帝国主义国家特别是亚非拉发展中国家，最后才是与西欧、日本等发达国家进行贸易往来。

由此可见，在新中国成立初期，我国由于受到国际上以美国为首的西方国家的联合贸易封锁，以及我国实行的"一边倒"方针选择了苏联阵营，加上我国当时国民经济基础薄弱，生产社会化程度不高，实行一种高度集中的、以行政管理手段为主的国家统制的保护贸易政策是必要的，而且这种政策是历史发展的必然产物。

---

① 毛泽东选集(第四卷)[M]．北京：人民出版社，1991：1438.

## 2. 毛泽东关于国际贸易重要论述的主要内容

新中国成立初期，我国对外贸易政策实行的是国家统制的贸易保护政策。毛泽东在1949年3月召开的中共七届二中全会上指出中国经济的恢复和发展离不开这一政策，它为帮助解决新中国初期的两大矛盾发挥了巨大作用。1949年底，这一政策正式出台——"实行对外贸易的管制，并采用保护贸易政策。"①自此，新中国正式确立了实行国家统制的对外贸易政策和坚持平等互利的基本原则，成为毛泽东国际贸易思想的主要来源。

在以毛泽东同志为核心的党的第一代中央领导下，周恩来总理等党政人士也制定了一系列国家统制对外贸易政策，并制定了相关的具体实施规定，提出了一系列国际贸易的根本原则。

(1)反对闭关自守

周恩来认为各国自身发展优势不同，短板和缺点也有所差异，因此，各国可以通过与外部世界的交流合作来互补差异。他曾提到我们的供给也有不足的时候，而有的产品也会出现产能过剩，此时进出口就发挥了作用。所以，在深知中国就是因为闭关锁国遭受挨打后的周恩来坚决反对闭关自守。他指出，要想摆脱贫困落后，主要靠自己，但是不能闭门造车，不和外界联系。如果一些国家愿意伸出援手，我们夹道欢迎。朝鲜战争爆发后，我国政府逐渐减少对外部的依赖，将各种钢材、石油化工等能源设备和战略物资改由从苏联等东欧国家进口。此外，在他的带领下，制定了我国同西方各国的贸易政策——既不强求，也不拒绝。在基于平等互利的原则基础上，充分地吸收借鉴他国先进的科学技术和管理经验，以更好地支持我国的产业发展。周总理还强调要好好地把握香港这个城市，将其作为连接大陆和港澳台的重要贸易枢纽，一方面能有效地发展对外贸易事业，另一方面也能作为对抗美国孤立政策的有效途径，因为当时很多物资

---

① 中共中央文献研究室. 建国以来重要文献选编(第一册)[M]. 北京：中央文献出版社，1992：9.

都是从香港转运的。

（2）坚持自力更生

新中国成立初期，经济"残败凋敝"，争取外援以促进我国的经济发展是必要的，但是自力更生仍然是主旋律。1949年底周恩来就对参加全国会议的各行各业代表重申了新中国要实行以自力更生为主、争取外援为辅的对外贸易政策。对此，他提出两条具体的贸易指导方针：一是对以苏联为首的社会主义国家以及一些友好国家开放大门；二是在有利条件下同资本主义国家做生意。针对自主性，他又再次强调对外贸易应以国家建设为中心，一切都以服务国家为基础，切忌让外国资本控制了我国的市场，沦落成为西方的消费品市场。此外，对于帮助我国发展的友邦苏联，要积极争取他们的帮助，"但要去掉依赖思想"①。

（3）主张采取灵活多样的对外贸易方式

在国家统制为主的贸易保护政策下，根据当时新中国成立初期所处的艰难情况，周恩来根据毛泽东指示，提出在"独立自主，集中统一"的外贸总原则下，我国贸易应根据实际情况，采取灵活多变的形式。对此，贸易部②于1950年召开全国贸易会议，决定采取多种方式对进出口商品进行统一管理③。这种国营和私营互相协调补充的外贸方式，为外贸发展提供了足够的灵活性。此外，针对兄弟友邦国家的援助，周恩来还提出要制定长短期兼具的贸易协定。在贸易价格方面，也要根据国际市场规律进行调整——"可以有伸缩幅度，但不应降低过多，也不应抬高过多。"④这些灵

---

① 中共中央文献研究室. 周恩来经济文选[M]. 北京：中央文献出版社，1993：329.

② 1949年，政务院刚成立时设立贸易部和海关总署，在贸易部内设国外贸易司。1952年，政务院将贸易部分为对外贸易部、商业部、粮食部；年底，又将海关总署划归对外贸易部领导，改称中央人民政府对外贸易部海关总署。1953年，对外贸易部将原有的国营外贸公司进行调整，统一经营国家的对外进出口业务。

③ 中华人民共和国大典编修指导委员会. 中华人民共和国大典[M]. 北京：中国经济出版社，1994：12.

④ 中共中央文献研究室. 周恩来经济文选[M]. 北京：中央文献出版社，1993：400-401.

活弹性的外贸方式为后期我国的外贸发展奠定了良好的基础。

（4）强调外贸工作要实事求是，量力而行

在制订贸易计划时，我国政府也一直强调要实事求是，量力而行。国家要求各级部门在上报进出口计划时不要盲目求大，要根据实际需求进行填报，而且还要遵循国际市场规律，根据国际市场运行情况进行合理预估，以便国家能合理地使用有限的外汇，避免造成损失。在当时的历史条件下，外贸的一切活动都受到国家的统一指挥和安排，按照我国整体的需求进行预估，引进所需的必需品；同时，由于西方对我国的经济封锁，为了减少使用外汇的频率，大多时候都优先考虑物物交换的方式。此外，相关管理部门也会在贸易谈判前，先对我国的出口商品进行摸排，了解其结构和产量等，以便能在谈判中获取我国所需，占据优势；同时，周恩来根据毛泽东指示参与外贸部会议，一起修改一些具体的贸易谈判细则①②。

（5）强调重合同，守信誉，重质先于重量

周恩来根据毛泽东指示要求外贸部在订立贸易合同时要遵守信用，否则会让我国在世界面前丢失信誉。对此，他提出"签了合同就必须守信用"③要求。为了让各地外贸部门和通商口岸全面领会该指示，周恩来要求全部涉及贸易的工作部门都要召开贸易工作会议，层层下达指令，尤其强调各地务必遵守国际规则，除强调重合同、守信用外，还要保证出口商品的质量。他反复强调重质重量，质量优先，其次才是数量。"出口商品的质量是很重要的，对外贸易一定要保证质量"④，此外，还要充分了解对方市场的需求。周恩来以东南亚市场偏爱细纱纺织品为例，提到如果我国出

---

① 中央文献出版社. 不尽的思念[M]. 北京：中央文献出版社，1987：256.

② 中共中央文献研究室. 周恩来经济文选[M]. 北京：中央文献出版社，1993：397.

③ 中共中央文献研究室. 周恩来经济文选[M]. 北京：中央文献出版社，1993：397.

④ 中央文献出版社. 不尽的思念[M]. 北京：中央文献出版社，1987：267.

口粗布给东南亚市场，就会面临滞销问题。

### 3. 毛泽东对马克思主义国际贸易理论的发展和贡献

毛泽东始终坚信中国是世界不可分割的一部分，既与世界各国保持紧密联系，又对世界发展做出了贡献。毛泽东悉心研读马列主义，广泛学习、研究西方国家的大量经典著作，吸收对我国发展有利的科学部分，同时也在不断地为争取更多的友邦对中国革命的支持和援助做出各种积极尝试。虽然，他的对外开放思想前后发生了变化，在后期过分强调独立自主、自力更生，从而忽视了对外经贸的交往，但是这些都与我国过去殖民地、半殖民地的屈辱历史以及当时我国所处帝国主义封锁时期等历史背景息息相关，而且一国对外贸易发展的基本任务除了为一国工业（尤其是重工业）发展服务外，还必须为外交政策、为备战服务，显然，抛开历史时代背景谈结论都是失实且不客观的。

新中国成立初期，由于受到国际上以美国为首的西方国家的联合封锁，我国实行"一边倒"方针选择了苏联阵营，由于缺乏建设经验，完全照搬了苏联的经济体制和贸易制度，也就是高度集中的计划经济模式和国家统制型贸易制度。当时的中国国民经济基础薄弱，生产社会化程度不高，实行一种高度集中的，以行政管理手段为主的国家统制的贸易保护政策成为历史的必然产物。这一政策在初期对于提高生产力，恢复国民经济发挥了积极的作用。1950 年，毛泽东率队前往苏联，在各种努力下与苏方达成合作共识，由此不仅与苏方也与苏联阵营的苏东国家签订了很多经贸往来协定。其中，苏联在完成新中国成立后第一个五年计划目标中扮演了不可或缺的援助者角色。

新中国成立后，中国政府收回外贸主权，全面管理经贸事宜，坚持独立平等地和各个国家做生意，维护了新中国的独立和稳定；在党的第一代领导人毛泽东的正确领导下，新中国成立仅 8 个月，全国的物价就已经开始趋于稳定，经济发展呈现良好态势，为后期开展贸易合作做好了基础准备工作。在努力经营与各国经贸关系的过程中，新中国成立初期的贸易事业有了起色，为促进我国经济发展做出了重要的贡献①。其中，通过有计划的国内供需调节和多种贸易手段的结合，如调整贸易结构（由单一的农副产品和原料转向多元化产品）、调整贸易主体（利用、限制、改造私营进出口商）等，引进了我国成立初期发展工业化建设所必需的各种技术、设备和原料，为我国工业化建设打下了重要基础，奠定了社会主义改造的基础。统计数据显示，我国工业化初期（1953—1965 年），进口生产资料占进口总额比重高达 90%以上，1966 年以来，这一比重也高达 80%，说明当时的进口物资几乎全部用于工业化生产建设②，对外贸易在当时中国工业化发展进程中发挥着不可替代的作用。

## （二）邓小平关于国际贸易的重要论述

### 1. 邓小平关于国际贸易重要论述的形成背景

二战后，世界发生了翻天覆地的变化，各国之间交往越来越频繁，相互联系越来越紧密，此时世界融合程度加深，由此导致国际分工进一步深化，国与国之间的贸易、投资、金融也更加自由，世界发展日趋同步。由此，邓小平指出："现在的世界是开放的世界。"③

回顾中国历史的进程，中国的近代史就是一部屈辱史，从明清时期的闭关锁国开始，因为固步自封，西方用坚船利炮打开了我国的大门，让我国彻底沦为半殖民地半封建社会。新中国成立初期，西方列强更是展开了对我国的"全面绞杀"，联合起来封锁我国经济，再加上苏俄违背信义，我国的对外经济联系发展空间非常狭小，贸易发展严重凋敝。国内一些错误的"闭关"思想更是让我国的对外开放事业"雪上加霜"，进一步拉大了我国与世界

① 中国对外经济贸易年鉴编纂委员会. 中国对外经济贸易年鉴·1984［M］. 北京：中国对外经济贸易出版社，1984：3.

② 中国对外经济贸易年鉴编纂委员会. 中国对外经济贸易年鉴·2002［M］. 北京：中国对外经济贸易出版社，2002.

③ 邓小平文选（第三卷）［M］. 北京：人民出版社，1993：64.

之间的差距，经贸发展一落千丈。由此，邓小平指出造成此种局面最重要的一个原因就是"闭关自守"①。中国不能脱离世界，不能闭门造车。

　　冷战后，世界和平发展以及资本主义发展态势成为当时中国对外贸易快速发展的两个重要前提。一方面，各国经济在战后都遭受了重创，世界各国厌战情绪凸显，纷纷进入重建恢复期。另一方面，第三世界的兴起使得世界呈现多极化格局，让想要发动战争、挑起世界争端的西方资本主义国家有所收敛和顾忌。由此，和平与发展成为这一时期的主题，也成就了我国对外开放基本政策的实行。

　　邓小平指出："由此得出结论，在较长时间内不发生大规模的世界战争是有可能的，维护世界和平是有希望的。"②他又进一步说："现在世界上真正大的问题，带全球性的战略问题，一个是和平问题，一个是经济问题或者说发展问题。"③和平与发展是当今世界的两大主题，这一科学论断，是邓小平对外开放理论的基石，也成为指导我国制定各项经济政策的重要依据。另外，20世纪西方资本主义内部市场需求已经面临饱和，资本在其本土已无法无限扩张，西方资本主义国家由此打起了全球各国市场的主意，希望将资本转移到世界各国并在各地生根发芽开花结果，为壮大并夯实其资产阶级做出新的"贡献"。由此，在和平与发展的时代背景下，在资本主义危机无法自抑的内在矛盾下，资本亟待快速增值繁衍。这不仅是后来中国实现对外贸易快速发展的重要历史前提，为中国贸易高速增长创造了极为有利的条件，同时也成为中国现代化建设的重要历史发展机遇。

　　在世界这样一个大转折时期，需要牢牢抓住机遇，重中之重就是加快经济建设，坚定不移地实施对外开放，积极参与国际分工，保持与世界的联系。这一思想成为邓小平关于国际贸易重要论述的基本内容。在这一思

①　邓小平文选(第三卷)［M］. 北京：人民出版社，1993：78.
②　邓小平文选(第三卷)［M］. 北京：人民出版社，1993：127.
③　邓小平文选(第三卷)［M］. 北京：人民出版社，1993：105.

想的指导下，中国后来的贸易发展获得了巨大成功。

## 2. 邓小平关于国际贸易重要论述的主要内容

(1)独立自主、自力更生是对外贸易的发展原则

在新的历史背景下实施对外开放，独立自主、自力更生成为我国对外贸易的发展原则，邓小平强调这一原则是我国贸易发展的根本立足点，不管是以前还是以后。此外，他还指出不能片面理解这一原则，独立自主不是要自我封闭，不和外界联系，自力更生也不是一致排外，全部依靠自己生产。这两者是发展的前提基础，对外联系是增强我们自身实力的有力手段。因此，在实行对外开放的同时，要始终坚持毛主席倡导的自力更生，以经济建设筑牢我国发展根基。

(2)在自力更生基础上主张实行全方位、多层次和宽领域的对外开放政策

我国对外开放的全方位是指对所有的国家进行开放，不仅对西方发达国家、友好的苏东国家，也包括对其他的发展中国家和欠发达国家；多层次是指我国国内不同区域的有序开放；宽领域是指对引进外部投资、技术和高端人才等的有序开放。邓小平十分注重对外开放，也由此把对外开放第一次提升到国策高度，作为治国理政的根本手段之一，并指出改革开放是一项需要长期坚持的政策，而不是权宜之计。对外贸易是中国经济对外开放的基本形式，对此，他发表了大量关于对外贸易的相关论述，主要内容包括：

第一，大力发展外贸有利于建立经贸关系，开拓国际市场。第二，贸易产品要以质取胜，提高国际市场竞争力。第三，实现贸易市场多元化。这就意味着不仅要和美国做生意，也要打开日本甚至欧洲的市场，以此掌握贸易主动权，扩大贸易规模。第四，引进西方先进技术和设备，加快工业转型升级，提高生产效率。

### 3. 邓小平关于国际贸易的重要论述对马克思主义国际贸易理论的发展和贡献

一直以来，鉴于我国社会主义的基本制度，一些国人完全将计划经济视为圭臬，而对市场经济嗤之以鼻，以为发展社会主义就要完全将市场经济排斥在外，绝不能沾染分毫，好似一旦让市场经济进入社会主义体系，就是对马克思主义理论的亵渎。大众并没有能从马克思的著作中找到一星半点关于社会主义实行市场经济的痕迹，由此片面地认为革命导师没有说过的话，就都是不对的。然而，这就违背了马克思主义理论最大的原则——实践性原则和开放性原则。马克思曾认为有计划地安排劳动时间可以有效调节各种劳动与市场需求之间的配比关系；同样，恩格斯也提出如果生产资料归社会所有，商品交换就会消失，或者说商品本身会消失，从而使商品对人的异化也随之消失。此时，这种计划生产会成为有效管理社会生产的组织。这些论述充分说明社会获得了生产资料，按需求计划分配劳动比例，此时，商品就不再是商品，而成为产品，劳动也不需要被凝结在商品中而体现其价值。显然，这其中并没有提到任何关于商品经济、市场和计划经济等概念。但是，1992年邓小平创新性地指出计划和市场并不是制度的根本区别……它们都只是经济手段。由此，根据这一理念，党的十四大正式确立了社会主义市场经济体制的目标，在社会主义市场经济条件下，大力发展对外贸易无疑是对传统理论的一个新的重大突破，是邓小平对马克思主义国际贸易理论的创造性发展。

外贸发展被邓小平放在中国经济发展的重要战略高度，他尤其重视通过出口赚取外汇，在不断融入世界过程中增强我国实力，以此抵御他国对我国的经济打压和经济封锁。他曾在1983年的外贸工作会上指出，中国巨大的市场对各国具有强大的吸引力，我们必须抓住机遇，好好利用起来，这是一个战略问题。后来，他又指出外贸发展中的战略问题在于如何逐渐改变贸易逆差这个事实，务必要好好研究国际市场，加大出口力度，换取更多的外汇。

在他的对外开放思想指导下，对外贸易在我国发展战略中的重要地位得以确立，成为我国积极参与国际分工、推进产业转型升级、拉动经济增长的有效方式。自此，我国对外贸易事业日新月异，蒸蒸日上。中国开启了引进外资新阶段。外国投资商特别是高科技产业中的大型跨国集团对我国加工制造业青睐有加，这一贸易方式逐渐发展成为我国的主要投资形式。由此，中国实现了产业结构现代化升级，更好地融入全球经济体系之中，为进一步实行对外开放奠定了扎实的基础。

## (三)江泽民关于国际贸易的重要论述

### 1. 江泽民关于国际贸易重要论述的形成背景

20世纪80年代末，世界格局变化风起云涌，"两大阵营对抗"变成了"一超多强"格局。多国之间相互制衡和竞争，让世界拥有了可以长期保持和平的可能。但是，世界各国之间的竞争随着新兴科技革命和经济全球化浪潮的席卷变得异常激烈，发达国家和发展中国家之间的差距不断扩大。

我国在这样的国际形势下，始终坚持改革开放路线不动摇。江泽民根据1992年邓小平南方谈话的精神，在十四大报告中明确了我国经济体制改革的目标是建立社会主义市场经济体制，这一体制的建立，一方面，让国内市场体系中企业、行业、部门和地区之间进行开放；另一方面，它还向全球各国开放，让国家之间的资本、劳动力、科技和先进的管理模式等生产要素更自由地流动。

此外，十一届三中全会后，我国的现代化建设事业蒸蒸日上，初步形成了一个全方位的对外开放新格局。开放领域逐步从第一、第二产业扩展到第三产业；外商在华投资环境也不断改善，相关的服务体系和发展保障日趋健全，中国正加快步伐走向世界，走进国际市场。但是，新的问题也接踵而至。随着对外开放不断加快，区域发展不平衡也愈加严重。我国贸易发展出现了部分区域(东部沿海地区)发展过快，而一些区域(中西部内陆地区)仍然处于停滞不前的状态，贸易发展起色不大，由此，呈现出巨大的地域差异。而且，我国在 2001 年加入 WTO 之后，一些贸易政策措施仍与国际通用标准尚存较大差距，还无法完全适应对外开放的要求和发展。

在这种形势下，随着理论政策的不断出台和对实践的不断探索，我国外贸经验不断丰富，为后期江泽民关于国际贸易重要论述的形成和发展奠定了重要的理论和实践基础。

## 2. 江泽民关于国际贸易重要论述的主要内容

江泽民关于国际贸易的重要论述可被看成是对邓小平国际贸易重要论述的继承和发展，主要包括以下两个方面：

第一，进一步扩大对外开放地域。在党的十四大上，江泽民在邓小平提出的全方位新格局基础上进一步提出"对外开放的地域要扩大"，并在党的十五大上再一次强调将中国对外开放格局确定为"全方位、多层次、宽领域"。这一阶段的全方位，覆盖范围同样是全国，但是程度更深更广，同时拓展更多的国际合作，与更多的国家建立良好经贸关系；开放层次上，在原来基础上进一步提高全国资源的整合，实现资源有效配置，加强各产业之间的分工协作，同时依据各自的地方优势参与竞争；宽领域上，同样也是在原来基础之上，进一步加强对投资、贸易、技术和人才的引进，同时不断拓展出口产业类型，实现更多的产业出口，如文化、科技等。

在对外贸易方面，他指出要不断扩大对外开放，更好地利用外资、技术和资源。其中，在地域上，在继续办好原来已经开放的经济特区和沿海区域城市的同时，加快开放内陆省份的速度。打造上海浦东新区，让其引领长三角的发展，逐步发展广东、福建、海南等地区，为实现现代化打下基础；在利用外资上，采取更加灵活的方式，优化外商投资经营环境，吸引其主打投资基建等基础产业以及技术密集型产业，引导其更好地建设和发展高新技术开发区。

第二，"走出去"战略。这一思想是中国贸易发展事业的又一个重要里程碑。在这一战略下，"实现贸易多元化""扩大对外投资"①等具体措施相继出台，"充分利用内外两个市场、两种资源"②，实现内外部资源高效配置，激发内部市场活力，在国际市场上发挥我国的比较优势，通过参与国际竞争，开展国际经济合作，发展开放型经济，使我国更好地融入全球经济体系中。2002 年，这一思想被提高到我国对外开放重大战略层面。

### 3. 江泽民关于国际贸易的重要论述对马克思主义国际贸易理论的发展和贡献

江泽民关于国际贸易的重要论述是中国特色社会主义理论体系的重要组成部分，它同样继承了马列主义、毛泽东思想和邓小平理论中有关国际贸易的有益成分，并在新形势下对这些理论和思想予以创新和发展。

马克思的"世界历史"思想向大众阐释了人类社会从封闭走向开放的本质，由此形成了马克思主义国际贸易理论的基础。列宁在充分吸收了马克思的这一思想，在结合俄国十月革命的实际情况后，进一步创新发展了这一世界历史观思想，得出了在与资本主义对抗的过程中，要充分利用和学习其优秀成果，这样才能"使用魔法打败魔法"。新中国成立以来，毛泽东和邓小平也对马克思主义国际贸易理论的丰富发展做出了贡献，形成了有中国特色的社会主义贸易理论。基于前面伟人的思想和理论，江泽民结合历史和现实指导我国新时期的贸易发展③。坚持对外开放基本国策不动摇，始终奉行独立自主的和平外交政策，进一步扩大对外开放，充分发挥特区

---

① 江泽民. 加快改革开放和现代化建设步伐，夺取有中国特色社会主义事业的更大胜利——在中国共产党第十四次全国代表大会上的报告[J]. 求是，1992(11)：1-16.

② 中共中央关于完善社会主义市场经济体制若干问题的决定[N]. 人民日报，2003-10-22.

③ 江泽民. 高举邓小平理论伟大旗帜，把建设有中国特色社会主义事业全面推向二十一世纪——在中国共产党第十五次全国代表大会上的报告[J]. 求是，1997(18)：2-23.

的创新优势，实施西部大开发战略，实施"走出去"战略，积极推进并完善全方位、多层次、宽领域的对外开放格局，让中国向世界展现出更加积极主动的开放姿态，这一系列政策和措施的出台对当时我国外贸发展实现新飞跃发挥了巨大作用。由此，江泽民关于国际贸易的重要论述创造性地继承和发展了马克思主义国际贸易理论。

### (四) 胡锦涛关于国际贸易的重要论述

#### 1. 胡锦涛关于国际贸易重要论述的形成背景

2001 年，中国加入 WTO 世贸组织后，与世界的关系发生了前所未有的变化，经济快速增长，规模不断扩大，到 2003 年，我国进口已经跃居世界第三，出口排名第四。这个曾经被欺压凌辱的半殖民地半封建社会国家逐渐从世界的边缘走向中心，渐渐地脱颖而出，在全球范围内开始占有举足轻重的地位。我国在融入世界经济的过程中，机遇与挑战并存。一方面，融入世界的怀抱中使得人力、资本等要素快速流动，为我国经济发展奠定了重要的基础；另一方面，国际政治阵营差异导致资本主义国家多番挑衅排斥"社会主义"，伺机在我国经济贸易发展过程中设置重重障碍，如增加关税和非关税措施等，最终导致各种贸易摩擦和争端不断，对我国经贸安全造成巨大威胁。在这样的国际国内大环境下，中国如何充分利用好内外部市场和资源，促进经济增长，加快融入世界，成为当时我国发展的重大课题。

由此，自党的十六大以来，胡锦涛站在全球战略的高度，指出我国"不仅需要十分关注国内经济的发展情况，也需要十分关注世界经济的形势"①，并进一步指出："我们制定政策、推进工作、处理问题，必须有世

---

① 胡锦涛. 注重分析世界经济形势，抓住机遇推动经济发展[N]. 光明日报，2003-01-29(1).

界眼光，善于认识和把握国际因素对我们的事业发展可能产生的有利因素和不利影响。"①对此，他提出了统筹国内发展和对外开放，实施互利共赢开放战略，主张构建和谐世界，完善开放型经济体系，转变对外经济发展方式的国际贸易战略思想。这是在新的历史时期，以科学发展观为指导，面对加入世贸组织和应对国际金融危机的复杂国际环境，中国共产党在对外开放实践中的重大理论创新。

## 2. 胡锦涛关于国际贸易重要论述的主要内容

（1）统筹国内发展和对外开放

2003 年，"统筹国内发展和对外开放"被确立为我国这一时期的对外开放战略。胡锦涛在工作中强调要根据这一战略的发展要求，密切关注内外部的形势变化，抢抓机遇，规避风险，努力做到趋利避害。可以看出，这一战略意味着要把内部发展和全球发展作为一个有机的整体，树立全局意识，提升战略高度，更好地理解内部和外部因素之间的互补和互动关系，以便互促共进。在此过程中，充分利用对我国自身发展利好的因素，将不利因素"转劣为优"，在"危"中发现"机"，从而促进我国经贸更快发展。此外，他还指出在日趋白热化的全球竞争中，西方国家的高科技优于我国，我国因此长期受到对方的各种打压，外部风险明显增多，且外部环境日趋复杂。此时，对执行这一战略的要求更高。对此，一系列政策和措施相继出台，如优化贸易商品结构，转变外贸增长方式，引进先进技术和人才，提高外资质量等。最终，我国外贸发展取得了显著成效。

（2）实施互利共赢开放战略

胡锦涛在邓小平和江泽民的"平等互利"对外开放战略上进一步提出了"互利共赢"对外开放战略。此后，他多次在国际场合强调这一理念，希望

---

① 中共中央文献研究室. 十六大以来重要文献选编（上）[M]. 北京：中央文献出版社，2005：402.

同世界各国建立良好紧密的国际经贸关系，成为友好互惠的合作伙伴，实现"经济上互利共赢"①。由此，他向世界各国宣称我国要"坚持互利共赢的对外开放战略"②，并于 2005 年在党的十六届五中全会上将这一理念上升到对外开放战略高度。同时，他也将这一理念作为我国处理与各国经贸关系的基本准则，向各国表明一切能促进我国自身发展和世界进步的事宜都是达成互利共赢合作的范畴，呼吁各国联合起来为实现共同利益而开展合作，为稳定世界发展做出积极贡献。此外，这一理念也是全球各国建立公平合理国际秩序的基本原则。在这种秩序下，各国应该相互扶持，优势互补，才能实现经济利益最大化。

（3）构建和谐世界

2005 年，"构建和谐世界"这一概念被正式提出，胡锦涛呼吁各国友好共处，不同文明平等对话，促进共同发展与繁荣。他在国际场合多次向世界各国阐释了和谐世界的理念内涵，并就如何实现这一理念展开了论述。他指出，"和谐世界"一直是人类孜孜以求的终极目标，意蕴深远，内涵丰富，其中，实现"共同繁荣"和"经济和谐发展"是达成这一目标的两个关键因素。对于"共同繁荣"，实施互利合作是最快的方式，否则世界将难以实现和平发展。对于"经济和谐发展"，需要各国切实合作，建立经济共同体，实现一体化发展。经济全球一体化让世界各国尤其是发展中国家受益良多，但是这一趋势也成为全球贫富差距不断扩大的原因。对此，实现全球经济和谐发展是缩小贫富差距的有效方式，这就要求世界各国要高度重视经济全球化的健康发展，积极合作，减少贫困，和衷共济，抵御风险；此外，也要加快构建开放公平的多边贸易体系，依靠彼此的优势实现互惠互利，让全球各国都坐享惠果。

可见，在当前条件下，互利共赢是建设和谐世界的基本原则和现实途

---

① 胡锦涛.中国的发展亚洲的机遇——在博鳌亚洲论坛 2004 年年会开幕式上的主旨演讲[N].光明日报，2004-04-25(1).

② 胡锦涛.加强互利合作促进共同发展——在墨西哥参议院的演讲[N].光明日报，2005-09-14(3).

径，是推动经济共同繁荣，实现世界和平发展的有效途径。从某种意义上说，"和谐世界"是习近平"人类命运共同体"理念的雏形，而人类命运共同体理念是对和谐世界思想的升级和完善。

### 3. 胡锦涛关于国际贸易的重要论述对马克思主义国际贸易理论的发展和贡献

胡锦涛关于国际贸易的重要论述是科学发展观的重要组成部分。它同样继承了马列主义、毛泽东思想、邓小平理论、"三个代表"重要思想中有关国际贸易的有益成分，是中国特色社会主义理论体系的重要组成部分，并在新阶段对这些理论和思想进行了创新和发展。

胡锦涛在坚定不移实行邓小平对外开放理论的前提下，继承了江泽民"引进来"和"走出去"的国际贸易政策，同时进一步发展并深化了该政策，提出了统筹国内发展和对外开放，转变外贸发展方式的对外贸易政策，要求在科学发展观的指导下，科学利用好国内外两个市场和两种资源，使内外结合以有利于我国经济的转型升级，有效解决我国经济社会发展中的各种不平衡、不协调、不充分和不可持续等问题，使理论在原来的基础上进一步得到提升，开拓了新境界。在该理论指导下，通过具体的外贸举措如优化贸易商品结构，转变外贸增长方式，扩大能源和技术合作等，进一步推动我国产业升级和结构调整。此外，在科学发展观指导下，我国中西部地区也在"以引进先进技术、先进管理和海外智力为重点，提高利用外资质量"这一举措下进步巨大，大批的外国企业将目光聚焦在我国内陆的一些欠发达地区，增资建厂，扩大规模，为缩小内陆地区与沿海地区的差距发挥了重要作用。

经典作家马克思、恩格斯创造并构建了完整的马克思主义国际贸易理论体系，它为新时代国际贸易理论的发展提供了理论基石。其中，世界市场理论为新时代构建公平合理的国际经济新秩序、推动新型经济全球化、构建人类命运共同体思想提供了重要依据；国际分工理论成为新时代通过供给侧结构性改革转变外贸增长方式的逻辑起点；国际价值理论是分析中美贸易摩擦深层原因、提出合作共赢思想的理论依据；自由贸易政策是积极主动拥抱全球化，坚定不移选择贸易开放政策不动摇、共建共享"一带一路"惠果的理论源泉；国际服务贸易理论是新时代转变对外贸易政策，促进经济新增长的理论突破口。

基于马克思主义国际贸易理论，列宁创造性地提出在社会主义国家实行对外贸易国家垄断制的国际贸易思想，为后起社会主义国家发展对外贸易开启了新思路，这也成为今天社会主义国家实行对外开放政策的根本指导思想。由此，经典作家马克思、恩格斯和列宁的国际贸易理论为新时代国际贸易理论的发展提供了理论基础。

十八大前中国共产党领导人基于马克思主义国际贸易理论体系，进一步向前发展和创新。其中，毛泽东基于苏联的历史经验，在新中国成立初期提出实行国家统制的贸易保护政策，尽管这一时期我国采取"一边倒"的政策，但是他一直在对外开放问题上做着各种积极的努力和探索。他提出独立自主、自力更生的外交政策主张以及处理中国与世界关系的实践活动为我国对外开放奠定了思想基础，为开创并形成符合我国国情的社会主义对外贸易理论作了充分的准备。

在新的历史条件背景下，邓小平在毛泽东提出的自力更生的政策主张基础上实行全方位的对外经贸关系，并提出了和平与发展的对外开放理论，其中对外贸易是经济开放的基本形式和主要内容之一，旨在形成一个全方位、多层次、宽领域的对外开放格局。随后，江泽民进一步将这一开放格局确立为我国对外开放新格局，在地域、领域和渠道上不断扩大开放，同时提出"西部大开发"等战略以完善对外开放格局。胡锦涛在邓小平和江泽民的"平等互利"对外开放战略上进一步提出了"互利共赢"对外开放战略，并主张构建"和谐世界"，做出了要在科学发展观的指导下，利用好国内外两个市场和两种资源的论述。这些重要论述是在不同的时代背景和历史条件下，为解决当时的对外贸易问题而不断创新发展并提出的，与马克思主义国际贸易理论一脉相承又与时俱进。他们不仅创造性地继承并发展了马克思主义国际贸易理论，丰富了马克思主义国际贸易理论体系的内容，也为新时代国际贸易理论的发展提供了充足的理论基础和思想来源。

由此，经典作家马克思、恩格斯的国际贸易理论和十八大前中国共产党领导人有关国际贸易的重要论述为新时代国际贸易理论的发展提供了重要的理论前提。

# 第二章 马克思主义国际贸易理论在新时代发展的现实前提

## 一、全球经济格局发生深刻变革

### (一) 世界经济结构进行深刻调整

#### 1. 全球产业结构开始新一轮调整升级

20世纪80年代末,全球第四次产业转移浪潮再次开启。高科技产业如新材料、新能源等进入发达国家视野,成为新的产业发展重点,而一些劳动密集型产业和部分低附加值制造业被逐渐转移到海外市场,以减少对自身的资源浪费。此时,中国因具有人口红利优势,自然而然成为本轮国际产业转移的主要阵地,一跃成为世界超级制造生产国。2008年金融危机爆发后,发达国家对产业格局进行了调整,首先是一定程度上修正了过于偏重发展服务业、较少关注工业制造业发展的格局,将目光投向高端工业制造品的研发和生产,以有效改善和解决产业空心化和国际收支失衡等问题。其次是产品内分工的程度进一步加深。产品内分工是指由于工序和区段差异,将一个产品的生产过程"分割"为若干部分,且这些部分被分散在不同的国家进行生产,形成全球化生产网络。产品内的分工不断增多,由此也带来相应产业分工的不断细化发展,某个产业或者某一个国家的多个产业只需要完成某一产品生产中的一个环节即可;此时,产业链的两端无限扩展分化，形成长长的产业链，将原来很短的生产线扩展分割为成百上千个生产环节。最后是服务业转移速度加快。当前，各国越来越重视对服务业的发展，服务业在跨国投资中的占比已经超过了工业制造业，而且这一比重也将随着更多服务业的跨境并购而不断提高。此外，服务业的繁荣发展也会带动传统制造业的转型升级，通过两者充分融合，发挥各自优势，不断推进贸易转型升级，促进贸易创新发展。

### 2. 全球需求结构出现新动向

随着全球需求结构的调整，世界经济格局也在悄然之中发生变化。2009 年，经济增长贡献不再由过去"几家独大"的资本主义发达国家"一手遮天"，而是出现了发达国家与发展中国家和欠发达国家（地区）平分秋色的局面。曾经主宰世界的发达国家国内市场需求疲软，经济增长有限；相较而言，发展中国家尤其是新兴市场国家国内需求激增，经济蓬勃发展；这一强烈对比"成就"了当前的世界经济格局。比如，经过 40 多年的改革开放，我国拥有了大量的外汇储备，不需要再像新中国成立初期遭到经济封锁后不得不采用物物交换的方式以节省有限的外汇，同时我国在基础设施建设以及建筑企业对外承包方面的综合实力也不断提升，为我国和其他各国开展经贸合作寻找到了新的契合点。

### 3. 全球生产供应链区位导向发生变化

金融危机后，一些发达国家为了复苏经济确立再次振兴工业化发展战略，意在提高本国就业率，由此出台了一系列的强硬保护政策，比如投资海外的企业将无法获得政府补贴，向企业承诺最低国内采购额或减税降费等政策吸引本国企业回迁，同时加大对国际投资者的优惠力度以更大限度地留住他们。但是，这些政策的出台效果有限，根本无法阻挡跨国公司的资本全球化战略布局，即使短暂性地收缩产业或将产业回归本土，其规模也较小，从企业生存和盈利的长远发展来看，将生产"主战场"转移到新兴市场的全球性布局仍然势不可挡。

全球产业链在 2008 年金融危机后出现了新的变化：第一是产业链重组屡见不鲜，因为头部企业在这次危机中受到重创，其领先地位开始动摇，给一些后部企业创造了赶超的机会，这些后部企业之间通过并购、重组和整合成立新的企业，一举成为产业新的巨头。第二是区域性合作增多。全球在保护主义的"逆全球化"风潮中更加倾向于"就近"合作或是"小型"自贸区合作，以此抵御诸如关税提高、物流成本高昂等影响因素。比如，日本过去以欧美市场为主，但是近年来由于物流成本不断升高以及日本产品在欧美市场的表现不尽如人意，日本的很多跨国集团都收缩了欧美市场，转而布局在离自己较近的东南亚市场。第三是新兴后起市场受到跨国集团的青睐。随着中国人工成本的不断提高，跨国集团逐步将一些初加工制造等劳动密集型产业转移到新兴后起市场，其背后的一系列从生产、加工、设计、营销、物流到售后的产业链分工体系也逐步在这些国家建立起来。

## (二)全球经济治理机制艰难变革

冷战结束后，世界经济格局发生深刻变化。2008 年金融危机后，世界经济进入"新常态"——需要面临各种层出不穷的新挑战，但此时的全球治理体系并未跟上应对如此规模庞大且复杂的新挑战，不公正、不合理的国际政治经济秩序非但没有改变，反而随着经济全球化，进一步加剧了贸易秩序的不公平和不合理，导致全球(特别是发展中国家)的贸易前行之路充满了重重障碍。

冷战后，世界经济秩序由美国主导，旨在重建一个全新的全球经济体系。在此之中，一些国际组织，如世界银行、世贸组织等扮演了重要角色，为战后全球经济秩序重建奠定了基础，国际贸易和资本流动也在这样的经济体系下逐步得到恢复和发展。为了巩固在冷战时期的霸权地位，美国通过对西欧援助(马歇尔计划)和对日本的巨额资助以支持其盟国的经济发展，进而不断巩固其建立的国际经济体系，让世界陷入了各种不平等、不合理的分工之中，穷国弱国别无他选，只能为其霸权地位不断"添砖加瓦"。

　　然而到了 20 世纪 70 年代，美国的霸权地位开始减弱，原来"雷打不动"的世界经济格局开始动摇。一方面，北大西洋的一些发达国家认为战后的全球经济治理体系已不再能够实现强劲、可持续、平衡且全面的经济增长。在 1973 年布雷顿森林体系崩溃后，美国经济发展面临瓶颈，亟待依靠与其他发达国家的宏观经济政策协调机制来维持现有的国际货币和国际贸易秩序。由此，发达国家为共同研究世界经济形势，协调各国政策，重振西方经济，于 1975 年成立了由美、英、法、德、意、加、日组成的西方七国集团首脑会议（G7）。

　　另一方面，战后民族解放运动所产生的一大批发展中国家也纷纷涌向联合国，呼吁建立一个更公平、更有利于第三世界国家发展的"国际经济新秩序"，原因之一在于 70 多年前建立的经济治理结构已不再能反映当下全球经济权重的实际分布，特别是新兴市场国家在国际货币基金组织（IMF）、世界银行（World Bank）等国际组织中的投票权和其对世界经济贡献的严重不匹配，例如中国在 2016 年对全球经济贡献了近 15%，但在这些机构中拥有的投票权不超过 7%。此外，现行的世界贸易组织的规则体系更多地是优先保护发达国家的利益，开放市场的协议也更多地是有利于发达国家发挥比较优势，因为投资、贸易、服务、产业全球化等标准都是由发达国家制定并最先受益的。在这样的世界经济秩序下，发达国家可以低成本、高价格进行产品出口（特别是高科技产品），而发展中国家则多以自然资源和劳动密集型产品为主，生产成本高，但是价格低，最终双方的贸易拉大了贫富差距。

　　面对现有国际经济体系的不公平和不合理，很多发展中国家期望出现一套新的更公平更合理的能代表自己国家利益，拥有更多国际话语权的体系出现，尤其在经历了金融危机后，更加深刻地认识到区域性合作的重要性。1997 年，亚洲金融危机全面爆发，引起了人们对国际货币基金组织（IMF）及其背后的"华盛顿共识"（Washington Consensus）治理方式的广泛质疑。在 2008 年美国次贷危机和 2010 年欧洲主权债务危机爆发后，更是彻底改变了人们长期以来对发达经济体不受金融危机影响的认识。

随着现有国际经济体系逐渐在监测、预防和应对全球化浪潮所带来危机中表现出的各种应对不力，发展中国家对现有全球经济治理秩序的诟病越来越多。随之，区域和跨区域的经济治理平台不断兴起，在进行区域协调和资源配置等方面发挥出了重要的领导作用，如多边化的"清迈倡议"、中国的"一带一路"倡议、区域全面经济伙伴关系协定（RCEP）、跨太平洋贸易与投资伙伴关系协议（TPP）和跨大西洋贸易与投资伙伴关系协定（TTIP）等。

尽管如此，当前全球经济治理机制仍处于艰难变革中，世界经济格局在未来较长一段时间内仍将保持不变，各国（特别是发展中国家）仍需要思考如何在这样的国际秩序下追求公平合理的贸易秩序。

### (三)科学技术创新孕育产业突破

一般而言，金融危机都与产业缺乏创新有关。当前，全球经济正在逐步复苏，尽管速度缓慢，但是新科技迭代更新孕育出了一大批新产业，将助力推动世界经济的复苏。这些新科技孕育出来的新兴产业形成新生命周期，也将世界经济推入了新的增长周期。

20 世纪中后期以来，全球各地涌现了大批的新技术，这些新技术的运用极大地提高了人类改造自然的能力，也意味着进一步提高了当地社会生产力水平。一般而言，科技创新是提振经济甚至创造经济新增长点的重要因素，其转化为现实运用的效率也决定了经济增长的速度。显然，科技进步和经济发展息息相关。

总体而言，产业转型升级的过程先从技术创新开始，然后进行技术和知识的创新融合。在此过程中，新兴产业和技术创新互促发展，技术创新为产业持续发展提供原动力，新兴产业反过来也为技术未来发展方向不断提供指引。19 世纪，电磁学为电力、化工行业发展筑牢根基，促进了这些产业的蓬勃发展。到 20 世纪，半导体扮演了相同的角色，给现代计算科学产业的发展带来前所未有的历史机遇。未来，科技创新将再次打破生产天花板，引发新一轮的技术革命，带领全人类步入绿色、低碳、环保和智能的时代。

一国产业结构的转型升级很大程度上是由新兴产业所引起的，因此发展新兴产业已成为各国的必争之地。近年来，各国纷纷出台发展重点新兴产业战略，争取在新一轮的产业发展中占据有利地位。比如，美国推出"绿色经济复苏计划"，高度重视新能源、航空航天和信息网络技术等产业的发展；欧盟推出"绿色技术"计划，重视环保等高科技产业的发展；日本也将目光投向了网络信息、环保汽车、新能源等领域。

## （四）新兴市场国家群体性崛起

当前，新兴市场国家群体性崛起成为经济增长的显著特征。群体性崛起意味着覆盖的国家众多，其中大多数是亚洲、拉美、非洲的发展中国家。"新兴市场"这一概念是从发达国家及其企业的视角出发，将对其经济增长有利、具有巨大市场潜力的发展中国家定义为新兴市场国家。当前，我们广泛理解的新兴市场国家是20世纪八九十年代后出现的一批国家。它们普遍具有经济增长迅速、市场需求庞大的特点，它们发展后劲十足，期待通过改革开放尽快融入世界竞争体系中。尽管这一群体的具体数量由于定义不同而有所差异，但是被国际社会认可的大多数国家基本都在范围以内，比如，"金砖国家"[①]、"新十一个国家"[②]和"五个展望国家"[③]等。这些国家经济发展势头强劲，在2008年金融危机以前就表现出巨大的发展潜力，早早地就部署了不断走向世界中心舞台的全球化战略蓝图。

首先，新兴市场国家在过去20年发展迅猛，经济发展速度不仅远超一般发展中国家，而且比一些发达国家速度还快。其次，在金融危机之后，新兴市场国家在经济复苏方面表现更佳，而且预计到2025年其占全球GDP的比重将达到20%左右，到2025年，发展中国家和发达国家将"平分

---

① 分别是中国、巴西、俄罗斯、印度、南非。

② 分别是巴基斯坦、埃及、印度尼西亚、伊朗、朝鲜、菲律宾、墨西哥、孟加拉国、尼日利亚、土耳其、越南。

③ 分别是越南、印尼、南非、土耳其和阿根廷。

天下"。未来很长一段时间内，新兴市场国家的群体性崛起将为世界发展注入新的活力，为世界经济复苏带来新的希望，而且，它们的迅猛发展增大了要素流动，改变了原来西方发达国家占世界经济存量较高占比的局面，进而也会引起世界原有经济格局发生新的调整和变化。由于新兴市场国家越来越强的竞争力，发达国家的一些传统产业逐渐在这场全球竞争中失去优势地位。为了全面遏制新兴市场国家的崛起，发达国家再次利用其霸主地位，对这些快速增长的国家"编织"一个个成功的美梦，将这些国家纳入其构造的资本主义体系中，让这些"进取"的弱国为全面巩固其主导地位"添砖加瓦"，从而也能有效管理和遏制这些国家的快速发展，达到绝对领先的目的。显然，对于新兴市场国家来说，如何在发达国家制定的规则下与其开展"平等友好"的经贸合作，并谋求自身的快速发展，每一步战略都值得各国深思熟虑。

# 二、经济全球化遭遇逆流

前任美国总统唐纳德·特朗普上任后提出实施"美国优先"政策，使贸易保护主义在全球范围内再度沉渣泛起。美国政府不仅对进入美国的企业征收高额关税，还阻止工作外包。此外，新冠肺炎疫情爆发并在世界范围内大流行使各国不得不关闭边境并实施旅行限制，极大地阻碍了国家之间人员的交流和往来，使全球化生产供应链受到了巨大冲击。一时间，居心叵测的美国政客们将"经济全球化终结论"作为贸易保护主义的托辞，在全球范围内大肆鼓吹"逆全球化"。至此，经济全球化遭遇前所未有的挑战。

## （一）新自由主义愈演愈烈

20世纪70年代，主导着美国和英国经济决策的新自由主义之风席卷了全球。抑或通过国际货币基金和世界银行等组织，抑或通过直接施压的方式，美国成功地在许多第三世界国家和一些转型国家中实行了新自由主义政策。在西欧大陆和日本，美国也竭尽全力地向这些地方推行新自由主义政策，在这些地方也拥有了一大批坚实的拥护者，尽管也有大量民众抵制这种思想的传播，但是新自由主义之风已经在全球大地上无孔不入。

"新自由主义"（Neo-liberalism）是"古典自由主义"的"升级"，经历了从古典自由主义——主张国家干预的自由主义（New Liberalism）——主张恢复古典自由主义的新自由主义（Neo-liberalism）的发展路径。在 20 世纪 30 年代大萧条之前，古典自由主义在美国和英国一直占主导地位。但是，20 世纪 30 年代中期到 70 年代中期，随着英国经济危机不断出现并持续恶化，一种主张国家"干预"的自由主义（New Liberalism）取代了旧的"古典自由主义"，即在坚持传统自由主义的同时也需要国家的严格监管，充分发挥国家干预的新理论。这个时期的"自由主义"（New Liberalism）区别于"新自由主义"（Neo-liberalism），主要在于该时期提出的"自由"是受制于制度框架内的自由，而不是放任自流的。然而，这个时期的人们对政府过多干预纠正市场失灵持怀疑态度，理由在于这种干预产生的问题可能比需要解决的问题更多，使得旧的古典自由主义一时之间又再次在学术经济学领域和公共政策领域"复兴"，进而发展成为主张恢复古典自由主义的"新自由主义"（Neo-liberalism）。

"新自由主义"既是一套经济理论，也是一种政治思潮。它认为国家和政府不应该过度干预经济，要让市场"自由"发挥，因为这样不仅能使个人实现自由选择，而且能让市场效率、公平分配等方面达到最优状态。在此之中，国家只能在界定领土产权、执行合同和调节货币供应量等方面赋予有限的经济角色。这一思想在美国民主党和英国工党政府的领导下，普遍被欧美的人民所接受，其主导地位不断得到巩固。

"新自由主义"认为应该解除对商业的管制，实行公共活动和资产私有化，取消或削减社会福利项目以及降低企业和投资者税收。在国际政策上，呼吁商品、服务、资本和货币（但不包括人）能跨越国界自由流动。换句话说，公司、银行和个人投资者可以自由地跨越国界转移财产或获取财产（个人的自由跨境流动并不是新自由主义计划的一部分）。

新自由主义建立在反对马克思主义、社会主义、共产主义、贸易保护主义、环境保护主义和民粹主义的基础上，使得马克思主义国际贸易理论在新时代的发展陷入了困境，因为它认为贸易保护主义会妨碍个人自由。新自由主义的基本主线和其具有蛊惑性和煽动性的核心价值"个人价值"以及商品、资本和货币自由流动严重歪曲了马克思主义宣扬的社会公平、共同富裕、共享发展等社会主义核心价值理念。它提倡的"个人自由"只是让人们认同只有在新自由主义旗帜下才能实现真正的个人自由，让人产生社会主义就是不要个人自由的错误观念，进而抹黑马克思主义国际贸易理论。

新自由主义与经济全球化相伴前行，新自由主义促进了全球化体系和框架的产生，全球经济一体化随着国际分工的不断发展又促进了新自由主义在全世界的渗透。在此过程中，新自由主义从未放弃过政府干预，其目的也并非全球共同繁荣和进步，而是欺瞒世界各国完全打开贸易的大门，接受解除管制、进行自由贸易、实行资本跨国自由流动、汇率浮动等，进而让资本轻松自由进出各国，通过资本的不断渗透和控制各国的经济命脉，不断攫取世界大部分欠发达和不发达国家的劳动力和资源以支撑少数资本主义国家的发展，最终建立并巩固由少数国家制定的全球国际经济秩序。可见，新自由主义代表的正是国际垄断资本的利益，其思想与国际垄断资本在世界范围内的无限扩张，获得巨额利润的需求"一拍即合"。

显然，新自由主义思潮使马克思主义国际贸易理论在新时代的发展陷入了极大的困境，如何警惕新自由主义对弱小国家和民族的腐蚀，保证发展中国家经济发展的独立自主，是时代给我们留下的一个亟待解决的宏大命题。

## （二）霸权主义甚嚣尘上

二战后的美国凭借着丰富的物质资源、强大的军事力量和作为世界流通货币的美元，建立了以自己为核心的一超多强的国际经济秩序，在这样的秩序中，美国站在政治霸权、金融霸权和文化霸权的基础上，让美军、美元和英文不断渗透世界，使得美国企业在世界范围内所向披靡。在这样的秩序中，所有的国家都遵循着美国制定的游戏规则参与全球化竞争。美国不断地向世界宣扬和灌输自由民主和自由贸易的西方价值观，资本不断渗透各国并在全球迅速扩张，使得美国源源不断地攫取并压榨欠发达和不发达国家的资源和劳动力，以此巩固它所建立的国际秩序和自己在世界的单一主导霸主地位。然而，这种贸易的"不平等交换"导致国家之间的贫富差距越来越大，富的国家通过不断的资本积累能实现更多的财富增值，而穷的国家却变得越来越落后，环境也越来越糟。

在这样的国际秩序中，中国成为"打破"这种国际秩序和游戏规则的非西方化国家。从 20 世纪 90 年代开始，中国的经济经历了前所未有的增长，短短几十年间，改革开放让中国的工业化实现了快速发展，GDP 从 1990 年的 3600 亿美元增长到 2020 年的 15.87 万亿美元，增长了近 44 倍（美国的 GDP 仅增长了 3.48 倍，从 6 万亿美元增长到 20.9 万亿美元）。

西方国家在全球资本主义经历了长达数十年的战后二次繁荣后，经济速度开始逐步放缓。此时，中国的改革开放让廉价的劳动力迅速融入全球经济中，为疲软的资本主义财富增值开辟了新的市场，为资本再次快速增值找到了新的出路。无数跨国公司蜂拥而至，资本迅速涌向了中国沿海经济特区，中国开启了经济增长的"神话"。

面对经济的快速发展和不断崛起，中国在全球化中的角色不再只是生产和出口低端产品，而是开始涉足高科技领域，再加上中国提出的"一带一路"倡议、亚洲基础设施投资银行的设立和"中国制造 2025"计划的出台，更是触及了美国核心的技术霸权和文化霸权，让美国明显感受到了严重的威胁和挑战。尽管中国一再对外宣称并强调无意争夺世界主导地位的意图，且习近平总书记也多次对外宣称："中国无论发展到什么程度，永远不称霸，永远不搞扩张"①，但是美国已掉入"修昔底德陷阱"，坚信新兴

---

① 习近平谈治国理政（第三卷）[M]．北京：外文出版社，2020：46．

大国一旦崛起，必将超越并挑战自己的霸主地位，最终这场在崛起的新兴世界大国与世界霸主大国之间的战争将不可避免，为此美国将中国视为战略竞争对手，打压并遏制中国的经济发展成为美国的主要对外政策之一。

这场由美国发起的对华贸易战，通过对中国商品征收关税以及封杀 5G 技术领先的华为公司来打压和遏制中国的崛起，甚至通过其霸权主义使用卑劣的手段将华为副董事长孟晚舟女士非法扣押以此阻碍华为的全球通信业市场发展，同时也对 TikTok 企业进行全面封杀，以遏制中国对外文化输出。然而这一切疯狂的举动仅仅只是开始，因为陷入霸权主义愉悦梦境的美国为了维持其摇摇欲坠的世界霸权地位，表面上通过一套崇高的话语掩盖自己道貌岸然的"世界警察"面目，对拥有不同价值理念的国家实施制裁，实则奉行的是霸权主义和强权政治，通过实行贸易保护政策、南海军事化、取消对香港地区的贸易优惠待遇，煽动地区独立等反华政策干扰中国内政，让中美关系不断恶化，中美之间矛盾和冲突不断升级。

在这样的背景下，面对美国霸权主义的不断打压和遏制，马克思主义国际贸易理论的发展也面临着重重困境。未来中国的对外贸易之路将如何与美国的霸权主义抗衡，如何突破美国霸权主义重围，如何在未来与美国进行以 5G、人工智能和网络安全为核心的技术霸权斗争并取得胜利，都给马克思主义国际贸易理论如何指导中国突破新时代发展中的困境，走出有别于"西方资本主义现代化"的发展道路留下了无尽的思考。

### (三) 贸易保护主义抬头

长期以来，贸易一直是提振全球经济的重要动力。二战后，世界范围内相对开放的贸易政策和自由贸易原则构成了推动全球经济发展的基本力量。然而，近年来全球经济放缓，贸易增长低于全球经济增长。此时，它不仅没有成为提振全球经济的"助推器"，反而成为了"绊脚石"。

一直以来，美国在全球各地呼吁要"自由贸易"。但是，2016 年以"买美国货，雇美国人""让美国再次伟大"为治国理念和口号的唐纳德·特朗普正式当选美国总统后，以他为首的美国政府认为近年来自由贸易损害了美国利益，美国不仅没有从贸易中获得利益，反而换来的却是巨额贸易逆差，而且贸易使美国制造业衰落，造成美国众多工人失业。于是，特朗普刚就任就宣布美国退出《跨太平洋伙伴关系协定》，接着对《北美自由贸易协定》进行重新谈判，同时对外采取单边和双边的贸易保护主义政策，此时，美国贸易保护主义正式抬头。

自2008年美国次贷金融危机爆发后，美国贸易保护主义兴起，成为全球经济健康发展的巨大不确定因素，这不仅影响了其他国家的正常利益，也"点燃"了世界范围内那些零星的"逆全球化"支持者。受到影响的很多国家因形势所迫而不得不选择站队，要么抵抗，要么跟随。2016年，英国公投脱欧，又一次推高了贸易保护主义之势，此时的全球贸易可谓"屋漏偏逢连夜雨"，导致全球经济更难以通过贸易获得增长。

此外，美国的贸易保护主义不仅影响全球贸易，也会对全球经济治理产生负面影响，甚至使各种国际合作陷入停滞状态。特朗普领导的美国政府秉持贸易保护主义政策，认为世贸组织、G20集团等国际组织"办事不力"，使其遭受了严重损失，由此转向发起单边和双边贸易方式以解决问题，极大地降低了其他大国之间的各种国际经济合作，比如，特朗普退出了《巴黎协定》这项重要的全球气候变化合作。

倡导一切"美国优先"的美国只关注自身利益，已然从全球化的推动者变成了全球化的阻碍者。贸易保护主义下的全球经济将受到国际经济体系的侵蚀，使得体系下的所有经济体都难以从全球化中获得最佳的资源配置。

# 三、中美贸易争端

## (一) 贸易摩擦不断

近年来，中美贸易摩擦不断，美方政府频繁挑衅我国的正当权益，使得中美关系不断恶化，甚至有媒体揣测中美之间面临"断交"风险。自2018年下半年起，美国多次对中国商品发起加征关税措施。对此，我国并未坐以待毙，为了维护自身的贸易正当利益和大国尊严，也同样采取了对美国的反制措施，对其相关商品也加征了相应关税。截至目前，中美贸易交锋依然持续。

### 1. 美国对中国发起多次贸易救济措施

美国除了在关税上对我国商品加征关税外，也对我国发起多次贸易救济措施。贸易救济措施是贸易摩擦中一个最为典型的表现形式。根据海关数据，从 2010 年至 2020 年十年间，美国对我国共发起 163 起贸易救济原审立案，是对我国发起贸易救济原审立案最多的国家。2020 年，美国对我国共发起 22 起贸易救济原审立案，数量仅次于印度。

其中，美国对我国采取的贸易救济措施手段主要为反倾销、反补贴和保护措施，并未采用特殊保护措施。2010—2019 年，反倾销和反补贴是美国对中国进行贸易救济采用最多的两大方式，分别占比 51% 和 47%。2020 年，美国对中国发起的主要贸易救济手段为反补贴和反倾销，数量分别为 11 起和 10 起，占比分别为 50% 和 45%。

此外，美国对我国采取的贸易救济措施涉及行业广泛。2010—2020 年涉及的行业多达 18 个，主要有金属制品工业、化学原料和制品工业等（表 2-1），其中金属制品工业涉及次数最多，为 39 起。

### 2. 美方政府打击我国两大领先通信企业

在此期间，美国对中国通用设备行业发起的贸易救济措施最多，2020 年为 8 起，占比达到 36%。这也和中国通用设备行业企业发展水平不断提高有关，其中最为典型的企业非华为和中兴通讯莫属。

这两家企业都遭受了美国政府的打击。2012 年，美国曾以中兴向伊朗和朝鲜出售禁运物资为由对其展开了五年的调查，并于 2018 年 6 月宣布了这一调查结果，对中兴进行了处罚。同样，美国在 2018 年指控华为违规向伊朗出售美国禁运设备。截至目前，该事件仍在发酵中。2020 年 8 月，美国进一步限制华为使用其技术和软件生产产品，并在实体列表中增加了 38 个华为子公司。

表 2-1　2010—2020 年美国对中国发起的贸易救济措施涉及的行业

| 行业 | 2010—2020 | 2020 | 2019 | 2018 | 2017 | 2016 | 2015 | 2014 | 2013 | 2012 | 2011 | 2010 |
|---|---|---|---|---|---|---|---|---|---|---|---|---|
| 金属制品工业 | 39 | 1 | 4 | 10 | 9 | 0 | 2 | 4 | 1 | 2 | 4 | 2 |
| 化学原料和制品工业 | 24 | 3 | 0 | 1 | 3 | 5 | 3 | 4 | 3 | 1 | 1 | 0 |
| 钢铁工业 | 18 | 2 | 2 | 0 | 0 | 4 | 4 | 2 | 4 | 0 | 0 | 0 |
| 非金属制品工业 | 11 | 2 | 4 | 2 | 0 | 2 | 0 | 0 | 0 | 1 | 0 | 0 |
| 通用设备 | 10 | 8 | 0 | 0 | 2 | 0 | 0 | 0 | 0 | 0 | 0 | 0 |
| 家具制造业 | 8 | 3 | 4 | 1 | 0 | 0 | 0 | 0 | 0 | 0 | 0 | 0 |
| 木材及制品工业 | 8 | 2 | 0 | 0 | 0 | 2 | 0 | 0 | 0 | 2 | 0 | 2 |
| 橡胶制品工业 | 8 | 0 | 0 | 2 | 0 | 4 | 0 | 2 | 0 | 0 | 0 | 0 |
| 电气工业 | 6 | 0 | 0 | 2 | 1 | 1 | 0 | 0 | 0 | 2 | 0 | 0 |
| 汽车工业 | 6 | 0 | 0 | 4 | 0 | 0 | 0 | 0 | 0 | 0 | 2 | 0 |
| 有色金属工业 | 6 | 0 | 0 | 0 | 4 | 0 | 0 | 2 | 0 | 0 | 0 | 2 |
| 光伏产业 | 5 | 0 | 0 | 2 | 1 | 0 | 0 | 0 | 0 | 0 | 2 | 0 |
| 塑料制品业 | 4 | 0 | 0 | 2 | 0 | 2 | 0 | 0 | 0 | 0 | 0 | 0 |
| 食品制造业 | 3 | 1 | 0 | 0 | 0 | 0 | 0 | 0 | 2 | 0 | 0 | 0 |
| 纺织工业 | 2 | 0 | 0 | 0 | 0 | 0 | 2 | 0 | 0 | 0 | 0 | 0 |
| 化纤工业 | 2 | 0 | 0 | 0 | 2 | 0 | 0 | 0 | 0 | 0 | 0 | 0 |
| 造纸工业 | 2 | 1 | 0 | 0 | 0 | 0 | 0 | 0 | 1 | 0 | 0 | 0 |
| 农产品 | 1 | 0 | 0 | 0 | 0 | 0 | 0 | 0 | 1 | 0 | 0 | 0 |
| 合计 | 163 | 22 | 14 | 26 | 22 | 20 | 11 | 14 | 11 | 8 | 9 | 6 |

资料来源：中国贸易救济信息网。

### 3. 美方多次对我国企业采取"337 调查"及"301 调查"

"337 调查"①和"301 调查"②是美国对我国使用最多的贸易保护主义手段。中国贸易救济信息网数据显示，2019 年中国的外贸企业受到美国"337 调查"的数量达到有史以来的巅峰，共有 27 起，占当年数量总额的 57.45%。

截至 2020 年，美国已经对中国发起了六次"301 调查"。中国改革开放初期，美国就已经开始利用"301 调查"对我国企业设置障碍。中国加入WTO 后，WTO 的贸易争端解决机制的逐渐成熟，加上我国国际综合竞争实力的不断增强，让美国有所收敛，减少了针对我国的"301 调查"频率。

### 4. 中国对美国发起的贸易救济措施较少

根据中国贸易救济信息网数据，2010—2020 年，中国仅对美国发起 39起贸易救济措施，相对而言，美国对我国发起的贸易救济数量是我国的四倍。从贸易救济方式看，中国主要采取反倾销、反补贴和保护措施，其中反倾销最多，有 29 起，占据这一时期总数的 78%；此外，从贸易救济措施涉及行业看，化学原料和制品工业最多，数量占比超过半壁江山（21起，57%）。

### (二)贸易壁垒增加

改革开放以来，我国依赖低廉的资源开发和劳动力所形成的带有重商主义色彩的出口导向型贸易政策，获得了极大的价格竞争优势，纺织业、初加工制造等劳动密集型产业也率先获得了国际市场的认可。渐渐地，一

---

① "337 调查"是一种美国具有单边制裁性质的贸易保护主义手段。凡是被认定侵犯知识产权的产品，将被禁止进口到美国及销售。

② "301 条款"是美国《1974 年贸易法》第 301 条的简称，被视为贸易外交的工具。这一条款规定，当美国贸易代表办公室确认某贸易伙伴的某项政策违反贸易协定，或被美国单方认定为不公平、不公正或不合理时，即可启动单边性、强制性的报复措施。

些中高端工业制成品在 21 世纪后受到了国际市场的青睐，在国际竞争中开始占有一席之地。

根据 WTO 数据，2000—2010 年中国劳动密集型产业依然保持并巩固了改革开放初期高速增长的态势。2010 年我国加工制成品、纺织品和服装占世界出口比重分别为 14.83%、30.68% 和 36.94%，而三者在 2000 年的比重分别仅为 4.68%、10.25% 和 18.26%，分别增长了 10.15、20.43 和 18.68 个百分点，同期，中高端工业制成品出口优势进一步扩大，其中办公、数据处理和通信设备出口贸易份额分别从 2000 年的 4.49%、5.01% 和 6.77% 快速提升至 2010 年的 28.04%、37.92% 和 31.10%，机械和运输设备的出口份额也从 3.13% 提升至 15.37%。

进入新时期，我国形成了稳外贸稳外资的贸易政策，通过不断优化贸易结构，稳中提质增效，以此达到贸易高质量发展目标。此时，尽管劳动密集型产业出口增速有所放缓，但是出口依然稳步增长，占世界的市场份额依然处于有利地位（表 2-2），同时，中高端工业制成品领域的出口竞争优势进一步扩大。2019 年，我国劳动密集型产业仍然保持出口竞争优势，特别是纺织品和加工制成品，其出口占世界市场的份额进一步提升（分别为 39.2% 和 18.2%），服装虽然有所下降，但是依然占世界出口份额的 30.7%。此外，同期的中高端工业制成品中，通信、芯片、办公以及运输的出口份额也分别提升至 42.4%、19.6%、31.7% 和 18.4%，相比 2012 年，比重分别增加了 7.5、2.7、0.1 和 1.7 个百分点。可见，保持劳动密集型产业稳步增长的同时，不断促进扩大中高端产业的出口，是我国新时期在保稳定、促增长、调结构、育新势等措施下取得的阶段性胜利，再一次体现了我国在世界贸易市场上创造的除出口高速增长之外的另一个神话。

但是，一些居心不良的西方国家为了打压我国经济发展，肆意挑起争端，编造我国贸易长期高速增长将给发达国家带来威胁的各种谣言，以此挑拨我国与贸易伙伴之间的良好合作关系。中国过去高速的贸易增长离不开超强的价格竞争优势，而且近年来也在贸易结构不断优化转型中，扩大

表 2-2　2012—2019 年我国工业制成品在世界出口市场的比重

| | 2012 | 2013 | 2014 | 2015 | 2016 | 2017 | 2018 | 2019 |
|---|---|---|---|---|---|---|---|---|
| 加工制成品 | 16.70% | 17.50% | 17.90% | 19.10% | 17.80% | 17.60% | 17.90% | 18.20% |
| 燃料及矿产品 | 1.30% | 1.50% | 1.70% | 2.30% | 2.50% | 2.40% | 2.40% | 2.60% |
| 燃料 | 0.90% | 1.00% | 1.10% | 1.50% | 1.80% | 1.80% | 1.80% | 2.00% |
| 钢铁 | 11.20% | 12.10% | 15.40% | 16.80% | 16.10% | 13.40% | 13.30% | 13.20% |
| 化学品 | 5.80% | 6.00% | 6.60% | 7.00% | 6.70% | 7.10% | 7.50% | 7.30% |
| 药品 | 2.30% | 2.40% | 2.40% | 2.50% | 2.50% | 2.60% | 2.70% | 2.60% |
| 机械和运输设备 | 16.70% | 17.40% | 17.40% | 18.70% | 17.60% | 17.60% | 18.30% | 18.40% |
| 办公和通信设备 | 31.60% | 33.30% | 33.10% | 34.00% | 32.20% | 31.40% | 32.20% | 31.70% |
| 数据处理、办公设备 | 40.50% | 40.70% | 42.20% | 38.70% | 37.10% | 41.80% | 40.80% | 33.30% |
| 通信设备 | 34.90% | 36.40% | 37.80% | 41.50% | 40.50% | 36.90% | 39.60% | 42.40% |
| 集成电路和电子元件 | 16.90% | 21.70% | 17.50% | 19.50% | 17.00% | 15.70% | 16.90% | 19.60% |
| 运输设备 | 6.00% | 5.50% | 5.60% | 6.00% | 5.30% | 5.50% | 5.90% | 5.80% |
| 汽车 | 3.30% | 3.40% | 3.60% | 3.70% | 3.50% | 3.70% | 3.90% | 3.90% |
| 纺织品 | 33.70% | 35.20% | 35.70% | 37.80% | 37.30% | 37.20% | 38.00% | 39.20% |
| 服装 | 38.40% | 39.20% | 38.60% | 38.50% | 35.60% | 33.90% | 32.00% | 30.70% |

资料来源：根据"WTO 数据库"整理计算。

了中高端产业领域的出口优势，甚至发展至全球前列位置，一方面说明我国这种贸易增长优势得到了充分发挥，另一方面也是我国频繁遭遇各种贸易摩擦，成为全球贸易摩擦目标国的主要导火索后所作的应对措施。新时期以来，贸易保护主义甚嚣尘上，全球贸易壁垒处于历史高位，各种贸易摩擦和争端不断，成为影响我国贸易扩张的重要因素。其中，2018 年美国政府对我国约五百亿美元的商品加征了 25% 的关税，正式拉开了我国与美国之间的贸易战，成为新时期我国遭遇的最严重的贸易摩擦事件。

近年来，全球经贸摩擦日益增加。中国贸促会 2021 年发布的《2020 年度全球经贸摩擦指数报告》显示，2020 年全年有 9 个月的全球经贸摩擦指数都处于高位，且总体呈波动上升趋势。从国家(地区)来看，大国之间的竞争冲突不断升级，而且这一趋势将愈演愈烈。在此之中，我国成为各种贸易救济调查的目标，商务部数据统计显示，截至 2018 年，我国已经连续21 年和 10 年成为全球反倾销和反补贴调查最大目标国，连续 7 年成为美国 337 调查最大目标国①。从 1995 年至 2020 年，全球累计发起贸易救济有六千八百多起，其中，中国占最大比例(27%)②，承受着较大的贸易摩擦风险。贸易摩擦不仅严重影响了我国企业正常生产经营活动，也严重恶化了我国建设社会主义现代化经济体系的对外贸易环境。

# 四、国内发展外贸的自身困境

## (一)人力成本增加，低价模式难续

长期以来，由于大多数企业不具备独有的核心竞争力，我国对外贸易

---

① 商务部办公厅. 商务部办公厅关于进一步加强贸易摩擦"四体联动"应对工作机制的通知[EB/OL]. (2018-01-05)[2021-07-19]. http://cacs.mofcom.gov.cn/article/flfwpt/stld/sxh/202001/162063.html.

② 朱茜. 2020 年全球贸易摩擦发展现状分析[EB/OL]. (2021-02-21)[2021-09-03]. https://www.qianzhan.com/analyst/detail/220/210220-75fee34c.html.

一直依靠价格竞争优势获得巨大的贸易顺差，过低的资源和人力成本造就了超乎想象的经济神话，让我国成为世界贸易大国和经济大国。尽管近年来我国很多企业也进行了转型，逐步从生产加工一般制成品转向生产高新技术产品，但是出口贸易企业仍然无法绕开低价这一传统的贸易增长模式。随着改革深化和市场化的发展，我国的劳动力结构已经发生了巨大的转变，低端劳动力日益短缺，中高端劳动力逐渐丰富，人力成本的不断升高将使跨国企业逐步远离中国投资市场，转而投向人力成本更低的其他发展中国家和欠发达国家，那些单纯依靠低价竞争的本土贸易企业将面临着接收不到订单而破产的局面，原来支撑我国对外贸易持续增长的价格竞争优势也将随着我国迈入中等收入国家而消失。贸易竞争的激烈程度和在国际分工中所处的劣势地位，不仅会严重影响我国的工业发展，也会阻碍我国贸易结构转型升级工作的顺利推进。

显然，在日益严峻的国际竞争形势下，价格竞争模式已不再适应我国这个世界经济第二大国的未来发展，其不可持续性将成为我国参与国际贸易竞争、追求对外贸易持续增长的掣肘。

## (二) 协作水平不高，无序竞争严重

当下，我国地域行政的严重分割和有关部门的监管缺失导致各区域之间的企业相似度高，聚集效应不明显，规模效应不突出，企业之间市场分工协作水平不高，生产的产品同质化严重，从而陷入无序恶性竞争中，最终导致产业集中度不够高，我国企业无法在国际市场上拥有定价话语权。

产业集中度一直是影响产业国际竞争力的一个重要因素①。产业集中度是指市场上某一具体产业领域的头部企业的生产能力占该领域产能的比重，具体为其生产量、销售额以及资产总量占行业整体的比重，这一指标

---

① 陈艳. 基于产业集中度视角的中国钢铁行业国际竞争力分析[D]. 东北财经大学，2012.

也是影响原料市场定价话语权的原因之一。近年来，尽管我国各行业的产业集中度不断提高，但是由于贸易企业众多，部分产业以中小企业为主，平均规模较小，议价能力十分薄弱，难以在国际市场上与国际巨头抗衡，甚至有我国"在国际贸易体系中几无定价权"之说。

目前，我国近一半的产业集中度(低于0.65)仍有较大提高空间。由表2-3可知，我国40个产业中，产业集中度高于0.8的只有11个产业，它们分别是烟草制品业(0.94)，石油和天然气开采业(0.93)，开采辅助活动业(0.92)，黑色金属冶炼和压延加工业(0.90)，石油加工、炼焦和核燃料加工业(0.90)，煤炭开采和洗选业(0.87)，计算机、通信和其他电子设备制造业(0.85)，金属制品、机械和设备修理业(0.83)，汽车制造业(0.82)，铁路、船舶、航空航天和其他运输设备制造业(0.80)和有色金属冶炼和压延加工业(0.80)。产业集中度在0.65~0.8之间的产业有8个(中等水平)，低于0.65的产业有21个，其中有7个产业低于0.5，分别是金属制品业(0.48)，农副食品加工业(0.47)，非金属矿物制品业(0.45)，印刷和记录媒介复制业(0.45)，非金属矿采选业(0.34)，木材加工和木、竹、藤、棕、草制品业(0.31)和废弃资源综合利用业(0.31)。

从贸易角度看，我国贸易竞争优势较强的初加工制成品中的服装(0.63)、鞋(0.59)、纺织(0.56)、橡胶和塑料(0.53)、体育娱乐(0.51)的产业集中度也只是处于中等水平，木材加工则只有0.31，产业集中度较弱。我国具备较强贸易竞争优势的中高端工业制成品产业中，除了计算机通信(0.85)、运输(0.80)和电气(0.71)的产业集中度较高外，其余产业如仪器仪表(0.60)、专用设备(0.62)和通用设备(0.60)也均处于中等水平。

可见，我国具有贸易竞争优势的产业并未将优势全部发挥出来，产业整体呈现出优势产业不拔尖、产业集中度差异较大的特点。显然，近一半产业仍待进一步提高集聚效应，才能在国际市场上形成规模效应，拥有一定的定价话语权。

表 2-3　2017—2019 年我国 40 个产业的产业集中度①

| 产业类型 | 产业集中度 | | | |
|---|---|---|---|---|
| | 2017 年 | 2018 年 | 2019 年 | 3 年平均 |
| 烟草制品业 | 0.93 | 0.93 | 0.97 | 0.94 |
| 石油和天然气开采业 | 0.92 | 0.94 | 0.94 | 0.93 |
| 开采辅助活动业 | 0.92 | 0.92 | 0.92 | 0.92 |
| 黑色金属冶炼和压延加工业 | 0.88 | 0.91 | 0.91 | 0.9 |
| 石油加工、炼焦和核燃料加工业 | 0.91 | 0.88 | 0.9 | 0.9 |
| 煤炭开采和洗选业 | 0.88 | 0.87 | 0.87 | 0.87 |
| 计算机、通信和其他电子设备制造业 | 0.85 | 0.85 | 0.83 | 0.85 |
| 金属制品、机械和设备修理业 | 0.84 | 0.84 | 0.82 | 0.83 |
| 汽车制造业 | 0.84 | 0.83 | 0.8 | 0.82 |
| 铁路、船舶、航空航天和其他运输设备制造业 | 0.83 | 0.76 | 0.81 | 0.8 |
| 有色金属冶炼和压延加工业 | 0.82 | 0.79 | 0.8 | 0.8 |
| 黑色金属矿采选业 | 0.78 | 0.79 | 0.79 | 0.79 |
| 化学纤维制造业 | 0.78 | 0.78 | 0.77 | 0.78 |
| 医药制造业 | 0.75 | 0.76 | 0.75 | 0.75 |
| 电气机械和器材制造业 | 0.71 | 0.72 | 0.69 | 0.71 |
| 酒、饮料和精制茶制造业 | 0.69 | 0.71 | 0.7 | 0.7 |
| 造纸和纸制品业 | 0.68 | 0.69 | 0.69 | 0.69 |
| 电力、热力生产和供应业 | 0.69 | 0.67 | 0.66 | 0.68 |
| 化学原料和化学制品制造业 | 0.66 | 0.65 | 0.65 | 0.65 |
| 食品制造业 | 0.62 | 0.64 | 0.64 | 0.63 |
| 有色金属矿采选业 | 0.62 | 0.63 | 0.63 | 0.63 |

① 此处的产业集中度是依据 2017—2019 年大、中型企业累计资产占该行业规模以上企业累计总资产比重计算所得。

| 产业类型 | 产业集中度 | | | |
|---|---|---|---|---|
| | 2017 年 | 2018 年 | 2019 年 | 3 年平均 |
| 纺织服装、服饰业 | 0.63 | 0.65 | 0.6 | 0.63 |
| 水的生产和供应业 | 0.64 | 0.64 | 0.57 | 0.62 |
| 专用设备制造业 | 0.62 | 0.64 | 0.59 | 0.62 |
| 其他制造业 | 0.67 | 0.5 | 0.64 | 0.6 |
| 通用设备制造业 | 0.6 | 0.6 | 0.6 | 0.6 |
| 仪器仪表制造业 | 0.64 | 0.62 | 0.55 | 0.6 |
| 皮革、毛皮、羽毛及其制品和制鞋业 | 0.61 | 0.62 | 0.55 | 0.59 |
| 家具制造业 | 0.57 | 0.58 | 0.55 | 0.57 |
| 纺织业 | 0.59 | 0.58 | 0.52 | 0.56 |
| 燃气生产和供应业 | 0.55 | 0.53 | 0.49 | 0.53 |
| 橡胶和塑料制品业 | 0.54 | 0.54 | 0.49 | 0.52 |
| 文教、工美、体育和娱乐用品制造业 | 0.51 | 0.52 | 0.51 | 0.51 |
| 金属制品业 | 0.48 | 0.48 | 0.47 | 0.48 |
| 农副食品加工业 | 0.49 | 0.48 | 0.46 | 0.47 |
| 非金属矿物制品业 | 0.45 | 0.46 | 0.43 | 0.45 |
| 印刷和记录媒介复制业 | 0.44 | 0.45 | 0.44 | 0.45 |
| 非金属矿采选业 | 0.35 | 0.33 | 0.33 | 0.34 |
| 木材加工和木、竹、藤、棕、草制品业 | 0.34 | 0.34 | 0.26 | 0.31 |
| 废弃资源综合利用业 | 0.33 | 0.34 | 0.25 | 0.31 |

数据来源：根据《中国统计年鉴》(2017—2019 年) 相关数据整理计算。

## (三) 创新投入过低，转型困境凸显

企业创新成果转化效益不高一直是我国外贸效益不高的主要原因。2017 年，全国五千多所高校和科研院所，科研专利成果虽然有 3 万多项，

但转化为现实生产力的不到 15%，而发达国家的这一数值通常高达 70%~80%①。

《2019 年全国科技经费投入统计公报》②（以下简称《公报》）显示，我国研发（R&D）经费虽然已突破 2 万亿元（达到 22143.6 亿元，目前位列世界第二），较上年增长 12.5%；经费投入强度③不断提高（2018 年为 2.14%，2019 年为 2.23%），基础研究占比也首次突破 6%，但是从国际比较上看，R&D 经费虽然和美国距离不断缩小，经费投入强度（2.23%）也已超过欧盟平均水平（2.1%），但是经费投入强度仍与科技发达强国如以色列（4.93%）、韩国（4.64%）、瑞典（3.4%）、日本（3.24%）、奥地利（3.19%）、德国（3.18%）和美国（3.07%）④等相比尚存较大差距。

此外，基础研究经费占比（6%）也尚存较大的进步空间（发达国家为 15%）。基础研究经费强度过低，主要在于过去我国对企业研发不重视，未给予匹配的基础研究经费。根据《2019 年全国科技经费投入统计公报》的数据，高等学校研究经费最高，为 722.2 亿元，占比 54.4%，政府研究机构次之，为 510.3 亿元，占比 38.2%，而企业的研究经费占比仅为 3.8%（50.8 亿元）。2017 年日本企业的这一占比是 49.9%，韩国企业在 2016 年的这一比例为 57.1%，美国为 27.8%，我国企业参与基础研究的投入明显不足，进一步也导致了工业企业 R&D 经费投入强度过低。公报数据显示，规模以上工业企业 R&D 经费投入强度（与营业收入之比）仅为 1.32%（表 2-4），其中高技术制造业 R&D 经费 3804 亿元，投入强度为 2.41%，装备制造业 R&D 经费 7868 亿元，投入强度为 2.07%，距离欧美科技强国平均值

① 中国科学技术协会. 2014—2015 学科发展报告综合卷［M］. 北京：中国科学技术出版社，2016：59.

② 国家统计局. 2019 年全国科技经费投入统计公报［EB/OL］.（2020-08-27）［2021-08-24］. http://www.stats.gov.cn/tjsj/zxfb/202008/t20200827_1786198.html.

③ 经费投入强度＝投入的研发经费与国内生产总值之比

④ 科技部. 2019 年我国 R&D 经费投入特征分析［EB/OL］.（2021-06-08）［2021-08-26］. http://www. most. gov. cn/xxgk/xinxifenlei/fdzdgknr/kjtjbg/kjtj2021/202106/t20210608_175085.html.

2.5%相比尚有差距。此外，贸易企业数字化能力也亟待提升。目前，我国仅有7%的企业运用数字化实现业务转型①。

表 2-4　2019 年分行业规模以上工业企业研究与试验发展（R&D）经费情况

| 行业 | R&D 经费（亿元） | R&D 经费投入强度（%） | 行业 | R&D 经费（亿元） | R&D 经费投入强度（%） |
|---|---|---|---|---|---|
| 合计 | 13971.1 | 1.32 | 化学原料和化学制品制造业 | 923.4 | 1.4 |
| 采矿业 | 288.1 | 0.62 | 医药制造业 | 609.6 | 2.55 |
| 煤炭开采和洗选业 | 109.2 | 0.44 | 化学纤维制造业 | 123.7 | 1.44 |
| 石油和天然气开采业 | 93.8 | 1.08 | 橡胶和塑料制品业 | 357.6 | 1.41 |
| 黑色金属矿采选业 | 13.4 | 0.39 | 非金属矿物制品业 | 520.1 | 0.97 |
| 有色金属矿采选业 | 21.8 | 0.65 | 黑色金属冶炼和压延加工业 | 886.3 | 1.25 |
| 非金属矿采选业 | 18.6 | 0.54 | 有色金属冶炼和压延加工业 | 479.8 | 0.85 |
| 开采专业及辅助性活动 | 31.2 | 1.31 | 金属制品业 | 466.4 | 1.36 |
| 制造业 | 13538.5 | 1.45 | 通用设备制造业 | 822.9 | 2.15 |
| 农副食品加工业 | 262 | 0.56 | 专用设备制造业 | 776.7 | 2.64 |
| 食品制造业 | 156.2 | 0.82 | 汽车制造业 | 1289.6 | 1.6 |
| 酒、饮料和精制茶制造业 | 107.6 | 0.7 | 铁路、船舶、航空航天和其他运输设备制造业 | 429.1 | 3.81 |

① 创新驱动　高质发展——埃森哲中国企业数字转型指数［R］. 埃森哲，工信部国家工业信息安全发展研究中心，2018.

续表

| 行业 | R&D 经费（亿元） | R&D 经费投入强度（%） | 行业 | R&D 经费（亿元） | R&D 经费投入强度（%） |
|---|---|---|---|---|---|
| 烟草制品业 | 30.4 | 0.27 | 电气机械和器材制造业 | 1406.2 | 2.15 |
| 纺织业 | 265.9 | 1.11 | 计算机、通信和其他电子设备制造业 | 2448.1 | 2.15 |
| 纺织服装、服饰业 | 105.6 | 0.66 | 仪器仪表制造业 | 229.1 | 3.16 |
| 皮革、毛皮、羽毛及其制品和制鞋业 | 80.3 | 0.69 | 其他制造业 | 39.8 | 2.44 |
| 木材加工和木、竹、藤、棕、草制品业 | 63.2 | 0.74 | 废弃资源综合利用业 | 28.2 | 0.62 |
| 家具制造业 | 73.6 | 1.03 | 金属制品、机械和设备修理业 | 17.1 | 1.28 |
| 造纸和纸制品业 | 157.7 | 1.18 | 电力、热力、燃气及水生产和供应业 | 145 | 0.18 |
| 印刷和记录媒介复制业 | 79.6 | 1.2 | 电力、热力生产和供应业 | 113 | 0.17 |
| 文教、工美、体育和娱乐用品制造业 | 18.2 | 0.92 | 燃气生产和供应业 | 17 | 0.19 |
| 石油、煤炭及其他燃料加工业 | 184.7 | 0.38 | 水的生产和供应业 | 14.4 | 0.48 |

数据来源：《2019 年全国科技经费投入统计公报》。

总的来看，虽然目前我国科技投产规模已经步入世界前列，但投产效益低下问题依然突出，而科技进步与发展又是推动并促进我国对外贸易发展的重要引擎，企业 R&D 经费投入的增加进而引起经费投入强度的提高是推动贸易高质量发展的坚实基础。因此，只有不断增加企业基础研究投入，提高企业创新能力，不断提高 R&D 产出质量和效率，增强其对贸易增长的支撑作用，才能使我国外贸企业在制订出海计划、参与全球生产价值链中处于有利地位。

### (四)地区水平不一，贸易阻力重重

当前，我国贸易发展的一大阻力在于贸易发展不平衡，主要有区域发展不平衡、货物和服务贸易结构不平衡以及服务贸易进出口不平衡。

首先，国内区域发展不平衡，中西部地区相较于东部地区发展严重不足。《中国统计年鉴》数据显示，2019 年，我国东部地区对外贸易比重占到全国的 84.8%，其中出口占全国出口的 84.3%，进口占全国进口的 85.3%，其余地区的对外贸易比重则只有 15.2%，出口占 15.7%，进口占 14.7%，这也是我国改革开放以来在东部地区先行实行对外开放，长期利用外资发展对外贸易所导致的结果。近年来，尽管我国政府出台了各种加大扶持中西部地区贸易发展的政策，但是仍然没有改变东部沿海地区作为对外贸易发展的绝对优势地位。

从外资企业在各省的货物进出口比重来看，对外贸易发展也十分不平衡(图 2-1 和图 2-2)，2019 年，外资企业出口货物总额中，东部沿海 10 省区占比 80%，而中部 6 省和西部 12 省区分别只占 6% 和 9%。出口方面，前五名全部为东部城市，占外资企业总出口额的 72%，其中，广东占 27%，江苏占 22%，上海占 13%，浙江和山东均占 5%；进口方面，前六名同样全是东部城市(其中第四位为北京)，占外资企业总进口额的 76%，其中，上海占 22%，广东占 20%，江苏占 19%，北京占 7%，浙江和天津均占 4%。显然，外商差异性投资是造成我国沿海地区和内地对外贸易发展不平衡的主要原因。

此外，货物和服务贸易发展不平衡，货物贸易占绝对主导地位，服务贸易比重严重偏低；2019 年我国进出口贸易总额(包括服务贸易)达 5.36 万亿美元，其中货物贸易占整体的 85.4%(4.58 万亿美元)，而服务贸易仅占 14.6%(0.78 万亿美元)。显然，我国货物贸易和服务贸易发展严重失

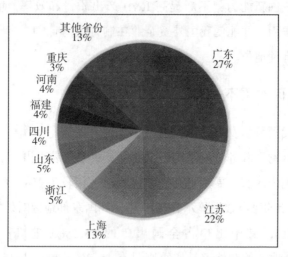

图 2-1 2019 年不同省份外企货物出口比重(%)

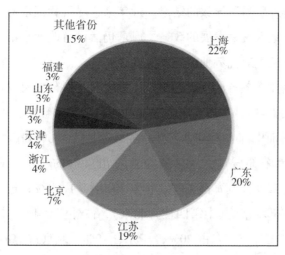

图 2-2 2019 年不同省份外企货物进口比重(%)

衡。从进口和出口的角度看,我国出口贸易总额(包括服务贸易)为 2.78 万亿美元,进口总额为 2.58 万亿美元,顺差 0.2 万亿美元。在货物贸易中,出口额为 2.50 万亿美元,占出口贸易总额(包括服务贸易)的 89.8%,偏高;进口额为 2.08 万亿美元,占进口总额(包括服务贸易)的 80.6%,

较高；顺差 0.42 万亿美元，偏大。在服务贸易中，服务占出口总额 10.2%（0.28 万亿美元），占进口总额 19.4%（0.5 万亿美元），占比均偏低。可见，我国服务贸易增长动力不足，不能像货物贸易一样，成为驱动我国贸易发展的动力源。

货物与服务贸易发展不平衡，一方面，货物贸易顺差过多会导致更频繁的贸易摩擦，增加贸易不确定性；另一方面，贸易逆差说明该领域发展竞争力不足，需要依赖大量进口。

### (五) 贸易条件恶化，垄断优势不再

相比以前，我国的贸易结构已经发生了较大的变化，贸易水平也不断地在向国际标准靠拢，但是进出口贸易规则掌握在强国手中。马克思曾经运用"国际价值理论"揭露强国利用自身劳动强度优势剥削弱国的事实。这一论断也被"中心-外围"理论证实。后来，劳尔·普雷维什和辛格提出的"贸易条件恶化假说"也论证了外围国家在当前的国际经济体系下，贸易利益会逐渐下降的事实①。我国作为发展中国家，过去的贸易发展也佐证了上述理论的正确性。新时期的贸易也仍然呈现出了相同的发展趋势。从表2-5 中可知，2010—2020 年，与我国的三个最大贸易伙伴(东盟、欧盟和美国)相比，我国的贸易条件处于劣势地位(以 2015 年为基准)，换句话说，我国出口同样多的商品，只能交换到较少的进口商品。

我国贸易条件不断恶化的主要原因在于：首先，不断扩大的贸易规模会使贸易条件不断恶化。我国庞大的进出口贸易规模已经成为影响世界贸易产品价格走势的风向标，巨大的出口量无形之中压低了我国在全球贸易交易市场中同类商品的出口价格，同时庞大的进口需求也抬高了从世界各国进口商品的价格。

---

① Ghorashi, Reza. Marx on Free Trade[J]. *Science & Society*, 1995, 59(1): 38-51.

表 2-5　2010—2020 年主要国家贸易条件比较（2015＝100）

| 国家 | 东盟 | 中国 | 欧盟 | 德国 | 印度 | 日本 | 新加坡 | 泰国 | 英国 | 美国 |
|---|---|---|---|---|---|---|---|---|---|---|
| 2010 | 103.6 | 83.5 | 94.2 | 94.6 | 95.1 | 115 | 95.7 | 99.9 | 96 | 100 |
| 2011 | 101 | 80.4 | 94 | 93 | 95.9 | 99.8 | 94.6 | 92 | 101.4 | 100.8 |
| 2012 | 96.4 | 83.2 | 96.5 | 96.1 | 89.2 | 93.5 | 90.9 | 87 | 92.1 | 102 |
| 2013 | 96.2 | 83.7 | 98.4 | 97 | 99.5 | 89 | 92.9 | 86.2 | 111.7 | 104.5 |
| 2014 | 98.1 | 88.3 | 98.9 | 98.2 | 102.5 | 88.1 | 92.8 | 94.4 | 99.5 | 103.6 |
| 2015 | 100 | 100 | 100 | 100 | 100 | 100 | 100 | 100 | 100 | 100 |
| 2016 | 99.5 | 97.7 | 100.5 | 100.2 | 107.5 | 110 | 98.5 | 104.9 | 87.2 | 99.4 |
| 2017 | 98.3 | 90.7 | 99 | 98.7 | 97.8 | 107.7 | 96.2 | 101 | 93.1 | 98.9 |
| 2018 | 95.3 | 86 | 97.4 | 96.3 | 92.9 | 102.3 | 94.2 | 96.3 | 97.8 | 98.1 |
| 2019 | 96.1 | 88.8 | 98.3 | 95.7 | 98.1 | 101.5 | 91.9 | 98.5 | 91.3 | 98.6 |
| 2020 | 102.6 | 93.1 | 99.4 | 93.4 | 109.2 | 104.8 | 92.9 | 105.8 | 86 | 91.6 |

数据来源：国际货币基金组织（IFS）数据库。

其次，附加值低的劳动密集型产品和一般机电产品由于产品多为必需品，且各国生产该类产品差异化不大，导致产品需求弹性较小，国际竞争激烈，从而进一步导致了出口价格的下降，而且我国产业集中度较低、各企业"各自为政"，无序竞争严重，更是竞相压低了出口价格。此外，曾经在 1985—1995 年凭借着宽松环境政策和廉价劳动力实现了产量增长 464%的优势产业——稀土金属，出于环境保护目的，2010 年我国政府出台了限制其开采出口配额(37%)的政策，极大地降低了稀土金属开采量，从 2010年的占世界的 97.7%下降至 2019 年的 62.9%，这也使得稀土金属价格在2011 年创下每吨 6.4 万美元的历史新高，进而推动了各国资本纷纷流入，期待从该行业中"分一杯羹"，一方面可以减少对我国的依赖，另一方面也能进一步拉低稀土金属价格，最终我国稀土金属产业将陷入原有垄断优势不复存在的危险境地。目前，美国已经将稀土金属列入其关键矿物清单中，前任美国总统唐纳德·特朗普就此发布了鼓励进行稀土金属本土生产的政策。类似地，日本也计划在 2025 年前将进口中国稀土金属的份额减少到 50%以下。同时，在我国进口的大多数商品中，来自发达国家跨国集团研发的资本和技术密集型产品占比较大，由于核心技术掌握其手，定价权大，而我国的进口又高度依赖这类产品，面对其价格不断飙升的现实而处于无可奈何的被动状态。

# 五、全球各国期待国际贸易理论创新

## (一) 发达国家

在经济全球化的今天，西方帝国主义国家想要保住自己摇摇欲坠的霸权地位，通过不断发现新大陆、扩张殖民地、开放社会主义阵营等"空间地缘革命"的机会越来越小，因为支持资本扩张的决定性因素已经濒临"灭绝"。随着世界人口增长进入拐点，网络通信技术和交通运输的进步也只能让"世界变成平的"，而"平的世界空间"已然无法满足资本积累快速"复利"的本质。显然，当下让资本追求超级利润已成为一种幻想，这样的不可持续性也成为周期性压垮资本主义的稻草。丧钟已经敲响，资本主义国家的"精英们"似乎也已看到资本陷入无法持续增长的困境，而他们对此也感到困惑不已，不知道问题究竟出现在哪里。过去那些意识形态一边倒，宣扬新自由主义的经济学家们也纷纷迈出了重要的一步——开始思考"资本主义"和"社会主义"两种制度的优劣差异，通过对两者的比较，也似乎开始动摇过去对西方体系的自信，这在过去从未发生过。

新时代下，如何突破并解决在经济全球化语境下实现资本扩张的困境，发达国家，特别是西方资本主义国家对于国际贸易理论创新的呼声越来越高涨。

## (二) 发展中国家

新时代下，全球经济联系日益频繁，资本贸易流动速度加快，世界经济一体化程度越来越深，西方主流国际贸易理论提出的观点已经越来越受到各国的质疑和诟病，特别是一些发展中国家和欠发达国家在受到西方宣扬并鼓吹的自由贸易理念并采用这些西方国际贸易理论后，经济发展连连败落，贫富差距越来越大。

这些西方主流国际贸易理论认为：第一，贸易作为国家经济增长的重要助推器，不仅能扩大一国消费力，增加世界产出，同时为贫穷国家提供了其经济生产和发展所需的稀缺资源和产品，让它们拥有了接入世界市场的途径。第二，通过均衡的要素价格，贸易国实际收入的提高以及充分利用每个国家和世界的资源禀赋能有效促进国际和国内发展的平等性，比如提高劳动力密集国家的相对工资，降低劳动力稀缺国家的相对工资。第三，贸易也是对一国那些劳动生产率高于国际平均劳动生产率的产业或领域的"奖赏"，在得到国际社会的"肯定"后，势必促进其他生产部门加快提高效率，进而促进全球各国的所有经济部门都"向前看齐"。第四，在自由贸易的市场环境中，国际价格和生产成本决定了一国为实现国民福利最大化的贸易量，因此各国应遵循比较优势原则，而不应对市场经济自由运行强加干预。第五，为了促进经济增长和发展，必须实行对外开放的国际贸易政策。在任何情况下，自力更生和孤军奋战都无法比参与全球化自由贸易那样有效。

然而，西方主流国际贸易的这些"谎言"都基于无数的显性和隐性的假设，且这些假设都和新时代下国际经济关系的实际情况相矛盾。显然，这些西方国际贸易理论得出的结论并未结合发展中国家的历史背景，也未从其贸易实际情况出发。

当然，对西方国际贸易理论的质疑并不是要全盘否定自由贸易观点对世界发展带来的好处，而是要充分认识到这种所谓的"自由贸易"仅仅存在于经济学家们的图表和模型中，而现实世界会因各国自身的生产产量和各种国际非竞争性定价政策而走向与经济学家们设想的不一样的道路。

当下，处于以美国为主导地位的国际经济秩序中的发展中国家受到西方主流国际贸易理论的影响，非但没有摆脱原来自身发展的困境，而且经济下滑日益严重，贫富差距也日益扩大。越来越多对西方话语体系幻灭的发展中国家亟待寻求国际贸易理论创新，寄希望于新国际贸易理论既能结合自身历史背景，又能考虑本国国情实际发展，作为在新时代经济健康稳步向前发展的风向标。

## (三) 中国

当前，中国的经济发展已经进入由高速增长转向高质量发展的"新常态"阶段。新时代下，中国不仅需要及时转变发展方式，而且需要在现代化建设方面迈出更大的步伐。面对各种新要求和新挑战，我国也提出了要以创新引领各领域转型发展，同时兼顾中西部和沿海地区，以及城市和农村不平衡发展问题，加快完善社会主义市场经济体制，同时坚持全面对外开放的基本国策不动摇，最终实现中国经济全面协调可持续发展的目标。

自 2008 年金融危机以来，中国经济结构性转变不仅为世界经济的缓慢复苏做出了贡献，也有效应对了过去十年经济发展的不平衡、不协调和不可持续性问题。为了更快地实现经济结构的转变，中国政府在全面评估新常态下中国经济发展的各种情况后制定了宏观经济调节政策。2017 年底，中国共产党第十九次全国代表大会制定了未来十年至二十年的现代化建设目标和蓝图，从过去的重"速度"发展转变为重"质量"发展，不断推动中国全面对外开放。

在全球经济面临衰退风险的大背景下，中国对外贸易面临着以美国主导的国际经济秩序中的单边主义、霸权主义、新自由主义、民粹主义和贸易保护主义等排华政策的威胁，经贸摩擦不断，给新时代中国外贸发展增加了各种不确定和不稳定因素，从而使我国对马克思主义国际贸易理论创新的呼声越来越高涨，殷切期盼新时代马克思主义国际贸易理论中国化的最新成果诞生，引领我国突出重围，走出一条绝非"国强必霸"的陈旧老路，而是一条具有中国特色的和衷共济、合作共赢的对外开放和平发展道路。

当前，世界经济相互依存日益加深，经济全球化让市场范围边界不断扩大、相互融合。全球化浪潮加速了资本在世界市场范围的拓展和资源在全球的有效配置，促进了科技的进步，为世界人民创造了人类历史上最多的工作机会，改善了贫穷地区人民的生活状态，提高了全球人民的物质生活水平，但是新的问题也接踵而至。

在全球经济格局发生深刻变革的当下，经济全球化遭遇逆流，新自由主义、霸权主义和贸易保护主义盛行，中美贸易摩擦频发，全球价值链加速调整，加上我国自身贸易发展短板凸显，如人力成本不断攀升、企业无序竞争严重、科技创新投入不够、区域发展水平不一、贸易条件恶化、贸易优势减弱等问题，成为新时代我国贸易发展的现实困境。但是，这些贸易新问题、新情况和新趋势为马克思主义国际贸易理论在新时代的发展提供了重要的现实前提。为了解决这些问题，马克思主义国际贸易理论亟待新的理论创新和发展，同时为全球各国破解贸易困局贡献最新方案。

# 第三章　马克思主义国际贸易理论在新时代最新发展的主要内容及理论贡献

## 一、马克思主义国际贸易理论在新时代最新发展的主要内容

习近平同志是新时代中国特色社会主义思想的主要创立者。以习近平同志为主要代表的中国共产党人，顺应时代发展，理论结合实践，系统充分地论述了中国特色社会主义在新时代应该是什么样的，同时为如何发展和实践指明了方向。因此，习近平新时代中国特色社会主义思想是"21世纪的马克思主义"，而习近平关于国际贸易的重要论述无疑丰富了新时代中国特色社会主义思想。

改革开放40多年来，我们党和国家坚持走具有中国特色的社会主义道路，不断在理论、实践和制度等各个方面进行着各种创新，从开放沿海经济区到全面开放内陆地区，从加入WTO到尝试建立各种自贸区，一系列的创新实践在稳定而又连续的国家政策下落地生根发芽，进而实现了质的飞跃，收获颇丰。进入新时代，我国的对外贸易也同样秉承了"创新"这一鲜明特征，在改革开放以来的各种理论和实践基础上，仍然持续不断地进行着各种更多更新的创新探索。习近平总书记关于国际贸易的重要论述是基于马克思主义国际贸易理论和当前国际贸易发展的现实情况，在新时代下通过运用、发展和创新所提出的最新理论成果，这些论述不仅为新时代中国对外贸易指明了新的方向，也为世界国际贸易的发展和实践提出了很

多新思想、新观点和新论断，为不断发展马克思主义国际贸易理论贡献中国智慧和中国方案。为了充分反映马克思主义国际贸易理论在新时代发展的主要内容，本章将围绕习近平总书记关于国际贸易的相关论述进行阐述。

## (一) 建立公平合理的国际贸易新秩序

经济全球化是不可逆的时代大潮，是世界经济深入发展无法逆转的必然趋势。在人类发展的历史进程中，经济全球化让世界发展焕然一新，海陆空贸易蓬勃发展、人类跨越版图探索新大地、先进科技让世界距离越来越小，人类体验到了前所未有且无法想象的巨大便捷。然而，这一便利也带来了许多新问题——世界经济疲软、发展不均、环境污染、生态恶化等，使得当下经济全球化中出现了很多"不和谐"的声音，不少强权国家甚至站在道德高地呼吁全球各国要"适者生存"，这让本就不平衡的世界更加不安定，发达经济体和发展中经济体、欠发达经济体之间的贫富"裂痕"越撕越大，发达国家坐在自己构建的可以无限依靠剥削其余国家的美梦摇篮中继续"发财"，而发展中国家和欠发达国家的工人在资本家的工厂里滴着血汗执行着"996"工时制度度过这贫穷的一生。更为可笑的是，近年来以英、美两国为首的西方资本主义发达国家将自身的经济衰退归咎于经济全球化。一时之间，反全球化思潮涌动，保护主义和民粹主义盛行。他们期望通过霸权主义和强权主义影响并主导全球价值链、供应链的供需平衡，欲将一切的内部矛盾"甩锅"给他国，造成当下全球国际贸易秩序紊乱，使全球经贸陷入严重的衰退和萧条之中。

对上述种种现实，马克思早有预言，将世界市场理论的研究包含在他对资本主义的整体概念研究中，他认为世界市场和资本主义并非单独存在，并且它们在后期自然而然地构成某种联系，资本无法自抑需要无限扩张的内在矛盾最终将导致世界市场这一必然结果的出现，同时世界市场又反过来"满足"了资本扩张的需求。这一观点似乎令后人有些绝望，倘若世界市场本身就包含在资本的概念中，后人是否只能消极应对，对此毫无对策？但是，此时为何资本主义国家又对经济全球化(世界市场)进行苛责？

显然，资本主义苛责的是一切阻碍资本扩张的"拦路虎"，即使这是曾经为资本扩张打下"汗马功劳"的世界市场。在清晰地认识到这一事实的本质后，即使在当下经济全球化发展速度缓慢、动力和规则变化巨大的纷乱形势下，以习近平同志为核心的党中央适应新时期经贸发展新趋势，准确研判外部环境新变化，指出推动新时代国际贸易发展的关键内核在于建立公正合理的国际秩序，这既是新时代国际贸易发展的基本遵循，也是推动经济全球化向好发展的根本保障。这一理念的提出正是基于马克思的世界市场理论，它为新时代构建公平合理的国际经济新秩序、推动新型经济全球化提供了重要依据。习近平总书记在深刻理解资本无法自抑需要无限扩张的内在矛盾，以及资本主义强国在全球范围内剥削、殖民弱国的内在逻辑之后，创新性地提出了这一解决方案。他曾在 2017 年联合国日内瓦发表的《共同构建人类命运共同体》的主旨演讲中指出，"经济全球化是历史大势"①，社会发展中出现的各种失衡和公平赤字是客观存在的，因为，"不患寡而患不均"都是导致世界各种冲突和流血牺牲事件的根本原因，强国对弱国的掠夺和剥削导致贫富差距的扩大，最终引起战争、犯罪、失业以及人民流离失所等问题。所以，推动构建新时代新型经济全球化和发展国际贸易的关键在于建立公正合理的国际秩序。对此，"既要做大蛋糕，更要分好蛋糕，着力解决公平公正问题"②。因为，建立公平合理的规则和秩序一直是全人类的最大诉求，这也可从人类历史发展进程中的各种国际公约诸如威斯伐利亚和约、日内瓦公约、联合国宪章和万隆会议约定③等看出。因此，这些原则也应该成为新时代国际贸易发展的基本遵循。

---

① 习近平. 共同构建人类命运共同体——在联合国日内瓦总部的演讲[N]. 人民日报，2017-01-20.

② 习近平. 共同构建人类命运共同体——在联合国日内瓦总部的演讲[N]. 人民日报，2017-01-20.

③ 习近平. 共同构建人类命运共同体——在联合国日内瓦总部的演讲[N]. 人民日报，2017-01-20.

　　但是，当前在经济全球化曲折的发展过程中，除了经济发展问题，还面临着巨大的秩序紊乱、信任赤字和规则危机等问题。一些历经人类千年文明且被各国普遍认同和遵守的传统准则、道德规范被摒弃践踏，一些事关世界和平、人类福祉的国际公约和协定被撕毁破坏。个别国家为了一己私欲，罔顾国际公约的宗旨和原则，蛮横践踏国际法和国际关系基本准则，倚仗强权政治和霸权主义公然侵犯他国主权、干涉他国内政，甚至通过暴力冲突让世界处于混乱无序状态。面对如此动荡不安的国际局势，习近平总书记指出当今世界发生的各种冲突和矛盾，不是因为国际公约过时，而是因为没有得到有效的执行。对此，他发出倡议要求坚决维护以联合国和世界贸易组织为核心的国际体系。他在 2017 年日内瓦发表的《共同构建人类命运共同体》的主旨演讲中表示中国作为首个在联合国宪章上签字的国家，会坚决维护其宗旨和原则①。他认为联合国在当代全球治理体系中处于核心地位，联合国宪章的宗旨和原则是国际秩序的核心，是维护国际体系稳定、规范国家间行为的重要基石，它符合绝大多数国家利益，能有力地促进世界和平与发展。其中，以世界贸易组织为核心的多边贸易体制作为世界经贸发展和运行的基石，为推动全球贸易发展、建设开放型世界经济、增进全球人民福祉发挥了巨大作用。

　　因此，坚决维护以联合国和世贸组织等为核心的国际体系；坚定支持多边主义，旗帜鲜明地反对单边主义、保护主义；积极响应多边贸易体制规则，维护发展中国家的合法权益；在彼此互不干扰、相互尊重的基础上，与各国积极探索各种合作可能性，以此建立和平安全、民主透明、包容普惠的国际合作新框架，只有这样，才能建立公正合理的国际秩序，将不符合市场发展规律和国际规则的贸易政策远远地排斥在外，有效防止全球贸易萎缩和经济危机，促进世界和平稳定、经贸繁荣发展，推动经济全球化朝着更加公平、合理的方向发展。

---

　　① 习近平. 共同构建人类命运共同体——在联合国日内瓦总部的演讲[N]. 人民日报, 2017-01-20.

## (二) 提出合作共赢理念

### 1. 新时代贸易利益的价值判断

进入新时代，中国对外贸易政策发生了巨大转变，中国不再像过去一样极度"渴望"出口——强调贸易顺差，而是将一些目光也放在了扩大进口上，以此促进进出口贸易平衡。自改革开放以来，我国贸易一直实行的是通过扩大出口实现经济增长的贸易政策，即追求贸易顺差是当时贸易工作的最大目标。为了鼓励出口、减少进口，我国颁布了一系列的措施，如早期推出的各种出口补贴政策等，这些措施有效地促进了我国的出口增长，为我国积累了大量的外汇储备，但在一定程度上也抑制了进口的发展。2018 年 4 月 10 日，习近平总书记在博鳌论坛上对外宣称中国不再继续追求贸易顺差，而将改变贸易政策——扩大进口，以此促进进出口贸易平衡发展。2019 年 4 月 26 日，他在第二届"一带一路"国际合作高峰论坛上再次强调："我们不刻意追求贸易顺差，愿意进口更多国外有竞争力的优质农产品、制成品和服务，促进贸易平衡发展。"[1]这一表态意味着中国将转变对外贸易政策，这是中国在进入新时代后根据新的国情所做出的符合自身贸易利益的重大抉择。

过去我国依赖出口导向型的贸易政策主要在于拥有大量丰富(过剩)的劳动力供给，此时要推动经济的增长，就需要"消化"过剩的劳动力，而出口(贸易顺差)作为刺激经济增长的三大动力之一，能有效地将国内过剩的劳动力转移输出，缓解国内就业压力，促进本国经济增长，这种贸易政策与当时中国的经济发展需求是相匹配的。当时中国经济的常态是需求决定型经济[2]，即经济社会的资源供给(如劳动力)常态下大量过剩，从而无法

---

① 习近平. 齐心开创共建"一带一路"美好未来：在第二届"一带一路"国际合作高峰论坛开幕式上的主旨演讲[M]. 北京：人民出版社，2019：9.

② 龚刚. 供给侧要改革，中国外贸战略必须转型[EB/OL]. (2018-04-11) [2021-08-27]. http://m.eeo.com.cn/2018/0411/326436.shtml.

对经济形成约束，而需求侧的投资、消费和出口则成为当时促进经济增长的关键。

然而，随着外部环境变化和国内社会主要矛盾转变，我国在从大国走向强国的过程中，大规模的贸易顺差必然"树大招风"，导致贸易摩擦频频发生，特别是 2018 年美国因为不满中国长期对美贸易顺差，从而发动了对华贸易战，颁布了一系列对中国货物征收进口税的打压措施，并强制要求中方购买美国产品，以缩小中国对美贸易顺差差额。早在中美经贸冲突之前，习近平总书记高瞻远瞩就已提出扩大开放的重大举措，他在 2018 年提出的一系列扩大进口措施虽然与美国表示不满的一些领域重合，但并非受到美国此举干扰，而是适应当时国际形势之举。

做出这一贸易利益价值判断的关键就是基于马克思的国际价值理论。在国际市场上，国际价值规律发挥作用的价值标准是世界必要劳动时间（即世界平均劳动生产率），这一标准是衡量各国商品生产的价值尺度。各国由于劳动生产率（劳动强度）、科技水平、自然条件等差异，其生产的商品进入国际市场流通就会呈现不同的国际价值量。换句话说，生产相同的商品对于不同的国家所需要付出的劳动时间是不同的，此时发展中国家由于劳动生产率或者劳动强度小于发达国家，其商品在国际市场交换中总是会相对处于劣势。然而，这种情况是无法避免的，因为只要参与了资本主义国际交换，商品经济规律并不以人的意志转移，除非一国彻底退出资本主义建立的这种国际交换中。然而，这是不现实的。身处全球经济一体化的大潮中，发展中国家要想在其中不断发展壮大，只能积极地参与国际竞争。在此之中，只有不断地提高自己的科技水平，提升劳动生产率，才能在这场国际"较量"中实现真正的"等价交换"。此外，发展中国家在国际交换中也并非不能获得好处，因为"剥削"与"共赢"是共存的。尽管发展中国家在国际交换中得到的物化劳动比付出的少，但是如果得到的比自己生产的成本更低，那么这场国际交换就是共赢的。只是，美国向来奉行零和博弈、赢者通吃的观点，在这场国际较量中，中国经济的日渐强大让它感受到了深深的威胁，让原本在其制定规则下获取的国际价值量不再像以前那样多，于是展开了对我国贸易的打击，对我方实施了诸多不公平的贸易条款。由此，国际价值理论有力地分析了中美贸易摩擦发生的真实原因，也成为新时代我国转变对外贸易政策，不再过度强调贸易顺差，而要扩大进口的理论依据。对此，习近平总书记表示将通过大幅度降低进口产品关税如汽车、机械设备等扩大进口，以此快速地满足我国巨大的内部市场需求，特别是人民对高品质、高质量方面逐渐激增的高消费需求，同时还向发达国家呼吁放宽一些高科技产品的出口门槛，减少针对我国的非关税措施，消除更多的贸易壁垒。此外，他进一步呼吁并邀请世界各国积极参与中国举办的国际进口博览会，以此展示中国主动开放市场大门的决心和行动，欢迎各国入华投资经商，带来更多的优质产品，让世界人民共享我国开放经济的蛋糕。

对于国内而言，随着人民物质生活水平的不断提高，消费结构升级成为必然，"内需是中国经济发展的基本动力，也是满足人民日益增长的美好生活需要的必然要求"①。此时，我国经济社会发展进入新的历史阶段，国内社会主要矛盾发生重大转变。在这种情况下，中国的劳动力供给将不再过剩，劳动力成本也不断提升，国民对产品质量和品质有着更高的要求，中国的经济常态已从需求决定型逐步转变为供给决定型(即此时国内劳动力充分就业或接近充分就业，国内资源供给相对稀缺，只有通过扩大进口才能缓解本国资源紧缺，满足国民消费升级等问题)。此时，推动经济增长的对外贸易政策不应再是依赖出口"消化"过剩劳动力供给的出口导向型贸易政策，而是应该通过供给侧结构性改革，转变成为进出口平衡的对外贸易政策。

未来，中国将不以追求对美贸易顺差为重点，而是将关注点放在扩大贸易规模和共同贸易利益点上，将外贸战略转向追求对发达国家的贸易平衡，这也是中国主动扩大进口的基本内涵。在此基础上，我国将"积极寻

---

① 习近平. 开放共创繁荣　创新引领未来——在博鳌亚洲论坛 2018 年年会开幕式上的主旨演讲[M]. 北京：人民出版社，2018：12.

求发展利益最大公约数，不断做大'蛋糕'"①，开放合作、普惠共享，促进贸易繁荣发展，推动世界贸易不断焕发生机活力。

## 2. 新时代对外贸易的根本原则

改革开放以来，对外开放一直是我国的基本国策。为了更好地贯彻这项基本国策，党的十八大以来，以习近平同志为核心的党中央始终坚持独立自主、自力更生和平等互利的基本原则发展对外经贸关系，切实履行中国为维护世界和平、促进共同发展的对外政策宗旨。在此基础上，习近平总书记提出将"互利共赢、多元平衡"作为我国对外贸易政策宗旨。他指出："中国的贸易战略宗旨是互利共赢、多元平衡，我们将继续坚持稳定出口和扩大进口并重，强化贸易政策和产业政策协调，加快服务业开放步伐，推动对外贸易平衡发展，更好融入全球价值链。"②此外，他还多次强调我国在发展对外经贸关系，开展对外经贸活动时，要秉承正确的"义利观"，对外经贸活动要坚持以共赢求得共同发展，特别是与周边国家、第三世界的国家进行商贸往来时，中国不可唯利是图，有义务对其给予力所能及的援助。对此，他在 2014 年 11 月 21 日发表于斐济媒体的署名文章《永远做太平洋岛国人民的真诚朋友》中曾引用《道德经》中的"既以为人，己愈有；既以与人，己愈多"，表达中国一直以合作共赢这种理念与各国互通往来。引用的古句原意为"圣人不应存有占有之心，而是应该竭尽全力帮助他人，这样才能内心富足；给予别人的帮助愈多，自己反而会更丰富、富足"。圣人对待世间万物的态度也如同自然规律一样期望万事万物都得到应有的好处，而不应伤害它们。圣人的行为准则是认真做事但是不争任何利益。由此可见，双赢是一种智慧，对于个人交往是如此，国家之间的交往也是如此。"中国梦"不会和世界各国的梦想相冲突，也不应互相

---

① 习近平. 2020 年中国国际服务贸易交易会全球服务贸易峰会上的致辞 [N]. 人民日报，2020-09-05 (2).

② 习近平在二十国集团领导人第八次峰会就贸易等议题发表讲话 [EB/OL].（2013-09-06）[2021-08-31]. http://www.gov.cn/ldhd/2013-09/06/content_2483042.htm.

排斥，而是应该与世界各国的梦想相互呼应，在不断的发展中实现战略对接、优势互补，最终共同走向繁荣之路。一直以来，我国坚持人类优先理念，在不侵犯他国主权，损害他国利益的同时，通过自力更生，独立自主，谋求自身的发展，创造属于我国和民族发展的壮丽史诗，谱写惠及全球各国人民、增进人类共同福祉的美好篇章。显然，"合作共赢"理念以马克思国际价值理论作为理论依据，向世界尤其是发展中国家指明了在资本主义国际交换中减少"被剥削"的发展方向，贡献了中国智慧，同时也与马克思预示全球一体化的历史大势和逻辑不谋而合。

在经济全球一体化时代，任何国家和民族想要谋求长远发展，就要积极地拥抱世界，基于彼此拥有的比较优势，实现互利互惠的合作。当前世界出现的逆全球化思潮，以及一些国家出现贸易保护主义倾向，是缺乏自我革新的表现。对此，习近平总书记指出："历史告诉我们，如果走上对抗的道路，无论是冷战、热战还是贸易战，都不会有真正的赢家"①，并由此提出了人类命运共同体理念。世界已日益成为一个你中有我、我中有你的命运共同体，如果奉行你输我赢、赢者通吃的逻辑，必将损人不利己，甚至会危害全人类的发展。"面对严峻的全球性挑战，面对人类发展在十字路口何去何从的抉择，各国应该有以天下为己任的担当精神，积极做行动派，不做观望者，共同努力把人类前途命运掌握在自己手中，争做自己命运的主人。"②今天的物质发展已经达到了人类有史以来的最高水平，但发展不平衡不充分问题仍然十分突出，全球还有很多国家仍然处于极度贫困状态。只有共同合作，才能解决欠发达和发展中国家的贫穷问题，让人们过上平安喜乐、幸福安康的生活。

对此，新时代的中国不断完善对外开放战略布局，通过利用国内外两个市场、两种资源，打通经济发展血脉，不断推动内外部市场各种资源和劳动力要素的自由流动，提高市场资源配置效率，让开放发展理念深入融

---

① 习近平. 同舟共济创造美好未来——在亚太经合组织工商领导人峰会上的主旨演讲[N]. 人民日报，2018-11-18.

② 习近平谈治国理政(第三卷)[M]. 北京：外文出版社，2020：460.

合对外贸易发展。

## (三) 构建"双循环"新发展格局

当今世界正经历百年未有之大变局。保护主义、单边主义思潮愈演愈烈，世界经济在曲折中摸索前行，全球经济、政治、文化等格局都在进行深刻调整，世界进入剧烈的震荡期。2020年爆发的新冠肺炎疫情更是加速了全球这一格局的变化。

在这样的大背景下，2020年11月我国"十四五"规划正式提出"要加快构建以国内大循环为主体、国内国际双循环相互促进的新发展格局"①。这不仅是对"十四五"规划以及未来相当长一段时期内我国经济发展战略和路径选择做出的重大调整，同时对促进世界经济发展也具有重要且深远的影响。习近平总书记曾在经济社会领域专家座谈会上指出，新发展格局的提出不是凭空想出来的，而是根据我国所处的历史方位和当前发展阶段中所具备的各种资源要素形成的基础条件做出的战略抉择，以此服务我国新阶段不断打造新的竞争优势，增强国际综合实力，实现贸易高质量发展的更高目标。此外，这一战略也契合了当前内、外部市场发生的重大转变——外部需求和动能逐渐羸弱，内部需求和活力日益旺盛，由此不断增强内部市场活力，促进内外部循环畅通发展。这一战略的提出也是基于马克思的社会再生产理论与现代工业社会各国必须实现"双循环"的论述，具体而言就是，生产、分配、交换、消费四环节形成的社会再生产过程必须与资本主义生产统治的世界市场保持联系，这是面对内外部市场发生"此消彼长"的巨大变化，以此提出构建"双循环"新发展格局的重要理论基础。

对于国内大循环与国内国际双循环之间的关系，两者是有机的统一体。国内大循环是指更多地依托国内企业生产、设计、销售商品以满足国内市场需求，使供给跟上国内不断增快的市场需求的脚步，形成需求牵引

————————

① 中共中央关于制定国民经济和社会发展第十四个五年规划和二〇三五年远景目标的建议[N]. 人民日报，2020-11-25(6).

供给、供给创造需求的动态平衡。这一概念的提出首先是基于金融危机后我国国际收支水平持续改善这一情况。衡量这一情况的指标主要是经常项目顺差同国内生产总值的比率,当这一比率低于4%时,国际社会认为该国的国际收支基本实现平衡。在金融危机前我国这一指标为9.9%(2007年),随着我国经济实力不断增强,国内市场不断释放出大量需求,对GDP的增长贡献率也在多个年份超过了预期,同时我国外汇储备增长大幅放缓,使得这一指标在2020年已经低于1%,显然,这一比值的回落,表明我国国际收支水平改善显著,与外部联系也日趋平衡。其次,我国经济自改革开放40多年以来发展迅猛,已经具备实现国内大循环的基础条件和历史时机。从需求侧看,我国拥有全球最庞大的消费市场群体——14亿人口和4亿多中等收入群体,而且这一群体的经济收入和消费水平仍在不断提高中,市场需求还有进一步增长的空间。从供给侧看,我国的工业体系及上下游配套供应链完备,产业链中有多达1.3亿户的大中小型企业、1.7亿拥有本科及以上学历或拥有相关技能的专业人才,为助力产业创新奠定了扎实的人才和技术基础。最后,面对外部世界出现的新问题和新情况,在尽力实现外部循环的同时,我国也要努力畅通国内大循环,以此增强内部发展的自主性和稳定性,保证经济发展稳中有进。为此,党中央做出了我国经济已经在向以国内大循环为主体转变,且在未来的较长时期内,国内市场将越来越能够在我国经济中占据重要角色,作为我国经济增长的最大动力的科学论断。

与此同时,党中央尤其强调了事物并不是非黑即白、非此即彼的关系。发展国内大循环绝不是自己关起门来闭门造车,"两耳不闻窗外事"般地忽视与外部的经济联系。习近平总书记多次强调新发展格局绝不是不重视对外发展。这一格局不仅要保持与世界的联系,而且联系较之前将更加紧密,因为我国不断走向世界舞台中心,综合实力不断提高,一方面能为国内企业出海带来新的发展机遇,同时也能成为外企的经商或投资沃土。显然,国际市场是国内市场的扩大,国内大循环为国内国际双循环奠定了扎实基础。基于国内大循环基础上促进国内国际双循环,一方面通过国内大循环的巨大需求吸引全球的各种有利资源，为发展对外贸易事业，提高我国国际竞争优势添砖加瓦；另一方面充分发挥制造业完整产业链和巨大市场规模的优势，为世界各国投资提供有利条件。通过开放合作的双循环，加深与世界各国的合作，进一步提升国内大循环资源配置的效率和能力，显然，这一双循环是需要在更大范围、更宽领域、更深层次对外开放中才能推动的。

## (四)积极主动拥抱全球化

世界历史滚滚向前，发展大势无法逆转，在这样的大势之下，世界经济发展的各种难题再也不能仅仅依靠各种"分崩离析"的区域、部落、小群体得以解决，而是需要人类之间互相支撑，共同发力来予以解决。经济全球化使得世界各国的经贸往来越来越密切，这一论断早已被马克思预示。他的自由贸易政策理论为新时代积极主动拥抱全球化，坚定不移选择贸易开放政策不动摇，共建共享"一带一路"惠果提供了理论源泉；进入新时代，以习近平同志为核心的党中央适应经济全球化新趋势，准确研判国际形势新变化，把握世界潮流大势，坚持改革和开放互促共进，指出实现更高水平的对外开放，才能提高把握和认识新时代经济社会发展规律的能力，因此，必须毫不动摇地继续坚持这一政策。

此外，他也在多个国际公开场合强调，中国对外开放是全方位、全领域的，中国一直致力于开放式发展，坚决反对贸易保护主义，并且将付诸实际行动以推动经济全球化。他在 2018 年首届进口博览会开幕式的主旨演讲中高屋建瓴地指出，经济全球化是不可逆转的历史大势，并改严复《〈国闻汇编〉叙》中"相通则治进，相闭则治退"为"相通则共进，相闭则各退"①，另立新意揭示国际贸易的历史规律，以此说明历史大势必将浩荡向前，人类可以认识、顺应、运用历史规律，但无法改变历史规律。在这样

---

① 李丹. 习近平用这则古语阐明国际贸易的历史规律［EB/OL］. (2020-11-03）［2021-08-31］. http://news. cctv. com/2020/11/03/ARTIvsn9lnMKcfC866g5saPX201103.shtml.

的情势下，各国之间降低准入门槛，各自发挥专业化分工优势，彼此互补，就能打通贸易血脉。

关于对新时代中国特色社会主义贸易政策的选择，习近平总书记也作了大量论述，其中不乏"金句"，如"打开窗子，才能实现空气对流，新鲜空气才能进来"①；"开放带来进步，封闭必然落后"②；"要开放不要封闭，要合作不要对抗"③；"我们要……旗帜鲜明反对保护主义"④；"只有开放才能使不同国家相互受益、共同繁荣"⑤；"中国的发展离不开世界，世界的繁荣也需要中国"⑥；"改革开放，顺应了人民…要美好生活的历史要求，契合了世界各国人民……要和平生活的时代潮流"⑦；"改革的脚步不会停滞，开放的大门只会越开越大"⑧；"今日之中国……是亚洲之中国、世界之中国。未来之中国，必将以更加开放的姿态拥抱世界、以更有活力的文明成就贡献世界"⑨；"中国推动更高水平开放…建设开放型世界经济…构建人类命运共同体的脚步不会停滞！"⑩……种种论述都表明了新

---

① 习近平. 习近平在二十国集团领导人第八次峰会就贸易等议题发表讲话[EB/OL]. （2013-09-06）[2021-08-31]. http://www.gov.cn/ldhd/2013-09/06/content_2483042. htm.

② 习近平. 开放共创繁荣 创新引领未来——在博鳌亚洲论坛2018年年会开幕式上的主旨演讲[M]. 北京：人民出版社，2018：6.

③ 习近平. 共建创新包容的开放型世界经济——在首届中国国际进口博览会开幕式上的主旨演讲[M]. 北京：人民出版社，2018：4-5.

④ 习近平著作选读[M]. 北京：人民出版社，2023：558.

⑤ 习近平. 顺应时代潮流实现共同发展——在金砖国家工商论坛上的讲话[N]. 人民日报，2018-07-26.

⑥ 习近平. 在庆祝改革开放40周年大会上的讲话[M]. 北京：人民出版社，2018：33.

⑦ 习近平. 开放共创繁荣 创新引领未来——在博鳌亚洲论坛2018年年会开幕式上的主旨演讲[M]. 北京：人民出版社，2018：5.

⑧ 习近平. 二〇一九年新年贺词[N]. 人民日报，2018-12-31（1）.

⑨ 习近平. 深化文明交流互鉴 共建亚洲命运共同体：在亚洲文明对话大会开幕式上的主旨演讲[M]. 北京：人民出版社，2019：10.

⑩ 习近平. 共建创新包容的开放型世界经济——在首届中国国际进口博览会开幕式上的主旨演讲[M]. 北京：人民出版社，2018：5-6.

时代的中国将积极主动地拥抱经济全球化，坚定不移地选择贸易开放政策不动摇，通过共建开放、共享的世界经济，让全球各国人民共享惠果。

### (五) 转变外贸发展方式

新时期，我国提出要转变外贸发展方式，其中主要从改变贸易主体结构(提高民营企业占比)、提高货物贸易产品质量、提高服务贸易占比、实施贸易对象多元化、培育贸易新业态新模式这五个方面着手。这一理念的提出正是基于马克思国际分工理论，它作为新时代通过供给侧结构性改革转变外贸增长方式的逻辑起点，为我国正确认识国际分工格局，积极参与和利用国际分工，大力发展对外经贸事业，在资本主义建立的国际分工体系中通过与其相互依存、相互合作以达成目标奠定了重要的理论基石。

### 1. 关于贸易主体结构的论述

马克思曾说道:"过去……闭关自守状态，被各民族…互相往来和各方面的互相依赖所代替了。"①这一论断清晰地阐释了世界历史转变的必然趋势。习近平总书记也认为从长远来看，经济全球化的总体趋势并没有变，"世界经济的大海，你要还是不要，都在那儿……想人为切断……让世界经济……退回……是不可能的，也是不符合历史潮流的"②。由此，他进一步做出了"中国开放的大门只会越开越大"③的重要论断。在此论断之下，十九大报告指出要"推动形成全面开放新格局"，并提出了"坚持引进来和走出去并重"的对外贸易新要求，在此之中，外贸主体将不再只是通过外资企业引进资金和技术，同时也需要依靠我国企业主动"走出去"，不断提高我国企业自主研发创新能力，增强我国企业国际化经营能力，不断提高企业在国际分工中的地位。2014 年，习近平在中央经济工作会议上指出，过去和现在内外部市场环境和贸易工作重点发生转变——要从吸引投

① 马克思恩格斯选集(第一卷)[M]. 北京: 人民出版社, 2012: 404.
② 习近平. 共担时代责任, 共促全球发展[N]. 人民日报, 2017-01-18 (01).
③ 习近平谈治国理政(第三卷)[M]. 北京: 外文出版社, 2020: 210.

资变成投融资并重，从出口导向变成强调进口，实现进出口贸易平衡，从被动参与世界经济活动到主动参与制定全球治理规则，而且变化之后更要与世界市场的各种资源、能源、投资等要素保持紧密联系。在这种条件下，我国企业应该抢抓机遇，乘势而为，主动积极地在全球布局，通过促进产业升级与企业创新，进一步推动外贸转型升级，提升企业活力，保证我国企业在外贸经营中提质增效，增强我国外贸内生性动力，争做国际市场中的参与者和引领者。2019 年，民营企业第一次超过外资企业，一举成为我国外贸经营中的最大经营主体(占外贸总额的 42.7%，且出口贸易占比过半)。这一比例在 2020 年再次上升为 46.6%。

进入新阶段，我国外贸经营"坚持引进来和走出去更好结合"，意在通过"引进来"更好地帮助我国企业"走出去"。"引进来"和"走出去"同样重要，两者没有先后、主次之分。"引进来"战略一直是我国长期坚持的战略方针，尽管当前我国拥有充足的外汇储备，但是这并不意味着"引进外资"失去其外贸的"重要地位"。相反，利用外资仍然是我国未来发展对外贸易的重要手段，只是新时期更加强调"合理有效地利用外资"，具体来说就是利用外资并不是按照字面含义理解的利用外国集团的资金，而是要充分学习并掌握外资带来的一切先进技术和管理模式，以此更好更快地带动我国企业融入全球竞争，使我国企业成为拉动外贸的主力军。同时，新阶段的"走出去"战略在原有的"支持我国企业稳妥地走出去"基础上，更加强调我国企业需要主动地去拥抱全球化。为此，2014 年 12 月 5 日，在加快自贸区建设的第十九次集体学习会议上，习近平总书记强调要通过自贸区平台建设，助力我国企业出海，充分发挥自贸区的特有功能，为出海企业保驾护航，以此顺利打开国际市场，为我国经济快速发展持续赋能①。此外，也要不断完善对外投资体制机制，出台相应政策，鼓励更多企业投资海外，实施全球布局战略，在国际市场

---

① 习近平. 以自贸区开拓国际市场助企业走出去[EB/OL]. (2014-12-07) [2021-08-31]. https://news.qq.com/a/20141207/001386.htm.

中开拓属于自己的一片天地①。

显然，"引进来"是为了帮助我国企业更好地"走出去"，而"走出去"是为了满足日益增长的国际商品需求，同时让世界各国看到我国不断优化的营商环境，以此吸引更多优质企业进来，两者相辅相成。在坚持引进来和走出去更好结合，合理有效引进外资的同时，应不断培育我国企业的核心竞争优势，让我国民营企业扛起外贸大旗，成为拉动我国外贸的主力军；不断优化贸易主体结构，以市场为导向，发挥我国企业在对外贸易中的主体作用，加快从贸易大国向贸易强国的转变，实现贸易高质量发展，推动形成全面开放的新格局。

### 2. 关于货物贸易产品的论述

过去 40 多年来，我国货物贸易发展迅猛，已经成为世界名副其实的第一大制造大国，但是仍存在很多问题，比如出口产品质量、档次还有待提升，科技含量等附加值也有待增加。十九大报告提出要加强创新能力开放合作，拓展对外贸易，推进贸易强国建设，首要任务就是要加快货物贸易产品转型升级，由过去粗制滥造、跟风模仿的来料加工逐步向自主创新和自主研发转变，通过加快推进贸易转型升级基地和跨境电子商务营销平台建设，促进高、精、尖品牌产品快速出口，同时严格限制高污染、高排放的加工贸易生产，促使其转型升级，最终实现从"重数量"向"重质量"转变。

党的十八大以来，习近平总书记多次对中国制造转型升级、产品创新做出重要论述。2014 年，习近平总书记在一家企业考察时指出，要加大投入装备制造业力度，依靠科技力量突破瓶颈，才能实现中国制造的转变②。2020 年 9 月，习近平总书记在长沙考察调研时，在得知当地一家企业已经拥有两百多项自主研发的产品时，他给予了高度的赞扬和肯定："创新是

① 习近平. 在十八届中央政治局第十九次集体学习时的讲话[N]. 人民日报，2014-12-07（01）.

② 习近平. 习近平在河南考察时强调 深化改革发挥优势创新思路统筹兼顾确保经济持续健康发展社会和谐稳定[N]. 人民日报，2014-05-11（01）.

企业经营最重要的品质，必须牢牢抓住关键核心技术。"①同年 10 月 12 日下午，习近平总书记在广东潮州三环(集团)股份有限公司考察了解企业特色产品和核心技术攻关等情况时指出："我们现在遇到了一个百年未有之大变局，这种情况下我们要走自力更生的道路，就是自主创新的自力更生。领会党中央这样一个战略意图，在这样的一个大战略中，找好选准自己的定位，为我们国家的富强，为我们国家的现代化，作出我们各自的贡献。"②

从历史客观发展规律角度看，当经济社会发展到一定阶段，人类生活水平达到一定高度，民众对高品质生活需求增强，此时一国发展的重心务必要转移到高品质产品的供给上。要让世界彻底丢掉"只能批量生产他国商品"的中国制造印象，就要赋予中国制造全新含义，要把优质、精品、创新等关键词深深地烙在以品质为先的中国制造铭牌之上。

### 3. 关于贸易结构的论述

经过改革开放 40 多年的发展和积累，我国货物贸易蓬勃发展。2013年我国货物贸易总额一举超越美国，坐稳世界制造业第一把交椅。相比而言，我国服务贸易发展严重滞后，贸易结构严重不平衡。根据海关数据，货物贸易目前占据绝对主导地位(2019 年占我国贸易总额的85%)，而服务贸易占比严重偏低(仅占 15%)，贸易发展结构严重不平衡。对此，习近平总书记多次在重要国际场合公开声明，中国将主动扩大进口，促进对外贸易平衡发展。2018 年，他在海南省博鳌亚洲论坛上提出："真诚希望扩大进口，促进经常项目收支平衡。"③对此，他提出了相应扩大进口举措，如通过大幅度降低进口产品关税如汽车、机械设备等扩大进口，以此快速地

---

① 习近平. 创新是企业经营最重要的品质[EB/OL]. (2020-09-18)[2021-08-31]. https://baijiahao.baidu.com/s？id=1678132546300167360&wfr=spider&for=pc.

② 习近平. 走好自主创新的自力更生之路[EB/OL]. (2020-10-13)[2021-08-31]. https://baijiahao.baidu.com/s？id=1680400132587166412&wfr=spider&for=pc.

③ 习近平. 开放共创繁荣　创新引领未来——在博鳌亚洲论坛 2018 年年会开幕式上的主旨演讲[M]. 北京：人民出版社，2018：12.

满足我国巨大的内部市场需求，特别是人民对高品质、高质量方面逐渐激增的高消费需求。同时还向发达国家呼吁放宽一些高科技产品的出口门槛，减少针对我国的非关税措施，消除更多的贸易壁垒。2019 年在第二届中国国际进口博览会上，他同样就扩大进口提出相应的举措，如反复强调进口贸易的重要性，不断减少贸易交易流程，降低关税及贸易交易制度性成本，打造进口贸易示范区，扩大进口覆盖国别和产品种类，促进更多优质产品和服务入华。

　　进入新阶段后，"扩大进口"已经成为中共中央在对外贸易中实施的一项重大战略。在 2012 年的中央经济工作会议上，中央就已提出"积极增加进口"，文件明确指出："更加重视进口，适当扩大进口规模，促进对外贸易基本平衡，实现对外贸易可持续发展。"①此后，国务院 2014 年出台了《加强进口的若干意见》的政策，其中提出"实施进口战略，加强技术、产品和服务进口，助力国内市场供给，满足国内市场需求，提高产品质量，推进贸易结构转型升级，促进国际收支平衡，提升开放合作水平"②。2018年，我国正式举办第一届中国国际进口博览会，既是扩大进口战略实施的具体行动，也向世界展示了我国主动开放和主动进口的决心。之后，十九大报告再次明确指出要"大幅度放宽市场准入，扩大服务业对外开放"③。2018 年 7 月，商务部出台"扩大进口促进对外贸易平衡发展"的政策，再次强调了主动扩大进口的重要性——它是提升货物产品，满足人民群众生活需要，促进贸易平衡发展的关键④。一系列政策遵循着经济发展的规律，

　　① 国务院. 国务院关于加强进口促进对外贸易平衡发展的指导意见［EB/OL］. （2012-04-30）［2021-08-25］. http://www.gov.cn/gongbao/content/2012/content_2131969. htm.

　　② 国务院. 国务院关于加强进口的若干意见［EB/OL］. （2014-10-23）［2021-09-16］. http://www.gov.cn/zhengce/content/2014-11/06/content_9183.htm.

　　③ 习近平. 决胜全面建成小康社会　夺取新时代中国特色社会主义伟大胜利——在中国共产党第十九次全国代表大会上的报告［N］. 人民日报, 2017-10-28（001）.

　　④ 商务部. 关于扩大进口促进对外贸易平衡发展的意见［EB/OL］. （2018-07-02）［2021-09-18］. http://www.gov.cn/zhengce/content/2018-07/09/content_5304986.htm.

随着人们对产品多样性、产品质量、品质的需求变化而不断调整，扩大进口已经从"适当扩大进口"转变为"主动扩大进口"。2020年10月29日，党的十九届五中全会公报指出："要推动贸易和投资自由化便利化，推进贸易创新发展"①，并由此通过了《关于推进对外贸易创新发展的实施意见》，强调要让货物贸易和服务贸易齐头并进。货物贸易不仅要重视出口，也要重视进口，特别是对我国目前还无法实现量产的高新技术设备零件以及满足我国人民生活消费的高档消费品等的进口；对于当前相对滞后的服务贸易，需要加大开放力度，鼓励创新，以此提高其国际竞争力。未来，除了极少数对我国经济安全有重大影响的产业之外，更多的制造产业将得到极大的开放，难点主要在于合作股比、投资金额、经营范围等一系列进出口政策的调整。除此之外，大力推进服务贸易的开放和发展，循序渐进地引入金融、养老、财务、电子商贸等服务业，减少各环节制度性成本，降低准入门槛；鼓励并扶持创意设计、软件开发、旅游等服务业大规模出口，并且通过国际进口博览会等开放型合作平台打造"中国服务"国家品牌，努力实现贸易高质量发展，促进我国对外贸易进出口平衡发展。

## 4. 关于贸易对象的论述

贸易对象(市场)多元化一直是我国对外贸易发展的一项长期战略。进入新阶段，世界格局发生深度调整，原来"一超多强"的格局被新兴市场国家迅猛发展所打破，其经济增长空间和市场潜力巨大，对世界经济增长贡献了近80%，占全球经济比重也将近40%。近年来，新兴市场国家对我国贸易增长贡献巨大，进出口占我国贸易额比重从2009年的51.7%上升到2018年的57.7%，提高了6个百分点。十九大报告提出要"推动形成全面开放新格局"②，意在从广度和深度进行全方位的开放，其中，扩大范围首

① 十九届五中全会会议公报[EB/OL].[2020-10-29](2022-03-19).https://baijiahao.baidu.com/s? id=1681878650959407819&wfr=spider&for=pc.
② 习近平.决胜全面建成小康社会夺取新时代中国特色社会主义伟大胜利——在中国共产党第十九次全国代表大会上的报告[N].人民日报，2017-10-28(01).

当其冲地成为全面开放的重点。一直以来，发达国家是我国主要的经贸伙伴，巩固与它们的经贸合作关系能有效稳定我国外贸发展的基本盘。与此同时，在当前世界经济格局大变革大调整时期，增加与广大发展中国家的国际互动，建立良好的经贸合作尤为必要，此举不仅能为我国外贸发展和全球低迷衰退的经济发展带来全新动力，也能有效分散并降低我国的外贸风险。

同时，报告还强调，"要以'一带一路'建设为重点"，使其成为与新兴市场(国家)经贸合作的新平台。根据商务部数据，自2013年"一带一路"倡议提出以来，我国与沿线国家的贸易合作激增，为我国外贸开拓了新市场，创造了新需求，成为我国外贸发展新的增长点。2013—2018年短短五年，沿线国家的贸易总额占我国进出口总额的比重从25%提升至27.4%。由此，更加明确了贸易对象(市场)多元化成为我国对外贸易的发展方向。2019年，商务部为推进贸易市场多元化，扩大与新兴市场的贸易规模，提出四大举措：一是加快推进自贸区建设；二是加强与各国的经贸合作机制，为外资外企创造良好的营商环境；三是及时发布他国贸易投资相关信息，积极帮助我国企业"走出去"；四是鼓励贸易新业态新模式发展①。

由此，推进贸易对象多元化成为新时代我国对外贸易的发展方向。在与传统发达国家保持经贸关系的同时，我们应不断扩大与发展中国家的贸易合作，增加与各国的经济联系，最终实现我国贸易市场多元化的目标。

## 5. 培育贸易新业态新模式

当前，我国经济发展进入新常态，劳动力成本攀升，资源能源短缺问题凸显，传统贸易竞争优势逐步下降，对外贸易可持续发展受到挑战。对此，习近平总书记基于马克思国际服务贸易理论提出要培育贸易新业态新模式，它是新时代转变对外贸易政策促进经济新增长的理论突破口。他曾

---

① 商务部. 四大举措推进我国贸易市场多元化[EB/OL]. [2019-12-17] (2020-09-16). http://chinawto.mofcom.gov.cn/article/e/r/201912/20191202922748.shtml.

在进口博览会开幕式上指出："中国将推动跨境电商等新业态新模式加快发展，培育外贸新动能。"①此外，他在 2020 年中国国际服务贸易交易会全球服务贸易峰会上不仅再次重申"中国将拓展特色服务出口基地，发展服务贸易新业态新模式"②，"中国愿同各国一道……加快数字化国际合作……积极促进数字、共享经济等蓬勃发展"③，而且还肯定了跨境电商等新业态新模式为促进世界经济贸易回稳向好所做出的努力。他指出："疫情全球大流行期间，远程医疗……跨境电商等服务广泛应用，对促进各国经济稳定、推动国际抗疫合作发挥了重要作用。"④此外，十九大报告也强调要"培育贸易新业态新模式，推进贸易强国建设"⑤。外贸新业态是外贸增长的新动力，也是未来全球贸易发展的重要趋势。因此，坚持鼓励创新，不断完善贸易监管制度，出台相关扶持政策，支持跨境电商、市场采购等业态发展壮大，为外贸增长提供新动能成为时代必需。

为此，国务院常务会议推动实施了一系列举措，如扩大跨境电商综合试验区试点范围、推动海外仓建设和离岸贸易等，以此加快外贸转型升级。近年来，中国外贸新业态新模式发展迅速，跨境电商就是其中发展最为亮眼的。数据显示，2020 年我国跨境电商进出口额(1.69 万亿元)实现新的突破，较上一年增长了 31.1%⑥。当前，跨境电商等新业态新模式已经形成了一定的产业集群和交易规模，扩张规模和速度都呈现出两位数的

---

① 习近平. 在第三届中国国际进口博览会开幕式上的主旨演讲[M]. 北京：人民出版社，2020：7-8.

② 习近平. 2020 年中国国际服务贸易交易会全球服务贸易峰会上的致辞[N]. 人民日报，2020-09-05(02).

③ 习近平. 2020 年中国国际服务贸易交易会全球服务贸易峰会上的致辞[N]. 人民日报，2020-09-05(02).

④ 习近平. 2020 年中国国际服务贸易交易会全球服务贸易峰会上的致辞[N]. 人民日报，2020-09-05(02).

⑤ 习近平. 决胜全面建成小康社会夺取新时代中国特色社会主义伟大胜利——在中国共产党第十九次全国代表大会上的报告[N]. 人民日报，2017-10-28(01).

⑥ 罗珊珊. 2020 年我国跨境电商进出口额同比增长超三成[EB/OL]. (2021-07-13)[2022-03-20]. http://www.gov.cn/zhengce/2021/07/13/content_5624482.htm.

增长，占外贸的比重也不断攀升。为了加快跨境电商发展，国务院还将出台更多帮扶措施，如扩大跨境电商综合试验区试点范围、提升退换货效率、出台知识产权保护手册等。

海外仓是支撑跨境电商发展的新型外贸基础设施，是跨境电商发展过程中必不可少的重要环节。国务院常务会议为提高海外仓数字化智能化水平，提出要鼓励传统外贸企业、跨境电商和物流企业等参与海外仓建设，推动国内品牌拓展海外市场①，这样不仅能快速吸引更多贸易企业参与到海外仓建设中，又能强化企业对新技术的应用。

此外，市场采购贸易作为一种专业化的快速批量交易外贸新模式，贸易规模持续增长，2020 年已经突破 7000 亿元的规模②。国务院常务会议为此提出要积极发展市场采购的贸易方式，稳步推进市场采购贸易方式试点，提升集货能力和品牌影响力，进一步挖掘贸易潜力等要求。同时，为促进外贸综合服务企业发展，商务部联合多部门开展了综合服务企业试点，共同探索适应企业发展的管理模式，比如提升退税工作效率，提供保税维修服务，支持发展离岸贸易等。

当前，一些中小微企业正在通过跨境电商平台，努力打造拥有知识产权的自有品牌，尝试走向海外，开拓国际市场。新业态已成为我国促进外贸供给侧结构性改革、培育竞争新优势的重要推手，也是深入推进"一带一路"合作、提升开放型经济水平的重要渠道。

## 二、习近平关于国际贸易的重要论述对马克思主义国际贸易理论发展的贡献

习近平总书记关于国际贸易的重要论述作为习近平新时代中国特色社

---

① 国务院办公厅. 关于加快发展外贸新业态新模式的意见［EB/OL］.（2021-07-02）［2022-03-20］. http://www.gov.cn/zhengce/content/2021/07/09/content_5623826.htm.

② 罗珊珊. 2020 年我国跨境电商进出口额同比增长超三成［EB/OL］.（2021-07-13）［2022-03-20］. http://www.gov.cn/zhengce/2021-07/13/content_5624482.htm.

会主义思想的重要组成部分，是习近平新时代中国特色社会主义思想这个"元"体系在国际贸易领域这个"分"体系中的具体表达。习近平总书记关于国际贸易的重要论述为加快新时代中国外贸发展、全面提升中国对外开放水平、实现中华民族伟大复兴"中国梦"指明了新的方向。该论述的理论源于马克思主义国际贸易理论，并在此基础上进一步丰富并发展了马克思主义国际贸易理论，形成了中国特色社会主义理论体系国际贸易内容，开辟了马克思主义国际贸易理论新境界。此外，该论述从国际视野出发，从中国与外部世界（与全球各国）的联系、互动及交往中去探讨人类共同面临的生存难题，在克服当下全球贸易发展缺陷的同时，为世界贸易发展和实践提出了许多新思想、新观点和新论断，为不断发展新时代马克思主义国际贸易理论，为构建人类命运共同体贡献了中国智慧和中国方案。

习近平总书记关于国际贸易的重要论述是在经典作家国际贸易理论的指导下，在继承新中国成立以来历代中国共产党领导人关于国际贸易重要论述以及中华优秀传统文化的基础上形成的，习近平总书记关于国际贸易的重要论述不仅开辟了新时代马克思主义国际贸易理论新境界，也丰富并发展了中国特色社会主义理论体系中的国际贸易内容。

## （一）开辟马克思主义国际贸易理论新境界

马克思主义基本原理是指导我国新时代发展实践的理论基石，也是中国共产党提出和制定一切政策和主张的重要依据。新中国成立以来，中国共产党坚持马克思主义立场和观点，运用马克思主义政治经济学的方法论，及时总结、更新、探索、发展，不断地通过各种试错推动理论创新，在国际贸易领域的多个重大问题上都做出了很多具有中国特色的新理论、新论断。进入新时代以来，习近平总书记更是多次强调运用马克思主义政治经济学研究的重要性，并指出要运用马克思主义政治经济学的理论方法，加深理解我国经济发展的客观规律，才能提高解决现实问题的能力和水平，准确回答我国经济发展的理论和实践问题。反过来，新时代发展的各种实践课题也同样成为理论创新的驱动源泉。习近平总书记在《正确认识和把握中长期经济社会发展重大问题》中曾指出："新时代改革开放和社会主义现代化建设的丰富实践是理论和政策研究的'富矿'。"①以习近平同志为主要代表的中国共产党人研判国际形势，立足中国国情，与时俱进，就国际贸易领域问题发表了许多重要论述，开辟出马克思主义国际贸易理论新境界。

习近平总书记关于新时代国际贸易论述的理论渊源来自马克思主义经典作家的相关理论和思想。马克思和恩格斯国际贸易理论体系中，其国际价值理论、国际分工理论、国际贸易政策理论以及世界市场理论等都揭露出资本天生追逐利润并无法抑制自身无限扩张冲动的本质。按照资本自身发展的趋势和逻辑，当一国国内市场需求开始疲软，经济增长空间变得狭小，无法满足资本扩张需求，转而变成阻碍其发展的不利因素时，资本将会不择手段地破坏它，冲破一国界限进入世界市场，大肆开展对弱国和殖民国的掠夺、剥削和倾销，从而将这些国家纳入它的发展逻辑体系中。马克思恩格斯透过现象看本质，指出资本主义的产生和发展使对外贸易和世界市场隶属于自身并成为其存在的必要条件，促使其达到巨大规模。此时，世界市场的扩张与资本主义主导下的国际分工"暗合"，使得人类社会从孤立封闭走向开放自由联合的过程"不可逆"。基于此，习近平总书记根据新时代的现实情况做出了创新性论断，他在多个重要公开场合提到"经济全球化是社会生产力发展的客观要求和科技进步的必然结果"②，它是"不可逆转的历史大势"③，就是"其发展是不依人的意志为转移的"④，它促成了贸易、投资、技术和劳动力的快速流动，为世界经贸发展提供强劲

---

① 习近平. 在经济社会领域专家座谈会上的讲话[M]. 北京：人民出版社，2020：12.

② 习近平. 让多边主义的火炬照亮人类前行之路——在世界经济论坛"达沃斯议程"对话会上的特别致辞[M]. 北京：人民出版社，2021：9-10.

③ 习近平. 共建创新包容的开放型世界经济——在首届中国国际进口博览会开幕式上的主旨演讲[M]. 北京：人民出版社，2018：3.

④ 习近平. 共建创新包容的开放型世界经济——在首届中国国际进口博览会开幕式上的主旨演讲[M]. 北京：人民出版社，2018：3.

动力。在马克思主义经典作家国际贸易理论和思想的指导下，自改革开放以来，我国对外贸易发展已经达到了一个相当的规模，国民经济发展和国际经济的相互依存度日益加深，在这重要的历史转型期，新时代的对外贸易将迈向新的阶段——坚持扩大对外开放、提高对外开放水平、加快形成全面对外开放新格局，同时全面构建开放型经济新体制，不断推进贸易强国建设，力争在新时期实现由"贸易大国"到"贸易强国"的转型升级，积极、健康地融入全球经济环境。

马克思主义之所以能够历经170多年的历史发展而"长盛不衰"的真正关键在于它与时俱进的理论品质，这也成为坚持一切从实际出发，理论联系实际，不断在实践中检验和发展的根本。此外，马克思主义是一个开放的理论体系，作为唯物史观、政治经济学和科学社会主义的有机统一，它内在的历史和逻辑的统一，决定了它的开放性和发展的连续性。这种理论本身蕴含的开放性决定了马克思主义能够随着时代的发展而发展，从而实现在不同历史时期的连续性，不断地向前发展。

党的十八大以来，国际国内局势纷繁复杂，面对经济全球化遭遇波折，贸易保护主义、单边主义抬头的世界形势，面对我国经济发展进入新常态以来机遇风险挑战增多、社会主要矛盾发生巨大转变的国内形势，习近平总书记创造性地继承并发展了马克思主义国际贸易理论，在马克思主义政治经济学的方法论指导下，习近平总书记研判国际国内形势变化，始终坚信历史大势不可逆转，经济全球化是历史发展的必然结果，坚信扩大开放是实现我国高质量发展、实现国家繁荣富强的必由之路。在认识到当前复杂的国际国内贸易发展态势后，他顺应新趋势，坚持推动外贸高质量发展，不断推进贸易强国建设，在新时代条件下不断丰富和发展经典作家马克思、恩格斯和列宁以及十八大以前的中国共产党领导人关于国际贸易的重要论述。习近平总书记为不断形成并完善我国全面对外开放新格局，构建开放型经济新体制，发起"一带一路"倡议，期望与沿线国家优势互补，共商共建共享发展机遇和成果；提出"构建人类命运共同体"理念，期望将人类合作共赢、互惠互利、平等相待、互商互谅、包容互鉴、和衷共济的中国优秀传统思想传递到全世界，为促进世界和平与发展、全球治理贡献中国智慧和中国方案，同时也为我国经贸更好地融入全球价值链提供重要的理论支撑。

习近平总书记关于新时代国际贸易的重要论述是在马克思主义国际贸易理论的指导下形成的，是立足于当今世界和中国对外贸易发展新形势而产生的，是基于新时代我国贸易发展中的各种实践经验总结提炼后提出的，为马克思主义国际贸易理论在新时代的发展开辟了新的路径。

## (二) 丰富了中国特色社会主义理论体系国际贸易内容

习近平新时代中国特色社会主义思想内容丰富，是指导新时代社会主义建设的科学理论体系，与毛泽东思想、邓小平理论、"三个代表"重要思想和科学发展观既一脉相承又与时俱进，共同构成了中国特色社会主义理论体系的重要内容，其中习近平新时代国际贸易论述是其中关于新时代中国特色社会主义对外贸易政策和发展的一系列重要理论成果。

进入新时代，伴随习近平总书记关于新时代国际贸易论述内容的不断丰富，中国特色社会主义理论体系的内容也得到不断的丰富和发展，中国共产党的对外贸易实践也在不断向前发展。1978年，党的十一届三中全会召开预示着我国对外贸易事业开启了新的征程。在新的历史背景条件下，邓小平提出在坚决贯彻毛泽东倡导的自力更生基础上实行全方位的对外经贸发展，并做出了和平与发展是当今世界两大主题这一科学论断，成为我国制定各项对外经济政策，积极参与世界分工，发展对外经贸关系的重要理论基石。全方位的对外经贸主张实行包括向发达国家、苏东国家和第三世界国家的全方位开放，包括"经济特区—沿海开放城市—沿海经济开放区—沿江和内陆开放城市—沿边开放城市"的多层次开放，和包括对外贸易、引进外资、引进先进技术和先进技术人才等宽领域的全面有序的对外开放。在此期间，对外贸易是我国经济开放的基本形式，也是对外开放的重要内容。邓小平做出了要增加出口创汇、出口产品要以质取胜，以及实现对外市场多元化等精辟论述。最终，一个全方位、多层次、宽领域的对外开放格局初步形成。随后，江泽民进一步将这一开放格局确立为我国对外开放新格局，并在地域、领域和渠道上不断扩大开放。为了不断缩小我国中西部地区与沿海地区的经济收入水平差距，他提出了"西部大开发"战略以完善对外开放格局。在对外贸易方面，他提出要更多更好地利用国外资金、资源、技术和管理经验，并以上海浦东新区为龙头带动长江三角洲地区的经济发展，实现新的飞跃。在利用外资上，各部门协调联动充分发挥政策灵活性，变通投资方式，为外商投资经营提供更方便的条件、更完善的法律保障。胡锦涛在邓小平和江泽民的"平等互利"对外开放战略上进一步提出了"互利共赢"对外开放战略，并主张构建"和谐世界"，同时提出要在科学发展观的指导下，科学利用好国内外两个市场和两种资源，使内外结合起来以有利于我国经济转型升级，用外部资源倒逼促进解决内部各种发展不平衡不充分问题。在此理论指导下，他实施了具体的外贸举措如"以优化进出口商品结构为重点，加快转变外贸增长方式"，"以扩大能源资源和技术合作为重点，继续实施'走出去'战略"等。这些思想的提出和具体实践不断丰富着党的对外贸易理论，推进着党的对外开放事业，完善着中国特色社会主义理论体系建设。

进入新时代以来，经济全球化正加速演变，新形势下国际贸易呈现出新特征新趋势，时代和实践也进一步要求新的国际贸易理论创新，习近平总书记站在历史和时代发展的潮头，研判国际国内局势，立足新时代国际贸易的基本特征，基于当前我国对外贸易发展需要，明确了新时代我国贸易发展的奋斗目标、基本原则和战略构想。就国内而言，他提出全面提高对外开放水平，建设更高水平开放型经济新体制，推动形成全面开放新格局；就国际而言，主张推动新型经济全球化、建立合理公正的国际秩序，积极参与全球治理，提出坚持互利共赢合作的开放战略，构建人类命运共同体，发起"一带一路"倡议，在与周边邻国的交往合作中遵循"亲诚惠容"理念，共享惠果，在不断提升我国国际地位和公信力的同时，肩负大国使命，为天下之难题而走在前列，为世界发展贡献"中国智慧"和"中国方案"。进一步地，他对我国对外贸易发展提出了经贸强国"三步走"战略，同时不断培育贸易新业态，推进贸易强国建设。此外，通过持续"瘦身"外资准入负面清单，自主降低关税水平，打破贸易壁垒，大幅削减贸易交易制度性成本，举办中国国际进口博览会，大力推进区域性经贸谈判，持续改善营商环境等措施，不断加快我国开放市场的步伐，这些对外贸易新思想、新举措、新办法增补了中国特色社会主义国际贸易理论体系内容。

习近平新时代关于国际贸易的重要论述内涵丰富、意蕴深远，作为中国特色社会主义理论体系的重要组成部分，充分回答了社会主义国家为什么要发展对外贸易、如何发展对外贸易的问题。因此，习近平新时代关于国际贸易的重要论述极大地丰富和发展了中国特色社会主义理论体系的国际贸易内容。

## （三）克服西方资本主义国际贸易理论缺陷

当前，国际国内形势发生着深刻变化，世界经济复苏增长乏力，贫富差距不断扩大，国际政治安全隐患不断，地区暴力、科技冷战和集团对抗冲突加剧。西方治理失败破坏了世界对"华盛顿共识"的信心，全球治理和多边主义受到美国单边主义及世界范围内民粹主义和保护主义的多重挑战，一些大国纷纷背弃国际承诺，主张逆全球化，先后退出世贸组织等国际组织，此时，国际形势的不稳定性日益增加，世界亟待寻求一种更公平、更公正、更有代表性的全球治理模式。

习近平新时代关于国际贸易的重要论述秉承人类命运共同体理念，摒弃了传统冷战思维、零和博弈的旧观念，摆脱意识形态偏见，将其作为新时代国际贸易追求的价值目标；坚定维护多边贸易体制，不搞歧视性、排他性规则体系，也不构筑各种经济贸易高墙；坚持国家不分大小、强弱、贫富，所有国家都是国际社会中的一分子，应相互尊重，平等相待，真诚互助；各国的事情应由各国内部人民自己做主决定，国际上的事情应由各国之间平等沟通协商。这不仅克服了西方国际贸易理论发展中遵从的丛林法则、"美国优先"的单边主义等贸易理论缺陷，也为缩小发达国家和发展中国家的发展鸿沟，促进全球构建公正合理的国际经济秩序、规则和合作机制，增加发展中国家参与全球治理等提供了机会。

习近平新时代关于国际贸易的重要论述在克服当下全球贸易发展缺陷的同时，为世界贸易发展和实践提出了很多新思想、新观点和新论断，为不断发展新时代马克思主义国际贸易理论，为构建人类命运共同体贡献了中国智慧和中国方案。

# 第四章　马克思主义国际贸易理论在新时代最新发展的实践成效

## 一、新时代我国对外贸易政策的变化

2012 年后，在世界经济增长总体放缓和主要经济体呈现不同走势的情况下，中国经济高速增长近 20 年的辉煌态势也走向尾声，经济发展步入"新常态"。国内生产能力过剩，资源供给不足，国际贸易保护主义风行，全球市场竞争日渐白热化，为了适应新常态、把握新常态、引领新常态，我国对外贸易政策以"稳增长、调结构、促平衡"为重点，以促进外贸高质量可持续发展为主基调，贸易政策不断调整变化。

### (一) 加快转变外贸发展方式，培育外贸竞争新优势

"十二五"时期作为我国进入新时期的第一个五年规划，是我国从强调贸易体量的"贸易大国"转变为强调贸易质量效益的"贸易强国"的决胜时期，也是对外贸易发展方式全面实现转变的重要战略机遇期。该时期对外贸易的稳步发展为之后"十三五"和"十四五"时期的贸易发展筑牢了根基。2011—2015 年，在坚持改革开放基本国策不动摇的前提下，我国的外贸发展是以邓小平理论和"三个代表"重要思想为指导，以科学发展观为主要线路，循序渐进分阶段地实现贸易发展平衡和互利共赢，在此基础上，以加快转变外贸发展方式为主线，以进一步优化进出口结构、完善空间布局、增强国际实力为发展目标，不断培育外贸竞争新优势，以此不断促进贸易

收入与支出动态平衡，实现贸易健康可持续发展。

2012年4月26日，商务部下发了《对外贸易发展"十二五"规划》①，明确了我国对外贸易发展的6大主要任务和8项保障措施，进一步明确为17项细则：优化贸易结构（出口产业和产品的构成、主体结构、贸易方式结构）；实现收支相抵，合理空间布局（国内市场布局和全球市场布局），搭建贸易基础平台、加强国际网络营销推广宣传、积极实施贸易"走出去"战略等。与此同时，要完善对外贸易管理体制改革、对外金融税收改革、对外财务政策改革，提高应对贸易摩擦能力，加强双边及多国之间的经济和贸易合作，提高贸易便利化水平，大力培养贸易人才等。

此外，为了推动我国服务贸易的快速发展，商务部提出了"大服务"的发展理念，通过充分利用内外两个市场和资源，重点培育服务新业态、新模式，以期能在这些领域取得突破性成果。为此，选取30个服务目标领域②，以此带动我国服务产业和外贸的整体融合发展。同时，对发展我国服务贸易提出了五个发展目标和七个战略任务。其中，五个发展目标为：一是稳步扩大服务贸易规模；二是持续优化服务贸易结构；三是加大提高对外开放力度；四是不断增强国际实力；五是协调统一服务外贸。七个战略任务为：一是继续推进主要产业的出口。二是继续扩大服务贸易的外部市场。三是加快服务型企业"走出去"的速度。四是快速发展一批已具有相当国际竞争实力的服务型企业，如运输、建筑、旅游等，此外，培育并扶持一些增长空间巨大的服务型企业，如艺术、通信、财务、金融等，以此

①　商务部. 对外贸易发展"十二五"规划［EB/OL］.（2012-04-26）［2020-08-25］. http://www.mofcom.gov.cn/aarticle/b/e/201204/20120408091457.html.

②　它们分别为旅游服务、信息技术服务、技术贸易、对外劳务合作和承包工程、建筑服务、海洋运输服务、航空运输服务、铁路运输服务、公路运输服务、货运代理服务、医疗和生物医药服务、教育服务、会计服务、文化艺术服务、广播影视服务、新闻出版服务、保险服务、证券期货服务、银行和其他金融服务、电信服务、邮政和快递服务、环境及节能服务、律师服务、租赁服务、广告服务、会展服务、分销服务、住宿餐饮服务、体育服务、国际人才交流与合作服务等30个领域. http://www.gov.cn/gzdt/2011-11/28/content_2005320.htm.

分阶段地打造一批具有自主知识产权的国际性知名品牌的大型服务商贸公司。五是促进服务贸易领域的独立性和创新性。六是促进服务贸易的区域协调发展，从东部发达地区、中西部内陆地区等的特点和优势出发，围绕该区域的龙头产业重点培育，以此引领区域发展，为进一步促进全国服务贸易协调发展做出贡献。七是加快建设战略性新兴服务产业的相关配套设施。相应地，为保障完成战略任务和达成发展目标，还提出了完善监管体系，构建促进体系协调融合发展的环境，提供资助政策，提升知识产权意识等八项保障措施。2015 年 1 月 28 日，为进一步适应经济新常态，实现服务贸易快速健康发展，《关于加快发展服务贸易的若干意见》出台，该文件明确了服务贸易发展的基本原则和发展目标，同时将重点工作任务安排给发改委、财政部等相关部门。

在《对外贸易发展"十二五"规划》的指导下，该时期我国践行了多项对外贸易发展伟大新实践：（1）从 2012 年起，开始举办中国（北京）国际服务贸易交易会，它将作为全球第一个国家级、世界性的服务贸易交易基础平台，成为各国、各地区实现通常性服务贸易的交易平台枢纽；（2）2012 年 11 月 20 日，为促进东亚各国加速整合并推进区域经济一体化，我国与东盟十国、日、韩、印、澳、新西兰的领导人，一起签署《启动〈区域全面经济伙伴关系协定〉（RCEP）谈判的联合声明》①，正式拉开自贸区建设序幕；（3）2013 年 9 月 18 日，国务院为改革体制架构和转变职能，不断创新管理方式，提升贸易投资便利化，在此过程中积累经验并出台了《中国（上海）自由贸易试验区总体方案》；（4）2013 年 9 月，赢得世界普遍赞誉的"一带一路"倡议（The Belt and Road，B&R）正式提出，接着成立亚投行、丝路基金，举办"一带一路"国际高峰论坛，以此不断增强国际合作，助力外贸发展；（5）2013 年 11 月，为深入加强中欧双边合作，中欧全面投资协定（简称 CAI）谈判正式启动；（6）2015 年 9 月 17 日，我国正式出台《中

① 商务部新闻办公室. 区域全面经济伙伴关系协定谈判进程正式启动［EB/OL］.（2012-11-21）［2021-08-25］. http://fta.mofcom.gov.cn/article/ftanews/201211/11207_1.html.

共中央国务院关于构建开放型经济新体制的若干意见》①，对如何建设开放型经济新体制、外商投资管理体系创新、促进商品企业出海、优化国内贸易区域布局、扩大国际合作、保障金融系统安全、优化营商环境等提出了具体要求；(7)2015年4月8日，国务院出台了继上海后的第二批《中国(广东、天津、福建)自由贸易试验区总体方案》《进一步深化上海自由贸易试验区改革开放方案》等政策②。2015年12月6日，加快实施自贸区战略的政策出台③，自此自贸区试点工作全面铺开。

该阶段为构建开放型经济新体制，形成全面对外开放新格局奠定了重要的基础，为后续政策和具体实践的推行作了充足的准备。

## (二) 推进供给侧结构性改革，实施优进优出战略

"十三五"规划时期，国际金融危机带来的潜在影响进一步展现，世界经济依然萎靡不振，国际贸易有效需求不足，国内要素成本大幅攀升，贸易保护主义愈演愈烈，国际贸易摩擦进入高发期(特别是我国与美国之间的贸易摩擦)，外贸形势发展的不确定性因素增多，给全世界贸易发展带来巨大的挑战。面对波谲云诡的国际环境和国内传统优势面临持续减弱等多重挑战，党中央《国民经济和社会发展第十三个五年规划纲要》(简称《规划纲要》)提出了要以"一带一路"建设为统领，丰富对外开放内涵，提高对外开放水平……构建全面开放新格局。商务部为指导各级外贸主管部门的外贸工作，出台了《对外贸易发展"十三五"规划》④。该文件明确了该时期外贸发展的指导思想、基本理念以及主要目标等内容。指导思想是以马列主义、毛泽东思想、邓小平理论、"三个代表"重要思想、科学发展观为指

---

① 国务院. 中共中央国务院关于构建开放型经济新体制的若干意见[EB/OL]. (2015-09-17) [2021-08-25]. http://www.gov.cn/xinwen/2015/09/17/content_2934172.htm.

② 《自由贸易区外商投资准入特别管理措施(负面清单)》(2015年版本)和《自由贸易区外商投资国家安全审查试行办法》政策也在该时期出台。

③ 政策名为：《加快实施自由贸易区战略的若干意见》。

④ 商务部. 对外贸易发展"十三五"规划[EB/OL]. (2016-12-26) [2020-08-25]. http://www.mofcom.gov.cn/article/h/redht/201701/20170102498080.shtml.

导,同时全面贯彻习近平总书记的新发展理念,践行贸易实践。主要目标是积极探索发展贸易新业态,培育具有高附加值的核心竞争优势,促进加工贸易转型升级,构建贸易发展新格局。

在《对外贸易发展"十三五"规划》指导下,该时期我国推行了多项对外贸易发展伟大新实践。

## 1. 全面铺开自由贸易试验区试点工作

为加快实施自由贸易区战略,加快构建开放型经济新体制,我国自由贸易试验区试点工作全面铺开。自 2016 年起,我国政府要求每年集中复制、推广一批自贸区试点经验并推广全国借鉴学习。2016 年 11 月 2 日,通过前期第一、二批上海、广东、福建和天津四个省市自贸区试点运行,积累了其中试点的最佳实践案例的成功经验,国务院出台了《关于做好自由贸易试验区新一批改革试点经验复制推广工作的通知》,通过先试先行,创建了一批可复制、可推广的经验,以供全国各地学习借鉴。2017 年 3 月 15 日,国务院出台了第三批自由贸易试验区试点方案,其中包括陕西、重庆等 7 个省份,并发布了《全面深化中国(上海)自由贸易试验区改革开放方案的通知》和《自由贸易试验区外商投资准入特别管理措施(负面清单)》(2017 年版)。2018 年 5 月 3 日,《做好自由贸易试验区第四批改革试点经验复制推广工作的通知》文件出台,要求进一步深化前两批省份试点的改革方法。同年 9 月 24 日,海南成为自由贸易试验区的试点方案获得正式批复。接着,2019 年的上海临港新片区,山东、江苏、广西、河北等 6 个省(市区)和 2020 年的北京、湖南、安徽以及浙江等 4 个省(市)作为新的自贸试验区的文件相继出台。截至 2021 年 9 月,从 2013 年上海作为第一个自贸试验区成立以来,自贸试验区数量已经扩大到 21 个,以体制创新为重点,以可参照推广为基本要求,成为全面深化改革和扩大开放的优秀示范,探索改革开放新途径的试点作用日益凸显。此外,在推动服务贸易发展方面,国务院也出台了一系列相关政策,从 2016 年要求在天津、上海等 15 个省市(区域)开展服务贸易创新发展试点,到 2018 年在上述省市(区域)扩大试点范围(17个),再到2020年将范围扩大到了全国28个省、市(区域)①,为全面深入创新服务贸易发展体系,实现服务贸易高质量发展,让其成为稳贸易稳外资的强力支柱,促进外贸完成转型升级的重要使命提供了政策支持。至此,外贸新发展格局初步形成。

## 2. 推进各种区域协定签署

为了打破美国以及西方国家对我国实行的贸易封锁和政治打压,我国一直在积极推进各种区域间合作谈判。2020年11月15日,我国和东盟十国、日、韩、澳、新共15个亚太经济体正式签署了跨越八年谈判时间的《区域全面经济伙伴关系协定》(Regional Comprehensive Economic Partnership, RCEP),整合并拓展了15国多个自由贸易协定,让亚太区域经济一体化实现了质的飞跃。同年12月30日,同样经历了长达七年跨越时间,协商超过35轮的《中欧全面投资协定》(CAI)也完成了正式签署,这一协定再次巩固了我国与中欧之间的合作,拓展了中欧之间在其他更多领域的合作可能性,与RCEP同样成为我国进一步布局全球,构建新型国际政治和经济格局的又一次新的历史事件。截至2022年3月1日,我国已签署了19份自贸协定,涉及26个国家和地区。

## 3. 推进"一带一路"贸易畅通

自2013年"一带一路"倡议被正式提出以来,许多国家和国际组织都给予了高度关注并积极参与其中,参与国家数量也逐年上升,截至2021年1月30日,共有205份合作协议签署,其中包含171个国家。"一带一路"倡议遵循人类命运共同体理念,从人类共同的利益价值出发,向超越国界、种族、民族、地域的人类提供制度性的公共产品,这一倡议旨在畅通

---

① 分别为北京、天津、上海、重庆(涪陵区等21个市辖区)、海南、大连、厦门、青岛、深圳、石家庄、长春、哈尔滨、南京、苏州、杭州、合肥、济南、威海、武汉、广州、成都、贵阳、昆明、西安、乌鲁木齐和河北雄安新区、贵州贵安新区、陕西西咸新区等28个省、市(区域)。

各国之间的交流，不仅考虑了硬件基础设施的建设，如修建铁路、航空，建设各种能源合作项目以及共同实施各种通信"高速公路"项目等，还考虑了软性沟通方面的畅通建设，如进行各种商贸合作，跨境电商、投融资金融合作、国际联合培养、出入境旅行、医疗服务以及工农业等各产业的合作等，从各国的真正发展需要和资源要素出发，在此基础上，平等合作，让倡议惠果真正飞入沿线的百姓家中。

### 4. 深化知识产权国际合作

近年来，中国不断加强知识产权保护等法律法规方面的国际合作，以此共同提升网络侵权识别能力，增强打击力度，由此签署了多个双边、多边合作协议。比如出台《中欧地理标志保护与合作协定》，与法国签署农业食品知识产权保护双边合作协议。此外，《北京视听表演条约》也在多方努力下立法生效。

此外，在加强与国际相关协会合作以此共同推动知识产权保护合作的同时，中国还加大了打击互联网侵权假冒和商标侵权假冒的联合执法力度。例如，我国继续参与"盘古"行动打击网络假药、参与"净鹰"行动打击网络侵权犯罪，以及参与"健康女神"特别行动打击侵权和假冒犯罪等。

中国知识产权保护制度的建立，给技术进步和各种创新活动撑起了保护伞。2019年，我国发明专利申请量约140万件，实用新型专利226.8万件，外观设计专利71万件。高附加值的专利发明，其审查期限缩短至17.3个月。截至2019年底，中国发明专利申请量连续11年居世界首位。发明专利267.1万件，其中，中国大陆拥有186.2万件。中国知识产权制度的建立和完善极大地激发了科技创新的转化，促进了国家高新技术产业园的建设和蓬勃发展，为科研成果转化为生产力架起了桥梁，提供了保障，促进了产业技术进步和国民经济可持续发展。同时国家研发投入不断增加，科研创新环境不断改善，极大地促进了科学技术的快速发展。

此外，完善的知识产权保护法律法规也保护了在华跨国企业的经济利益。目前，世界顶级的大型跨国企业都与中国开展了多种形式的经济合作，如设立子公司、合资企业、研发机构等。许多企业在中国市场取得了高额利润，有的甚至占其全部利润比重中的最大份额，这与中国对知识产权保护的重视是分不开的。

据统计，2019年，中国为使用知识产权支付费用超过了340亿美元，为外国权利人创造了巨额收入。在2018年和2019年，涉外企业案件在中国法院知识产权十大案件中占据"一席之地"。此外，世界银行《2020年营商环境报告》也表明，近年来中国实行了各种强有力的保护措施帮助扶持中小企业，以此不断提高营商环境水平，目前已连续两年成为世界营商环境变化最大的十大国家之一①。

此外，中国知识产权保护体系的建立和国际合作的加强，为中国企业"走向世界"、提供法律保护创造了机遇。中国是2011年世界发明专利申请量最多的国家，2019年国际专利申请量超过美国。世界知识产权组织（WIPO）宣布，在2019年世界知识产权组织《专利合作条约》框架内，中国已超越美国成为国际专利申请量最多的国家。过去20年，该组织从中国收到的专利申请数量从1999年的276件增加到2019年的58990件，增长了200多倍。此外，2019年马德里商标国际注册总数中，中国大陆申请量位居马德里联盟第三。截至2019年底，累计有效注册量达到3.8万件。此外，中国也是世界外商直接投资的主要来源地。根据CCG《2020年中国企业全球化报告》，中国企业在全球FDI（外国直接投资）流量中的占比连续三年超过10%，FDI存量全球第三。据此，并购（尤其是高新技术产业并购）成为中国企业海外投资的首选方式，因为中国企业通过跨境并购可以在较短的时间内进入目标市场，获得目标公司的无形资产、技术、管理、商标等重要资源，从而成为境外投资的一种主要方式。

## 5. 开办中国国际进口博览会

自2018年首届国际进口博览会开办以来，参展商和成交额逐年攀升。

---

① 世界银行. 2020年营商环境报告[R]. 华盛顿：世界银行，2020.

习近平总书记曾在开幕式上强调要持续办下去，而且越办越好。新冠疫情期间，第三届中国国际进口博览会依然"马不停蹄"，而且呈现出了比之前更大规模、更多经济体参与的线上线下联动的国际经贸盛大展会，这次活动共有 124 个国家（地区）企业参加，参展面积约 36 万平方米，包含 73 项首发项目的 411 项新产品、新技术以及新服务一一亮相，累计销售额较上年提高 2.1%，达 7262 千万美元。在六大展区中，汽车展区汇聚了全球 7 大汽车企业，500 强及行业龙头企业占据了 90%以上的展示面积。医疗器械及保健领域的新产品、新技术最多，有 120 项以上。2021 年 3 月 12 日，第四届国际进口博览会不仅有欧莱雅（L'Oreal）、雀巢（Nestle）、现代（Hyundai）、大众（Volkswagen）、微软（Microsoft）、美世（Mercer）、汇丰（HSBC）等 500 家知名跨国企业参展，还有嘉吉（Cargill）、贝克休斯（Baker Hughes）、乐高（Lego）、阿斯利康（AstraZeneca）、欧力士（ORIX）等 160 家参展龙头企业。参展企业跨越七大洲、四大洋，分别来自美、日、德、法、意等多个国家或地区，涉及服务贸易、汽车、设备、消费品、医疗、食品等多个行业，这些公司都在展会上展示了它们的最新产品和技术①。

下一阶段，中方将继续利用中国国际进口博览会这个平台，将中国市场打造成全球市场，为国际社会注入更多活跃能量。习近平总书记在 2021年 2 月 9 日的中国—中东欧领导人会晤会上表示，未来 5 年，中国计划将从中东欧国家进口超过 1700 亿美元，并且愿积极利用各种平台和协会扩大进口中东欧国家的商品②。同时还表示，中方会充分利用中国国际服务贸易博览会、中国国际进口博览会等平台，促进政策和经验交流，形成政府、国际组织、企业组织和企业之间的各种伙伴关系，支持建立和形成全

---

① 中国国际进口博览局. 第四届进博会第一批 160 家参展商名单正式公布［EB/OL］.（2021-03-12）［2021-08-26］. https://www.ciie.org/zbh/bqgffb/20210312/27214.html.

② 习近平. 凝心聚力继往开来，携手共谱合作新篇章——在中国-中东欧国家领导人峰会上的主旨讲话［N］. 光明日报，2021-02-10（02）.

球服务贸易联盟，让世界人民共享更多惠果①。

## 6. 优化营商环境

优化营商环境是实现深入扩大开放、发展高质量经贸、打造高层次开放型经济的必然要求，也是达到外商投资预期，增强国际实力的坚实基础。自党的十八大以来，我国做了很多行之有效的措施优化营商环境。首先是以政府简政放权为重点，实行"放管服"改革；其次是松绑减轻企业压力，实行"营改增"，加大对中小微企业税收优惠幅度，减少企业物流成本，解决企业融资难、融资贵以及简化外资进入中国开办企业注册程序和优化税收等政策。这一系列的深化"放管服"改革、激活国内市场动能、降低制度性费用成本的政策接连出台，不仅为我国宏观经济持续平稳发展提供有力支撑，为百姓提供便利，也增强了外商投资中国的信心。

2019年4月1日，我国政府实施增值税改革，同年5月提出降低社保缴费比例，还对中小企业实行了一系列的优惠政策，如降低一般商业用电价格，加快建设审批、专利审查、商标注册、企业开户速度等。由此，2019年上半年，全国减税降费共计1.17万亿元②。

为了让世界看见中国对外开放，坚定奉行自由贸易的决心，国务院先后实施了一系列贸易便利化措施。2019年1月2日，国家外汇管理局在上海和浙江省等开展贸易外汇便利化试点，让审慎合规的银行协助诚信企业处理贸易账务，实施更加便利的措施。6月27日，海关总署会同多个部门联合印发了《关于加快提升通关便利化水平的通知》③，提出全面网上申报、网上办理以及精简证件和随附单证，取消报关证明联等措施。其中，"单一窗口"是改善口岸营商环境、加快通关速度的关键措施。比如在杭州

① 习近平. 在2020年中国国际服务贸易交易会全球服务贸易峰会上的致辞[N]. 人民日报，2020-09-05(02).

② 顾阳. 增强活力：持续改善营商环境[N]. 经济日报，2019-08-11(01).

③ 海关总署. 优化口岸营商环境 加快提升通关便利化水平[EB/OL]. (2019-07-03)[2021-08-27]. http://www.customs.gov.cn/customs/xwfb34/302425/2531239/index.html.

海关，舟山口岸成为首个"单一窗口"进出境船舶无纸化口岸，通关速度实现质的飞跃——取消各种出入境检验手续资料70余项后，船舶停靠口岸通关手续办理时间从16小时下降至2小时①。同年7月30日，《外商投资准入特别管理措施（负面清单）（2019年版）》《自由贸易试验区外商投资准入特别管理措施（负面清单）（2019年版）》和《鼓励外商投资产业目录（2019年版）》②正式发布并实施。同年8月31日海关总署开启"两步申报"通关试点。2019年10月22日，《优化营商环境条例》③出台，并于2020年1月1日起正式实施。该政策着眼于中国外贸企业重点关注的问题，通过过去多年的试点经验，对症下药实施改革，同时参照国际标准将这一系列的改革措施形成相应的政策规定，一方面明确了优化营商环境的原则和方向，保护了市场主体，改善了营商环境，另一方面提升了政府治理水平，强化规范执法，从制度层面为优化营商环境提供更有力的保证和支持。2020年1月1日，《外商投资法》④正式出台，受到海外广泛关注。

近年来，中国逐渐成为外国企业集团投资经营商业的沃土，改革成效显著。2019年世界银行发布的《全球营商环境报告2020》⑤显示，中国营商环境全球排名从去年的第46位一度跃升为第31位，跻身世界前四十，连续两年成为提升幅度最大的国家之一。其中，北京和上海作为世界银行评价的两个样本城市，纷纷首创推出了多项可行性高且具有影响力的改革举措，其中一些举措远远超出了全球营商环境评估报告的范围，如"证照分离"改革、加强知识产权保护、放宽外资行业准入限制，以及推行公平竞

---

① 世界银行.2020年营商环境报告（190个国家）［R］.华盛顿：世界银行，2020.

② 安蓓，王雨萧.推动各领域全方位扩大对外开放——国家发改委有关负责人回应2019年版外资准入负面清单、鼓励外商投资产业目录热点问题［EB/OL］.（2019-06-30）［2021-08-25］.https://baijiahao.baidu.com/s？id＝1637760897673602780&wfr＝spider&for＝pc.

③ 国务院.优化营商环境条例［EB/OL］.（2019-10-22）［2021-08-27］.http://www.gov.cn/zhengce/content/2019-10/23/content_5443963.htm.

④ 国务院.中华人民共和国外商投资法［EB/OL］.（2019-12-26）［2021-08-27］.http://www.gov.cn/zhengce/content/2019-12/31/content_5465449.htm.

⑤ 世界银行.2020年营商环境报告（190个国家）［R］.华盛顿：世界银行，2020.

争规则等一系列政策①。其中，北京两年共有 88 项改革措施被世界银行采纳和借鉴②，比如，企业率先实施"一站式审批"，企业可一次性领取营业执照、公章、发票等。在世行评价的十个一级指标中，北京就有五个指标③挤进全球前三十强，个别指标甚至进入前十。接下来，北京将进一步出台优化营商环境 3.0 版，争取完成 12 个改革任务中的两百多项具体措施。同样，上海依靠自贸区试点优势，先行推行了两轮营商环境的对标改革，比如实行"四个集中一次办成"政策，大幅降低审批时间，减少中间环节等。六年里，上海自贸区不断在投资、贸易和"证照分离"等方面积极探索创新，形成了三百多项可供复制、可推广的经验。在这次评价中，上海的五个指标也进入了全球前三十强，营商环境取得了巨大改善和进步。由此，海内外各界普遍认为，中国营商环境的显著改善与激发经济发展的内生动力息息相关，中国必将成为吸引未来跨国企业集团投资最有诱惑力的国家。

### 7. 推进贸易科技、制度、业态创新发展

2020 年 10 月，国务院出台了推进对外贸易创新发展的政策④，围绕构建新发展格局，提出"五个优化""三项建设"和培育外贸新动能等九大支持外贸发展新抓手。这一系列新措施的出台不仅巩固了外贸发展的根基，也为我国参与国际竞争，站上更高的国际舞台打造了新的竞争点。其中，主要内容聚焦在对经营主体、要素投入、商品结构、运营方式、服务模式、服务渠道、平台建设、营销体系、新业态培育等方面的创新发展转型升级上。

其中，"优化国际市场布局"和"优化国内区域布局"两项举措备受关

---

① 曾金华. 我国营商环境国际竞争力持续增强[N]. 经济日报，2019-10-26(05).

② 贺勇，谢卫群，曲哲涵. 全球排名屡创新高，多项指标实现跃升，我国营商环境持续优化[N]. 人民日报，2019-10-27(04).

③ 即新建企业、获得电力、登记财产、保护中小投资者、执行合同五个指标。

④ 国务院. 国务院办公厅关于推进对外贸易创新发展的实施意见[EB/OL].
(2020-10-25)[2021-08-28]. http://www.gov.cn/zhengce/content/2020-11/09/content_5559659.htm.

注，这也呼应了中国着力构建的"双循环"新发展格局。习近平总书记在第三届国际进博会开幕式的主旨演讲中也明确提出"促进外贸创新发展"这一扩大开放举措，并亮出了"挖掘外贸增长潜力""推动跨境电商等新业态新模式加快发展""压缩《中国禁止进口限制进口技术目录》"等支持外贸创新的具体措施。此外，中国还将发掘并培育一批有潜力和国际市场竞争力的跨国企业，不断提高民营企业在整个外贸主体结构中的占比。同时，优化货物贸易结构，夯实一般贸易基础，改进加工贸易，重视其他贸易方式，不断创新发展贸易模式。

## 8. 积极商签更多高标准自由贸易协定和区域贸易协定

一直以来，中国都坚定维护以世界贸易组织为核心的多边贸易体制，坚决反对单边主义和保护主义，主张构建开放透明、互利共赢的区域自由贸易体系。一切符合世贸组织原则，呼吁开放、包容、透明，促进世界经济全球化和区域经济一体化，打造人类命运共同体的贸易区域化协定的主张都将得到中国的全力支持和拥护。

全面与进步跨太平洋伙伴关系协定（CPTPP）覆盖接近 5 亿人口，参与国 GDP 总和占全球的 13%，其中包括日本、加拿大、澳大利亚、智利、新西兰、新加坡、文莱、马来西亚、越南、墨西哥和秘鲁等 11 个国家，于 2018 年 12 月 30 日正式签署生效。

2020 年 11 月 20 日，习近平总书记以视频方式出席亚太经合组织（APEC）领导人非正式会议，提出"中方将积极考虑加入全面与进步跨太平洋伙伴关系协定"[1]。尽管加入 CPTPP 的谈判过程不会一帆风顺，但是一旦中国加入，CPTPP 的体量将从目前的占比（13%）提高到 30% 以上，极大地增强 CPTPP 的覆盖面和影响力。从某种程度上来说，中国加入 CPTPP 这样的高水平国际经贸自由化安排，不仅能扩大中国出口市场空间，进一

---

[1] 王卓伦. 首次！习主席说中国将积极考虑加入这个协定［EB/OL］.（2020-11-22）［2021-08-28］. http://www.xinhuanet.com/politics/2020-11/22/c_1126772494.htm? baike.

步优化对外贸易和投资布局，也能极大地促进中国构建新发展格局，实现经济长期可持续发展的目标。中方在积累了 RCEP 八年谈判以及与欧盟 27 个成员国达成中欧投资协定的经验后，也将继续积极推进 CPTPP 谈判。

此外，中日韩自由贸易协定和中国-海合会自由贸易协定也在谈判进程中，以此不断优化国际经贸交易环境。

## (三) 推动贸易高质量发展，服务构建新发展格局

"十四五"时期是实现贸易高质量发展，开启全面建设社会主义现代化国家的关键时期。这一时期，国际力量对比深度调整，国际形势复杂多变，大国博弈更趋激烈，不确定性因素明显增加，逆全球化浪潮愈演愈烈，贸易保护主义、单边主义抬头，国际经贸摩擦更加频繁。此时，坚持外贸稳中求进，以深化供给侧结构性改革为主线，通过改革创新推动贸易高质量发展，更好服务构建"双循环"新发展格局，成为该时期的工作重点。

对此，党中央出台"十四五"规划政策，提出要立足国内市场，促进内外需求、进出口、投(引)资协调发展，加快培育国际竞争新优势①。

为了更好地指导各级外贸主管部门开展外贸经营活动，商务部于 2021 年 7 月 8 日印发《"十四五"商务发展规划》(以下简称《规划》)，确定了这一时期的贸易发展目标，即分别在国内市场、对外开放、全球治理、风险防范方面取得巨大进展②。其中，关于对外贸易发展，《规划》从优化贸易结构、培育贸易新动能、创新服务贸易、推动自贸区(港)高质量发展、深化"一带一路"经贸合作等方面提出了一系列重要任务和新抓手。该文件明确了该时期我国外贸发展的指导思想、基本原则和主要目标。该时期是坚持以习近平新时代中国特色社会主义思想为指导，坚定贯彻新发展理念，

①　中华人民共和国国民经济和社会发展第十四个五年规划和 2035 年远景目标纲要[N]. 人民日报, 2021-03-13(001).

②　商务部. "十四五"商务发展规划[EB/OL]. [2021-06-30](2021-09-16). http://www.mofcom.gov.cn/article/guihua/202107/20210703174101.shtml.

坚持深化改革开放，以深化供给侧结构性改革为主线，实现深化改革和扩大开放互促共进，持续壮大贸易发展。其中，《规划》指出到 2035 年我国的贸易发展目标为：贸易综合实力增强，投（引）资规模保持国际领先水平，加快数字贸易和绿色贸易发展，提升中国制造国际影响力，"一带一路"工作和自贸区建设取得新进展，双、多边国际合作日益增多，国际话语权不断提升。

为了对标上述贸易目标，《规划》进一步提出了具体的预期性参考指标，即 2025 年我国货物贸易进出口要达到 5.1 万亿美元，较 2020 年提升 2%；外贸新业态进出口占比也要从 2020 年的 7% 提升至 2025 年的 10%；知识密集型服务进出口额要达到 4330 亿美元，较 2020 年实现 8% 的增长；国际服务外包执行额要达到增长快于服务出口的局面；与自贸伙伴的货物进出口占比要从 2020 年的 27.3% 上升至 36%。此外，《规划》不仅提出了主要任务，还相应地制定了完成这些任务的重点举措：（1）创新发展对外贸易；（2）创新发展服务贸易；（3）推动自贸区（港）高质量发展；（4）深化"一带一路"经贸合作；（5）积极参与全球经济治理。

通过这些贸易发展目标和具体实施举措的制定，以内、外市场为重点，加快建设和完善贸易高质量发展体制机制，扩大进口，促进贸易平衡发展，同时积极参与全球治理等各种国际规则制定，促进高水平对外开放，以此更好地服务构建"双循环"新发展格局正在形成，为全面建设社会主义现代化国家做出新的贡献。

## 二、新时代我国贸易发展的实践成效

### （一）新时代我国贸易发展取得的成就

1. 制造能力进一步凸显，稳居货物贸易第一大国地位

自 2012 年以来，中国对外贸易发展进入新阶段。2013 年，我国商品

贸易进出口总额创下历史新高(达 4 万亿美元),一举跃过美国成为全球第
一货物贸易国。至今,全球位次虽有小幅波动,但位次均居于世界前两位
(2016 年进出口贸易居于第二名,其余均位列第一),意味着我国不再只是
过去的贸易弱国、小国,而是成为当之无愧的商品贸易大国,且地位得到
进一步巩固。

2012—2020 年,我国货物进出口总额从 2012 年的 3.87 万亿美元快速
攀升至 2020 年 4.65 万亿美元(图 4-1),年均增速 3.2%,高于同期世界货
物贸易年均增速(2.7%),高于同期美国(2.6%)、欧盟(2.1%)、东盟
(3.1%)、日本(1%)的外贸年均增速,也高于同期世界 GDP 年均增速
(2.7%)。其中,出口从 2.05 万亿美元(2012 年)增长到 2.59 万亿美元
(2020 年),年均增长 3.4%;同期进口从 1.82 万亿美元增长到 2.06 万亿
美元,年均增长 1.73%。

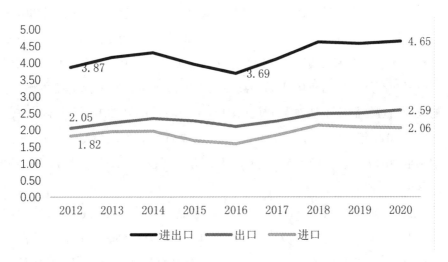

图 4-1　2012—2020 年中国货物进出口统计(亿美元)

数据来源:中国海关。

2020 年新冠疫情席卷全球,面对经济下行压力加大的国内外形势和疫
情扩散的严重威胁,中国迅速调整,通过快速有效的疫情防控举措,有条

不紊、循序渐进地推动各行各业逐步复工复产，其中，汽车、消费品、时尚/奢侈品、工业品/机械、医疗、能源等行业的恢复速度均遥遥领先于世界平均复苏速度，同时，在满足我国国内医疗防疫物资的同时也能生产并出口大量物资给世界其他各国，为全球疫情防护提供了有力的保障。海关总署统计数据显示，2020 年 3—12 月，全国海关一共验放 4385 亿元价值的出口疫情防控物资，其中，出口 2.24 千亿个口罩（约 3400 亿元人民币），约等于为全球其他各国人民每人提供 40 个口罩；防护服 23.1 亿件；防护镜 2.89 亿件；手套 29.2 亿双①，体现了我国超强的迅速反应能力和制造生产能力，外贸发展具有强悍的韧性和发展空间。2020 年，我国经济实现正向增长，与全球各国经济纷纷下滑形成鲜明对比，再一次印证了我国作为世界第一制造大国的称号。

### 2. 进出口商品结构持续优化，高附加值出口商品持续增加

改革开放 40 多年来，我国外贸结构发生了巨大变化，实现了以初级产品为主导向以工业制成品为主导的转变。20 世纪 80 年代，我国出口商品结构实现了由资源性初级产品向轻纺类工业制成品的转变，到 90 年代实现了由轻纺产品为主向机电产品和高新技术产品等工业制成品为主的转变。初级产品贸易额比重从改革开放前的 50% 左右下降到 2010 年的 17.33%，随后于 2011 年（19.4%）开始回升；工业制成品的比重也从原来的不足一半增长至 2010 年的 82.7%（2002 年曾达到历史高位 87.47%），2011 年小幅回落至 80.6%。

2012 年以来，工业制成品仍然是我国新时期最主要的进出口贸易产品，占进出口贸易总额八成以上（居于 81%~85.4% 之间），初级产品占比小于 20%（居于 14.6%~19% 之间）。出口产品贸易结构中，工业制成品约占 95%，初级产品占剩余的 5%；进口产品贸易结构中，工业制成品约占

---

① 海关总署. 去年出口超 2 千亿只口罩，相当于国外每人近 40 个［EB/OL］.（2021-01-14）［2021-09-02］. https://baijiahao. baidu. com/s? id = 1688837692889856299&wfr=spider&for=pc.

68%，初级产品约占 32%。新时期以来，工业制成品出口由 2012 年的 95.1%小幅提升至 2015 年的 95.4%，之后小幅回落至 2019 年的 94.6%，进口由 2012 年的 65.1%逐步提升至 2016 年的 72.2%后，又下降至 2019 年的 64.9%（1993 年该值曾达到历史高位 86.33%）。初级产品出口占比稳定在 4.6%～5.4%之间，其间同样经历了小幅下降，由 2012 年的 4.9%下降至 2015 年的 4.6%后，又再次回升至 2019 年的 5.4%；其进口占比（27.8%～35.1%）高于出口占比，同期同样经历了小幅跌落（2015 年为 27.8%）后再次回升至 2019 年的 35.1%。在工业制成品中，机械及运输设备出口额依然排在我国第一位，占工业制成品半壁江山（居于 49.4%～50.5%之间）；其次是各类原料，占 17%～18%；化学品及有关产品排在第三位，占 6%～7%；剩余的则为杂项制品。

从技术、资本、劳动密集分类角度来看，在出口商品中，资本、技术较密集的机电产品作为出口主力（图 4-2），约占出口总额的六成，且连续

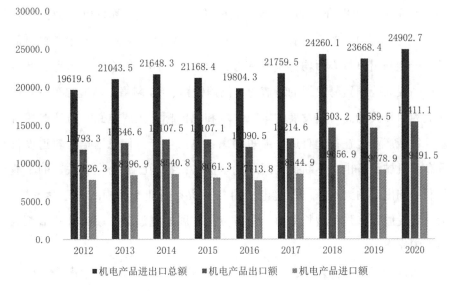

图 4-2　2012—2020 年我国机电产品进、出口额变化（亿美元）

数据来源：中国海关。

12年依然位居世界机电产品出口榜首。2012—2020年，虽然机电产品出口占比变化浮动不大（居于56%~59.5%之间），但是出口额却节节攀升并不断刷新历史纪录，从2012年的1.18万亿美元（57.6%）不断增长至2020年的1.54万亿美元（59.5%），其中2019年，出口额首次突破10万亿元人民币大关（10.06万亿元，58.4%）。在机电产品中，高新技术产品占据半壁江山，2012—2019年占比稳定在49.9%~51.1%之间。此外，同样作为出口主力的劳动密集型产品约占进出口外贸总额的20%（居于19%~20.9%之间），出口额仍逐年提高。2012年，服装、纺织品、鞋类等七大类劳动密集型产品出口仅有4.18千亿美元（20.4%），到2020年，出口额已增长至5.17千亿美元（20.69%），其中得益于海外对口罩需求的激增，纺织品大类出口实现30.4%的增长，共计出口1.07万亿元人民币。

从贸易商品的技术含量来看，新时期高新技术产品进出口总额保持稳定在6000亿美元以上并呈逐年上升趋势（2016年有明显回落①），约占外贸总额的30%。2012—2019年，我国高新技术产品出口额从2012年的6012亿美元不断提升至2020年的7767亿美元，占外贸总出口额比重从29.3%上升到31.4%。目前，我国在手机、计算机、光伏等70余项机电商品的产能和出口量方面均排世界榜首，汽车、铁路、航空、卫星等高新技术产品成为我国贸易发展的新蓝海，高速铁路、5G网络、新能源车辆等产业成为引领我国高科技发展的旗帜领域和风向标，集成电路、机床等传统基础领域产业也在奋起直追、缩短距离，电力生产、信息通信、轨道设备等高端机械设备也在不断扩大国际竞争优势，我国已成为全球关键的工业品制造和出口的大本营。跨境电子商务等贸易新业态新模式正迅猛发展，为外贸发展带来强劲增长动力，使得贸易发展如虎添翼，成为外贸增长的最大闪光点。

从进口产品结构来看，工业制成品依然在我国进口产品中占据主要地

---

① 熊涓，孙祉祺. 我国高新技术产品进出口状况分析[J]. 对外经贸，2020，309（3）：39-41.

位，约占68%，初级产品占32%。新时期，初级产品经历了小幅波动，从2012年的34.9%下降至2016年的27.8%，后又回升至2019年的35.1%。同期，工业制成品比重则先上升后下降(图4-3)，从2012年的65.1%上升至2016年的72.2%(最高点)，后又下降至2019年的64.9%，其进口额则相反，先下降后上升，从2012年的11834.7亿美元缓慢增长至2014年的13122.9亿美元后，开始下滑，直到下降至2016年的11468.7亿美元后开始回升至2018年的14339.9亿美元，2019年再次经历下滑，小幅下降至13484.6亿美元。2015年和2016年，在我国贸易政策并未出现任何变化的情况下，工业制成品进口额和进口比重变化呈现相反趋势，究其原因在于全球大宗商品的价格下降明显，大宗商品的进口量增速放缓，进而导致整体工业制成品贸易进口量下滑明显，它从侧面一定程度上说明了全球经贸缓慢回暖，经济危机后整体的需求仍然疲软。此外，这两年工业制成品进口比重升高(为新时期最高的两位，分别达71.9%和72.2%)，且部分大宗商品进口量仍然保持增长(如2015年进口铁矿砂9.53亿吨，增长2.2%；原油3.34亿吨，增长8.8%)，说明在严峻的国际形势下，我国贸易价格

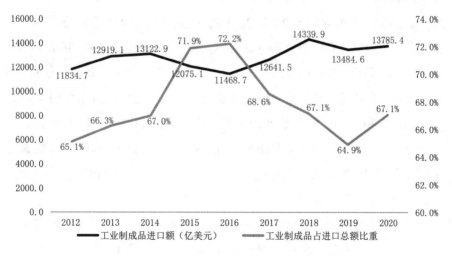

图4-3　2012—2020年工业制成品进口额及占比情况

数据来源：中国海关。

条件有所改观(2015 年我国进口价格整体下降 11.6%。其中, 铁矿砂、煤炭、成品油、铜等大宗商品的价格下降幅度较大, 同比跌幅分别约为 39%、22%、38%和 17%), 同时也说明了工业制成品依然受到我国进口贸易的重视, 且仍在持续加大支持进口该品类, 以期不断满足我国人民多样化的需求。在进口的工业制成品中, 各类产品进口比重在该阶段都较为均衡稳定。2019 年, 机械及运输设备类、化学品及有关产品、原料制成品以及其他杂项制品的进口占比分别为 58.3%、16.2%、10.4%和 10.7%, 其中资金、技术密集型的机电产品进口占比从 2012 年开始逐年稳步提升, 从 27.9%提升至 2019 年的 30.7%, 其中高新技术产品的进口占比也呈上升趋势, 同期从 65%提升至目前的 70.2%。

### 3. 民营企业成为外贸第一大主体且活力持续增强

从我国对外贸易的企业性质结构变化来看(表 4-1), 新时代以来民营企业逐渐替代外资企业, 在外贸发展中崭露头角, 成为我国外贸发展的主力军。2012—2020 年, 国有企业和外资企业贸易比重不断下降, 民营企业贸易比重不断上升。国有企业出口、进口比重分别从 2012 年的 12.5%和 27.3%下降至 2020 年的 8.0%和 22.3%, 分别下降了 4.5 个百分点和 5 个百分点, 均居第三位; 外资企业的出口、进口比重分别从 2012 年的 49.9%和 47.9%下降至 2020 年的 36.0%和 42.1%, 下降了 13.9 个百分点和 5.8 个百分点, 分居第二位和第一位; 民营企业出口、进口比重则分别从 2012 年的 37.6%和 24.8%上升至 2020 年的 54.1%和 34.0%, 分别上升了 16.5 个百分点和 9.2 个百分点, 分居第一位和第二位。其中, 2015 年, 民营企业出口比重(45.2%)第一次超过外资企业(44.2%), 2019 出口比重首次占半壁江山(超过 50%)。

海关总署数据显示, 2020 年我国共有外贸企业 53.1 万家, 比去年多 6.2%。其中, 民营企业贡献进出口贸易额 14.98 万亿元, 较去年提高 11.1%, 占外贸总额的 46.6%, 比去年增加接近 4 个百分点, 充分说明民营企业已经成为外贸发展的主角, 在外贸经营中发挥着不可替代的作用,

表 4-1  2012—2020 年分企业性质进出口比重情况表

| 年份 | 进出口（%） | | | 出口（%） | | | 进口（%） | | |
|---|---|---|---|---|---|---|---|---|---|
| | 国有 | 外资 | 民营 | 国有 | 外资 | 民营 | 国有 | 外资 | 民营 |
| 2012 | 19.4 | 49.0 | 31.6 | 12.5 | 49.9 | 37.6 | 27.3 | 47.9 | 24.8 |
| 2013 | 18.0 | 46.1 | 35.9 | 11.3 | 47.3 | 41.5 | 25.6 | 44.9 | 29.6 |
| 2014 | 17.4 | 46.1 | 36.5 | 10.9 | 45.9 | 43.2 | 25.1 | 46.4 | 28.6 |
| 2015 | 15.1 | 46.0 | 38.9 | 10.6 | 44.2 | 45.2 | 21.2 | 48.5 | 30.4 |
| 2016 | 15.6 | 45.8 | 38.6 | 10.3 | 43.7 | 46.0 | 22.7 | 48.5 | 28.7 |
| 2017 | 16.3 | 44.8 | 38.9 | 10.2 | 43.2 | 46.6 | 23.8 | 46.8 | 29.4 |
| 2018 | 17.4 | 42.6 | 39.7 | 10.3 | 41.6 | 48.0 | 25.6 | 43.6 | 30.7 |
| 2019 | 16.9 | 39.9 | 43.3 | 9.4 | 38.7 | 51.9 | 25.8 | 41.3 | 32.8 |
| 2020 | 14.3 | 38.7 | 46.6 | 8.0 | 36.0 | 54.1 | 22.8 | 42.1 | 34.0 |

数据来源：中国海关。

成为稳定外贸发展大局的领军力量，其主体地位更加牢固，为持续激发和提升外贸市场主体活力增添动能。此外，外国投资集团贡献贸易额 12.44 万亿元人民币，占总额的 38.7%；国有企业贡献贸易额 4.61 万亿元，占比 14.3%[①]。

一直以来，外资企业在我国贸易出口中扮演主要角色（进出口占比均超过 50%），它的贡献大幅度地超过了国企和民企。1996 年至 2001 年，外资企业贡献了贸易出口总额增量部分的 64.3%，相比而言，国内的企业只占 35.7%；2002 年至 2007 年，外资企业的这一贡献占比继续上升，

[①]  海关总署. 2020 年民营企业进出口 14.98 万亿元 是第一大外贸主体［EB/OL］.（2021-01-14）［2021-09-03］. https://baijiahao. baidu. com/s？ id = 1688838360252620 182&wfr = spider&for = pc.

国内占比持续下滑，它们占贸易出口额的增量部分的比重分别为78.5%和21.5%①。但是，从2012年开始，这一局面被扭转，此时外资企业的贸易发展速度开始变慢，比重开始下降，与此同时，国内民企独树一帜，乘势而上，外贸表现十分抢眼，比重强劲上升，尤其在高附加值高科技产业方面开始崭露头角，蓬勃发展态势明显。当前，民营企业已成为我国研发高附加值高新技术的关键市场主体。2019年，按照市场主体分类，我国高科技企业中，民营企业占比49%（10.7万个），有限责任公司占比34%（7.5万个）②。2020年，在新冠疫情重创下，民营企业不畏艰难，逆水行舟，立足自身优势，充分整合产业链资源，随机应变调配人力物力，努力开辟全球新市场，最终发展成为我国贸易的首要主体。

总体来看，目前民营企业在出口中挑大梁，外资企业则在进口中扮演更重要的角色。

## 4. 贸易方式更加优化

从我国的对外贸易方式看（表4-2），进入新时代以来，一般贸易方式比重均超过50%，并呈逐年稳步攀升态势，是我国目前贸易发展的最主要贸易方式，而加工贸易方式则呈逐年下降趋势，成为第二大贸易方式。2012—2020年，一般贸易方式的出口、进口比重分别从2012年的48.2%和56.2%上升至2020年的59.4%和60.5%，分别上升了11.2个百分点和4.3个百分点，均居第一位；加工贸易方式的出口、进口比重分别从2012年的42.1%和26.5%下降至2020年的27.1%和19.6%，下降了15个百分点和6.9个百分点，均居第二位；近年来，相关产业逐步转移东南亚等国的速度越来越快，加工贸易的比重开始逐步下降，由此不再仅仅单一地依

①　李坤望. 改革开放三十年来中国对外贸易发展评述[J]. 经济社会体制比较，2008(4)：35-40.

②　郑晨. 2020年中国高新技术企业发展现状分析："十三五"期间企业数量高速增长[EB/OL]. (2021-01-27)[2021-09-03]. https://www.qianzhan.com/analyst/detail/220/210127-f3bff19f.html.

赖加工贸易这种方式，而是增加了更多的其他贸易方式。根据海关数据，2020年，加工贸易的贸易额（7.64万亿元）仅占我国贸易总额23.8%①，较去年下降3.9%；而一般贸易的贸易额（19.25万亿元）占近六成（59.9%），较去年提高了0.9个百分点，其中，出口10.65万亿元人民币，增长6.9%；进口8.6万亿元人民币，下降0.7%。

表4-2 2012年以来分贸易方式的进出口比重情况（%）

| 年份 | 进出口（%） | | | 出口（%） | | | 进口（%） | | |
|---|---|---|---|---|---|---|---|---|---|
| | 一般 | 加工 | 其他 | 一般 | 加工 | 其他 | 一般 | 加工 | 其他 |
| 2012 | 52.0 | 34.8 | 13.2 | 48.2 | 42.1 | 9.7 | 56.2 | 26.5 | 17.3 |
| 2013 | 52.8 | 32.6 | 14.5 | 49.2 | 39.0 | 11.8 | 56.9 | 25.5 | 17.6 |
| 2014 | 53.8 | 32.7 | 13.5 | 51.4 | 37.8 | 10.9 | 56.6 | 26.8 | 16.6 |
| 2015 | 54.0 | 31.5 | 14.5 | 53.4 | 35.1 | 11.5 | 54.9 | 26.6 | 18.6 |
| 2016 | 55.1 | 30.2 | 14.7 | 53.9 | 34.1 | 12.0 | 56.7 | 25.0 | 18.3 |
| 2017 | 56.4 | 29.0 | 14.7 | 54.3 | 33.5 | 12.1 | 58.8 | 23.4 | 17.8 |
| 2018 | 57.8 | 27.5 | 14.7 | 56.3 | 32.0 | 11.7 | 59.7 | 22.0 | 18.3 |
| 2019 | 59.0 | 25.2 | 15.8 | 57.8 | 29.4 | 12.8 | 60.5 | 20.1 | 19.4 |
| 2020 | 59.9 | 23.8 | 16.3 | 59.4 | 27.1 | 13.5 | 60.5 | 19.6 | 19.9 |

数据来源：中国海关。

改革开放初期，一般贸易是我国主要的贸易出口方式。随着对外开放不断深入以及大量外资涌入内地，加工贸易备受外资企业青睐，同样也成为助力我国贸易发展的主要贸易方式。20世纪90年代以来，加工贸易占比迅速攀升，在中国深入渗透全球经贸网络的过程中发挥了至关重要的作用。1991年至1994年，加工贸易（44.2%）超过一般贸易（41.0%），成为我国对外贸易的首要方式；1996年至1999年，其贸易比重保持在50%以

---

① 海关总署. 2020年进出口实绩企业53.1万家，增加6.2%［EB/OL］.（2021-01-14）［2021-09-05］. https://www.zhonghongwang.com/show-257-193659-1.html.

上。进入 21 世纪后，2000—2006 年比重保持在 48% 左右，之后开始下降；在 2008 年美国发生金融危机后，这一占比又下跌至 41.1%，此时一般贸易再次反超（占 48.2%）；到 2011 年，加工贸易比重降至 35.8%，其出口比重（44%）再次被一般贸易出口比重（48.3%）反超，退居第二大贸易方式。

为了更好地引导加工贸易转型升级，促进加工贸易健康持续发展，我国财政部联合多政府部门于 2006 年下发了《关于调整部分商品出口退税率和增补加工贸易禁止类商品目录的通知》①，其中对加工贸易中高耗能、高污染、低附加值类的产品做出了新的规定，同时也不干扰该贸易项目类别下机电产品的生产，由此，我国出口产品技术含量不断提升，将那些高耗能、高污染、低附加值的加工贸易产业逐步转移到其他国家，一般贸易逐步取代加工贸易，进而变成了当前我国最主要的贸易方式。2020 年一般贸易方式的进出口额、出口额和进口额占比分别为 59.9%、59.4% 和 60.5%。

## 5. 新兴市场开拓有力，贸易伙伴更趋多元

进入新时期以来，我国与主要贸易合作伙伴保持着良好的贸易往来，进出口贸易额虽此消彼长，但整体呈现上升趋势。2012—2020 年，我国与前三大贸易合作伙伴（欧盟、美国、东盟）的进出口贸易交易总额全部实现正增长，尤其与东盟的贸易合作增速最快，2019 年东盟正式替代美国成为我国第二大贸易伙伴，2020 年更是历史性地成为我国的第一大贸易伙伴，其贸易额从 2012 年的 4000.9 亿美元增长至 2020 年的 6845.9 亿美元，增幅达 71.1%，欧盟和美国则分别增长了 19.0% 和 21.1%。截至 2020 年，我国的前三大贸易合作伙伴分别为东盟、欧盟、美国，进出口贸易额分别为 6.85 千亿美元、6.50 千亿美元、5.87 千亿美元，三者总共占我国贸易总额的 41.34%。

与此同时，我国也不断积极开拓与新兴市场国家的经济贸易合作，在

---

① 财政部，商务部，等. 关于调整部分商品出口退税率和增补加工贸易禁止类商品目录的通知［EB/OL］.（2006-09-14）［2021-07-25］. http://www.gov.cn/govweb/zwgk/2006-10/13/content_412260.htm.

贸易伙伴多元化方面取得了积极进展。近年来，我国将目光瞄准了其他发展中国家等新兴市场，以此加深与这些新市场的贸易合作，这一占比也呈现大幅提升态势。2012—2020年，我国对拉丁美洲、非洲等新兴市场国家的出口实现了11%和34%的增长（分别从1352.1亿美元和853.1亿美元增长至1507.5亿美元和1142.2亿美元）。2018年美国肆意挑起贸易争端之际，我国逐步减少了与美国之间的贸易合作，与此同时，积极寻求其他非美市场。2019年，我国出口至新兴市场的贸易额较2018年提高11.8%，增速比整体出口速度高6.8个百分点，占外贸出口比重达49.2%，比2018年（46.2%）增加了3个百分点。

此外，2013年，"一带一路"倡议被提出之后得到多国呼应和赞许。截至目前，我国已先后与多国以及国际组织签署了两百多份合作文件。随着经济、文化的不断融合，贸易合作不断加深，与沿线国家的贸易潜力不断激发和释放，进出口额逐年攀升，有效地助力我国外贸发展。2020年，中国与签署合作国家的货物贸易进出口总额达1.35万亿美元，占中国货物贸易总额的29.1%，而2013年该比值仅为25.0%。

### 6. 外贸企业创新能力增强

新时期以来，为促进跨境电商、市场采购贸易、外贸综合服务等新兴贸易业态的快速发展，我国先后出台多项扶持政策，如设立扩展跨境电商试点区域，实行海关监管新规，出台贸易创新发展政策，签署各种区域合作协定等。当前，促进贸易新业态新模式发展已成为我国培育贸易竞争新优势、实现贸易高质量发展的核心内容和政策支持重点。随着外贸新业态的政策和经商环境的不断改善，经营主体活力不断释放，企业的贸易创新能力不断增强，各种新业态茁壮成长，不仅给我国深处内陆的中西部地区带来更多发展机遇，也给对外贸易注入了新的活力。

2015年3月，国务院批准设立中国（杭州）跨境电子商务综合试验区并将其作为我国第一个跨国电商综合试验区；2016年，批准天津、上海、重庆等 12 个城市（共 15 个）①设立跨境电商综合试验区；2019 年，批准北京、呼和浩特、沈阳等 22 个②城市成为第三批跨境电商综合试验区。2020年，商务部会同国家发展改革委、财政部等六部门为进一步扩大跨境电商试点城市，联合印发了《关于扩大跨境电子商务零售进口试点的通知》③，将石家庄、秦皇岛、廊坊等 50 个城市（地区）④和海南全岛规划为跨境电商零售进口试点范围，要求按照 2018 年印发的《商务部发展改革委财政部海关总署税务总局市场监管总局关于完善跨境电子商务零售进口监管有关工作的通知》（商财发〔2018〕486 号）要求，全力开展网购保税进口业务。海关跨境电商管理平台统计数据显示，2015—2019 年我国海关验放的跨境电商进出口总额从 360.2 亿元增长至 1862.1 亿元，年均增速达 50.8%。其中，2019 年跨境电商零售出口总额为 944 亿元，进口总额为 918.1 亿元，进出口增速为 38.3%（图 4-4）。

跨境电商作为最亮眼的贸易新业态，在疫情期间增速最快，全领域蓬勃发展，活力潜力不断释放，为稳定贸易发展大盘做出了巨大贡献。自2020 年以来，跨境电商作为新业态打破了时空阻隔，实现了飞速发展。作为新兴贸易业态，跨境电商在疫情期间进出口贸易额不降反升，增长潜力不断释放，成为稳外贸的重要力量。2020 年我国跨境电商进出口总额达

---

①　分别为上海、杭州、宁波、郑州、重庆、广州、深圳、福州、平潭、天津、合肥、成都、苏州、大连、青岛。

②　2019 年 1 月 1 日，新设的 22 个跨境电商综合试验区的城市分别是：北京、呼和浩特、沈阳、长春、哈尔滨、南京、南昌、武汉、长沙、南宁、海口、贵阳、昆明、西安、兰州、厦门、唐山、无锡、威海、珠海、东莞、义乌。

③　商务部，等. 关于扩大跨境电商零售进口试点的通知［EB/OL］.（2020-01-17）［2021-09-05］. http://www.gov.cn/zhengce/zhengceku/2020-01/19/content_5470578.htm.

④　依据通知，经国务院同意，将石家庄、秦皇岛、廊坊、太原、赤峰、抚顺、营口、珲春、牡丹江、黑河、徐州、南通、连云港、温州、绍兴、舟山、芜湖、安庆、泉州、九江、吉安、赣州、济南、烟台、潍坊、日照、临沂、洛阳、商丘、南阳、宜昌、襄阳、黄石、衡阳、岳阳、汕头、佛山、北海、钦州、崇左、泸州、遵义、安顺、德宏、红河、拉萨、西宁、海东、银川、乌鲁木齐等 50 个城市（地区）和海南全岛纳入跨境电商零售进口试点范围。

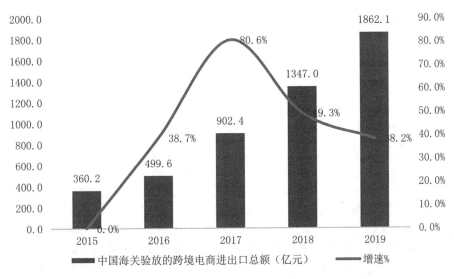

图 4-4　2015—2019 年中国海关验放的跨境电商进出口总额

数据来源：中国海关。

1.69 万亿元，同比增长了 31.1%。其中，出口额占 66.27%，进口额占 33.73%，其中出口同比增长率高达 40.10%。在这期间，一大批企业立足自身优势，充分调研国际市场需求，不断创新研发新产品，快速完成转型升级，形成了具有国际竞争实力的新优势。比如苏浙沪沿海以及粤港澳地区的一些高新技术企业，在疫情冲击实体经济造成线下市场推广受阻的情况下，迎难而上，积极自救，迅速将线下贸易方式转换调整为线上销售模式，特别是通过与海外的大型电子商务 B2C 平台集团合作(如 Amazon 和 Ebay)，同时基于自身一直对产品质量的高水平管理要求，得以在混乱的疫情冲击之下寻求解救之路，有的公司甚至获得海外一些 500 强集团的独家 OEM 授权，成为其在亚太地区的唯一代理生产公司，走上了全球化之路。这些公司通过跨境电商的贸易方式不仅实现了整体的销售增长，而且利润空间和市场占有率也较过去有了大幅度的提高。这一方式不仅能补救传统方式受到冲击造成的损失，而且能突破原来的发展瓶颈，成为新的贸易交易增长点，最终使整体的业绩蓬勃向上增长。此外，即使目前公司的规模尚小，但是通过这一模式可以快速地和全球排名靠前的电子商务巨头建立深度合作关系，快速搭建全球网络化的销售平台，跨越地缘界限，彻底实现业务的全球化转型。疫情的冲击造成物流受阻，导致成本飙升，诸多难题虽然让外贸企业经营艰难，但是全球市场"坐在家中"的消费热情也让企业看到了拓展海外市场的巨大可能性和机遇。显然，疫情的冲击提高了外贸企业转型升级发展贸易数字化和信息化的可能性，特别是跨境电商、跨境物流以及建立海外仓等新业态新模式，有效稀释了疫情对贸易企业的影响，对稳外贸、促增长发挥了不可忽视的积极作用。

### 7. 数字贸易引领服务贸易创新发展

新时期以来，我国服务贸易增长速度惊人，世界排名从 2009 年的第 7 名迅速上升为 2019 年的第 2 名。从国际和国内市场来看，对服务贸易需求都不断增大，服务贸易增速明显，服务贸易逆差逐步收窄。2012—2019 年，我国服务贸易进出口总额年均增长速度为 7.5%（图 4-5），从 2012 年

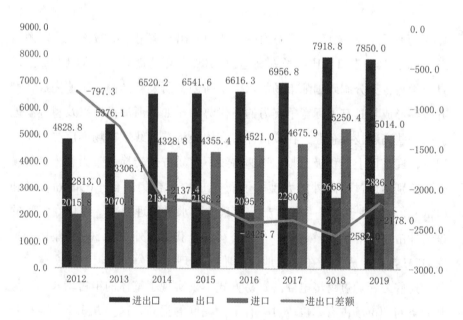

图 4-5　2012—2019 年中国服务贸易进出口情况(亿美元)
数据来源：中国海关。

的 4828.8 亿美元逐年增长至 2018 年的 7918.8 亿美元，至 2019 年略微下降至 7850 亿美元。其中，出口额从 2012 年的 2015.8 亿美元增长至 2019 年 2836 亿美元，增长了 40.7%，其中，电信、计算机和信息服务类比重上升最为明显，从 2012 年的 3.9% 提高至 2019 年的 10.3%，提高了 6.4 个百分点，其他商业服务类和旅行类比重也分别提高了 5.5 个百分点和 4.1 个百分点，而运输比重下滑最为明显，下降 7.3 个百分点。同期，进口额从 2012 年的 2813 亿美元逐步攀升至 2018 年的 5250.4 亿美元，至 2019 年小幅下滑至 5014 亿美元，增长幅度高达 78.2%。

从服务贸易进出口结构来看，进口占服务贸易总额的比重整体呈上升趋势，从 2012 年的 58% 增长至 2016 年的 68% 后，又小幅下降至 2019 年的 64%。相反，出口占比则呈下降趋势，从 2012 年的 42% 逐步下降至 2019 年的 36%。目前，在进口服务贸易中，旅行的比重上升最为明显（图 4-6），从 2012 年的 36.4% 提高至 2019 年的 50%，占据进口服务贸易半壁江山，

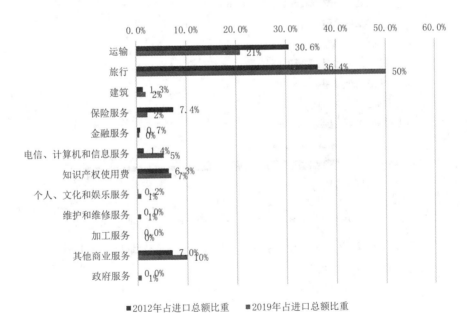

图 4-6　2012 年和 2019 年各类服务项目占服务贸易进口总额对比

数据来源：中国海关。

提高了13.6个百分点，其他商业服务类和电信、计算机和信息服务类目前分别占10%和5%，比重分别提高了3个百分点和3.6个百分点，而运输比重下滑最为明显，目前仅占21%，下降了9.6个百分点，其余服务类型占比同期变化不大，知识产权使用费占7%。

在出口服务贸易中（图4-7），其他商业服务类和电信、计算机和信息服务类目前占比分别为25.9%和19%，比重分别提高了10.9百分点和11个百分点，其次则是运输（16.2%）和旅行（12.2%），同期比重下滑了3.8个百分点和13.8个百分点，建筑、加工、维修、保险和金融等服务则分别占9.9%、6.9%、3.6%、1.7%和1.4%。

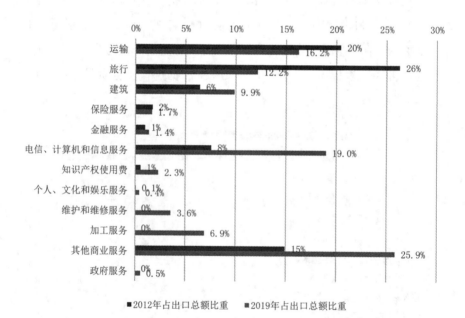

图4-7 2012年和2019年各类服务项目占服务贸易出口总额对比

数据来源：中国海关。

2020年，突如其来的疫情席卷全球，世界范围内的旅行受到影响，旅行服务进出口大幅下降，成为导致服务贸易下降的主要因素。2020年，中国旅行服务进出口1.02千亿元人民币，降幅高达48.3%，进出口降幅均拦腰直降(出口下降 52.1%，进口下降 47.7%)，如果将旅游排除之后，2020年中国的进出口服务贸易实际是正增长的(增长 2.9%)，其中出口增长6%，进口较去年同期变化不大，显然，服务出口表现优于进口。

由此可见，从国内来看，新时期随着我国人均可支配收入的不断提高，消费需求结构不断升级，对服务贸易中的旅行、电信服务、文娱以及各类商业服务的需求增强；在国际上，由于我国产业结构不断调整升级，服务贸易出口优势逐渐增强，各国市场对我国提供的计算机、商业、加工、维护维修以及建筑等服务表现出了极大的兴趣。我国的服务业发展仍存在较大的增长空间，特别是金融、保险、知识产权保护以及文化娱乐等方面。到 2025 年，中国服务型消费占比预计将达到 52.5%左右①。

当前，数字信息服务贸易在满足消费者需求方面扮演着不可替代的角色。近年来，我国数字信息服务贸易整体表现优异，一方面得益于新的数字技术在服务贸易领域的运用，另一方面也得益于政府对该领域的扶持政策的出台，使得该产业蓬勃发展，规模迅速扩大，由此带动服务贸易领域整体向好发展。"十三五"期间，我国通过信息化进行传递运输的服务不断增加，数字化渗透程度和占比不断攀升。商务部数据显示，2015 年至 2019年，我国数字信息服务贸易额从 2 千亿美元增长到 2.7 千亿美元，比重从31%提高到 35%。联合国贸发会议(UNCTAD)的数据也显示我国的数字信息服务贸易出口规模增长明显，2016 年至 2018 年从 0.93 千亿美元提高至1.31 千亿美元，比重也从 45%增长至 49%，2019 年这一比重甚至占据半壁江山(50.7%)。

从知识贸易维度来看，知识密集型服务贸易总体表现也可圈可点。知识产权保护是知识密集型产业比较优势的关键基石，近年来，我国为激发企业创新活力，出台了一系列加强知识产权保护的政策，以此不断增强知识密集型产业企业的服务贸易比较优势。2020 年，我国知识密集型服务贸易总额为 2.03 万亿元，占总额的 44.5%。其中，出口 1.07 万亿元，占出口总额的 55.3%，知识产权、电信、保险是增长最快的三类出口服务，分

---

① 商务部. 2020 年中国服务进出口总额达 45642.7 亿元[EB/OL]. (2021-02-09)[2021-07-16]. http://www.gov.cn/shuju/2021-02/09/content_5586245.htm.

别增长 30.5%、12.8% 和 12.5%；进口 0.96 千亿元，占进口总额的 36.6%，其中，金融和电信是增长最快的两类进口服务，分别增长 28.5% 和 22.5%。

## （二）新时代贸易促进我国经济快速增长

改革开放以来，尤其是加入 WTO 以后，对外贸易的高速增长也是提振我国总体经济向好发展的一大因素。GDP 总量、工农业生产产值等迅速增长意味着中国经济全面崛起。进入新时期，中国外贸通过不断优化贸易结构、提质增效等措施，在保证外贸总额小幅稳步增长的同时，不断巩固我国自 2010 年起正式成为世界第二大经济体的地位，与此同时，外贸驱动经济的快速发展提高了我国国民的生活水平，加速了企业的快速发展。

### 1. 促进人均国民总收入提高

对外贸易在过去的 40 多年中促进了中国经济的全面崛起。自 2010 年起，中国超越日本，GDP 跃居世界第二以后，对外贸易总额也始终名列前茅，成为数一数二的经济大国。进入新时期，在保持经济总量稳步增长的同时，多项经济生产指标在世界排位依然坚挺，其中工、农业产品产值均保持世界领先水平①。

此外，该时期的人均国民总收入也实现了新的飞跃，按照世界银行的划分标准，可以进入中等偏上收入国家行列。早在 2000 年时，我国人均收入不到 1000 美元，而随着不断发展，这一数值在 2010 年已经变为 4340 美元，突破中等偏上收入国家标准；到了 2019 年，这一数值继续激增，史无前例地突破一万美元（10410 美元），而且还高于划定的标准（9074 美元）②。全球排位也从 2010 年的第 121 位上升至 2019 年的第 71 位，提高

---

① 注：钢铁、煤、发电量、水泥、化肥、棉布、谷类、肉类、花生、茶叶、水果、货物进出口贸易总额、货物出口总额共计 13 项位居世界第一。

② 国家统计局. 中国人均国民总收入首破 1 万美元，世界排名位次明显提升［EB/OL］.（2020-08-07）［2021-07-15］. https://baijiahao. baidu. com/s？ id = 1674353926489534447&wfr = spider&for = pc.

了50位。此外，生活在贫困环境中的人数也显著降低，贫困发生率这一指标在十八大以前就一直在不断下滑，从2002年的31.7%（高于发达经济体平均水平的25.5%）不断减少至2011年的7.9%，远远低于世界平均水平（13.7%）。然而，我国党中央仍对这一数值不满，希望进一步减少贫困。在党的十八大召开之后，以习近平同志为核心的党中央围绕脱贫攻坚和全面建成小康社会的新要求做出一系列重大部署和安排，在全面打响脱贫攻坚战后，贫困发生率和减贫人口绝对值进一步下降。截至2020年底，贫困发生率已经被降到只有0.6%，减贫人口绝对值也从2012年末的9899万人减少至2019年的551万人，累计减少9348万人。2021年2月25日，习近平总书记庄严宣告：我国脱贫攻坚战取得了全面胜利，完成了消除绝对贫困的艰巨任务。这一减贫壮举不仅举世瞩目，为世界减贫目标做出了突出贡献，也让中国成为世界上第一个实现联合国SDGs中减贫目标的发展中国家。同时，也使中国人民真正实现了脱贫致富的梦想，朝着全面建成小康社会的目标迈出了坚实的一步。

## 2. 促进中国大陆企业实现历史性跨越

改革开放之初，中国企业整体实力较弱，几乎没有入围世界500强的企业。改革开放后，中国企业异军突起，助力中国经济快速发展。2012年，中国企业入围世界500强的数量已经跃升至全球第二位，仅次于美国。数据显示，2012年中国共有73家公司入围（包括中国台湾在内，共有79家）。其中，五家中国大陆的民营集团公司进入前五百强，分别是中国平安（242）、沙钢（346）、华为（351）、魏桥（440）和吉利（475）①。

进入新时期以来，中国企业发展步伐加快，入榜数量激增。2020年，中国大陆企业上榜数量（含香港，为124家；含中国台湾，为133家）第一次超过美国总数（121家），位居榜首。此外，从最近十年的世界500强企

---

① 财富. 2012年世界500强排行榜［EB/OL］.（2012-07-09）［2021-07-16］. http://www.fortunechina.com/fortune500/c/2012-07/09/content_106535.htm.

业排名变化也可以看出各国经济实力的变化情况。2010 年，中国仅有 54 家集团公司入围，相比于美国（133 家）和日本（68 家），实力仍显薄弱。到了 2011 年，我国已经有 69 家企业入围，此次超过了日本的 68 家，位居第二。2020 年，中国企业（133 家）成功超越美国，日本企业数量则下降到 53 家。

### 3. 推动科技进步和创新

20 世纪 70 年代改革开放以前，邓小平重申了"科技是第一生产力"的马克思主义论点。自此，科教兴国成为我国发展的基本战略之一，发展高科技、应用新技术等一系列政策措施陆续出台，经过不断努力，我国科技创新能力获得极大提高。进入新时期，我国科技创新发展全面提速，全球创新地位不断提升，创新集群表现优异，企业创新蓬勃发展，意味着我国已进入创新型国家行列，并初步确立了创新引领者的地位。

（1）中国在全球的创新地位不断提升

进入新阶段，我国创新能力显著提升。在全球创新指数排名中（表 4-3），我国排名从 2012 年的第 34 位逐步提升至 2020 年的第 14 位，正式入围世界前 15 名榜单，被世界公认为创新型国家[1]。目前，创新在各个领域全面铺开，百花齐放，取得了不俗的表现，成了唯一一个入围世界综合榜单前 30 名的中等收入国家。

表 4-3　2012—2020 年中国全球创新指数世界排名

| 年份 | 2012 | 2013 | 2014 | 2015 | 2016 | 2017 | 2018 | 2019 | 2020 |
| --- | --- | --- | --- | --- | --- | --- | --- | --- | --- |
| 排名 | 34 | 35 | 29 | 29 | 25 | 22 | 17 | 14 | 14 |

数据来源：世界知识产权组织《全球创新指数》报告。

---

[1]　关成华. 中国创新能力的现状研判与前景展望[J]. 人民论坛，2020（36）：76-79.

从创新投入和创新产出两个指标看，尽管我国的创新投入在全球范围仅排在第 26 名，但是创造出的成果却使我国跻身全球前 6 名，投入产出效率十分惊人。这与新时期我国不断加大科研投入力度息息相关，2012—2019 年，相关研发费用实现翻倍，从 1.03 万亿元(占 GDP 的 1.98%)增加至 2.21 万亿元(占 GDP 的 2.23%)。当前，我国的研发费用(2971.15 亿美元)仅次于美国(5818.74 亿美元)，位居世界第二。此外，研发团队人员也从 324.7 万人不断扩大到 480.1 万人。

从创新产出方面看，我国在本国人专利申请量、外观设计、创意产品出口等分项中位居榜首。在创新国际化方面，目前同族专利得分在中国创新质量总得分中占 10%，远高于中等收入经济体平均 4% 的水平。2019 年中国专利申请数量为 140 万个，占总量的 43.4%，远远高于美国(19.3%)和日本(9.6%)；在商标类型中，我国申请量为 783 万个，占世界的51.7%；在工业设计类型中，我国申请量为 71 万个，占世界的 52.3%；在实用新型中，中国更是占据绝对优势，占总量的 96.9%。此外，科技创新领军人才也在加速涌现。科睿唯安 2020 年发布的"高被引科学家"名单中，中国内地上榜人数 770 人，相比 2019 年(636 人)又实现了新的突破①。2019 年，中国首次超越英国，成为仅次于美国(2650 人次)的"高被引科学家"国家。2020 年，中国内地仍然保持在第二名的位置。

显然，新时期中国加大科研投产力度，由此加入创新型国家队列，初步实现并确立了引领创新的地位。

(2)创新集群表现优异，企业创新蓬勃发展

科技创新能力的提高是提升我国国际竞争实力的关键因素之一。目前，中国是拥有最多科技创新集群的中等收入国家，且其中两大集群排名位列全球前四，整体表现优异。在遍布全球多个国家(地区)的前百强创新产业集群中，美国凭借 25 个集群数量优势占据榜首，中国也拥有 17 个，

---

① 2020 年度"高被引科学家"名单出炉［EB/OL］.［2020-11-18］(2022-03-18). https://baijiahao.baidu.com/s? id=1683705483890959963&wfr=spider&for=pc.

位居第二。其中，中国有两大创新集群进入全球前四，分别为深圳—香港—广州集群(第二)和北京集群(第四)，其他的前五名创新集群分别为东京—横滨集群(第一)、首尔集群(第三)和圣何塞-旧金山集群(第五)。

在创新集群中，企业作为主导科技创新发展的承担者，也成为享受科技促进企业快速发展，带来利润增长惠果的受益者。世界经济论坛发布的《2019全球竞争力报告》显示，中国的综合竞争力排在第28位(排名和2018年一致)，这一结果与我国不断在信息通信技术(ICT)等领域取得的重大突破息息相关，是助力我国取得这一成就的关键因素之一。其中，中国在ICT方面的得分为78.5分(较去年提高了1.3分)，与OCED的25个国家相比，表现更胜一筹。

从市场经济主体角度看，产业的领先者们将为产业的繁荣发展起到表率作用，引导产业健康快速发展。2021年3月16日，华为发布了《华为创新和知识产权白皮书2020》①，指出持续的创新投入使得华为成为全球最大的专利持有企业之一。早在1995年，华为集团就着手专利申请项目等事宜，2019年，华为海外专利授权总数均入围各国前列，分别在欧洲和美国排第2名和第10名。截至2020年底，华为在全球的有效专利授权已超10万件，发明专利超过九成。此外，华为还在5G领域推动制定行业标准。得益于像华为这样的头部企业，在专利申请方面做出了巨大贡献，成为带动中国企业创新发展，推动中国企业走向世界的示范标兵。根据《2020年全球创新指数》，我国在全球品牌价值排行榜中位居第17名，共有408个民族品牌在全球5000个参与竞争的品牌中脱颖而出，总价值高达16万亿美元，而且还有9个品牌入围前25强。正是由于中国企业科技创新能力不断提升，中国企业品牌影响力和知名度才得以不断提升。此外，2020年最具创新力全球公司名单显示，中国的华为(第6位)和阿里巴巴(第7位)入围前十。腾讯、小米、京东也入围前50名。其中，京东是首次入围，腾讯

---

① 华为. 华为创新和知识产权白皮书2020[R]. 深圳：华为技术有限公司，2021-03-16.

和小米则是再次回到榜单。三家的排名分别为第 14 位、第 24 位、第 31 位，而且，这些企业不仅仅以规模取胜，更重要的是品牌价值和创新能力都受到世界的认可，产品质量和服务都广受世界好评，成为我国各行业中的标杆企业。

## (三) 新时代我国贸易为世界经济发展做出了巨大贡献

改革开放以来，中国对世界经贸发展做出了巨大贡献，中国经济的强势崛起，在影响世界经济格局中扮演着不可或缺的重要角色，同时也为全球经济疲软带来希望。进入新时期以来，中国对外贸易占世界贸易比重依然小幅稳步提升，从 2012 年的 10.4% 稳步提升至 2020 年的 12.8%，增长了 2.4 个百分点，一如既往地为世界经济增长提供了源源不断的能量。我国占全球贸易份额的不断增加，不仅改变了世界贸易的原有格局，增强了全球贸易的互惠合作，降低了世界不平等程度，也成为现阶段全球经贸复苏的重要贡献者。

### 1. 提高世界贸易互惠水平

目前，从贸易规模看，中国毋庸置疑是世界第一大贸易出口国、第二大贸易进口国，世界第二大服务贸易国①。中国庞大的贸易规模，独立完整的现代工业体系和生产供应链都给世界带来巨大的影响；新时期以来，中国制造业规模已经全面超越美国，居世界第一位。在全球的五百多种工业用品中，中国 220 多种产品位居榜首，成为名副其实的工业制造品生产、加工和出口大国。此外，中国对外贸易占世界市场的份额和规模也不断扩大和增长，巩固了自身在世界范围内扮演重要角色的地位，2012—2019 年，中国占世界贸易总额的比重持续稳步攀升(图 4-8)，其中，出口占世界贸易出口比重从 2012 年的 11.1% 小幅提升至 2020 年的 14.7%(美国排

---

① 商务部研究院. 全球服务贸易发展指数报告 2020［R］. 北京：商务部研究院，2020.

名第二，占比 8.1%），进口比重从 2012 年的 9.7% 小幅提升为 2020 年的 11.5%，进出口位次分别牢牢稳居世界前两位。中国制造的廉价且大规模的商品不仅给世界市场带来巨大冲击，也给世界人民带来巨大惊喜，让饱受通货膨胀痛苦的全世界人民享受到物美价廉的中国制造商品。早在 2013 年，世贸组织总干事拉米就曾对中国的贸易表现给予高度评价和赞扬，他指出："世界经济正处于衰退之中，但是中国为世界做出的贡献，好似经济萧条不振的灰暗天空中的朝阳，给世界经贸带来一线生机。"①

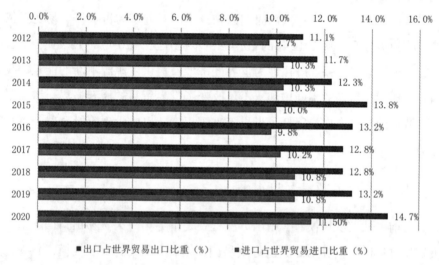

图 4-8　2012 年以来中国进出口贸易占全球比重情况

数据来源：WTO 数据库。

## 2. 降低交换不平等程度

18 世纪以来，世界经济发展呈现出极大的不平衡性，发达国家和发展中国家之间呈现的"二元对立"经济贸易格局使得发达国家大量消耗发展中

---

① 世贸组织. 2012 年中国货物贸易额全球第二，仅次于美国［EB/OL］.（2013-04-11）［2021-07-18］. https://finance.huanqiu.com/article/9CaKrnJA23j.

国家资源，恶化发展中国家贸易条件，同时发展中国家不得不依赖于发达国家。这样的世界分工局面久未改变，不仅未能减少世界交换的不平等性，反而加剧了发展中国家的贫困。但是，这一格局被中国的强势崛起彻底改变，中国制造业的异军突起在改变世界贸易条件方面影响巨大，不仅改变了生产和加工全球原材料等初始产品的世界贸易格局，而且使原来不可能向发展中国家、欠发达国家倾斜的贸易格局逐步趋向"平衡"，一些资源禀赋优异的新兴市场国家的利益诉求开始受到西方重视。

在此之前，由于工业原材料价格和人力成本不断上涨，全球进出口贸易价格指数从 20 世纪 90 年代开始一路飙升。进入新时期以来，虽然涨幅缩小，但是该指数仍以年均 1.2%的速度增长。相比于 2005 年，2020 年这一数值已经提高了 17%。通货膨胀导致物价水平提高，会让世界许多发达国家一直致力于不断提高本国劳动生产率的努力"付诸东流"，因为价格的上涨会抵消掉全球利润率下降所带来的价格下降，由此减少了贸易利益。但是，这也给予了一些发展中国家新的历史机遇，通过自身丰富的自然资源、劳动力资源(包括智力)等形成核心竞争力，就能在此趋势中"瓜分"原本属于西方发达国家的那部分贸易利益，而不让这些劳动生产率较高的国家一直赚得盆满钵满。显然，中国在全球贸易中就扮演了这样的角色。我国加入世贸组织后异军突起，很大程度上打破了过去世界强国和弱国之间对立的紧张局面，降低了全球不平等程度。进入新时期，各国妄想在短期内获取巨额利润的情况已经不再有可能，这样的时代也一去不复返，这一时期的贸易获利已经进入平稳发展阶段(图 4-9)。资源型国家(如加拿大)和以高科技创新为代表的发达国家(如美国)，它们的出口价格指数虽然高于进口价格指数，但是贸易利益相对缩小。

以美国为例，2012—2020 年其出口和进口的价格指数差变化幅度不大，差异基本稳定在 2.5~6 个百分点之间，从纵向看(表 4-4)，出口价格2020 年比 2012 年下降了 6.1 个百分点，但同时进口价格也下降了 7.2 个百分比(比出口下降得更多)，换句话说，该阶段美国贸易的相对利益有一定

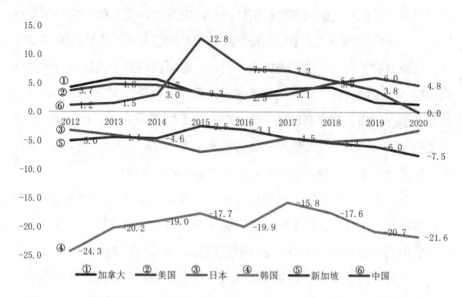

图 4-9　2012—2020 年主要国家出口价格指数和进口价格指数差额变化情况(%)

　　　　数据来源：WTO 数据库。

程度的缩小，且近两年来(2019—2020 年)其贸易条件向坏发展。加拿大的
贸易趋势也是如此。对于资源短缺的国家来说(如日本、韩国、新加坡)，
该时期三个国家贸易处于不利地位(贸易出口价格指数低于进口贸易价格
指数)，其中韩国情况最为严重，但是近两年的贸易情况在不断好转，贸
易条件也在不断改善；日本和新加坡贸易条件水平相当，但是日本贸易趋
势和韩国类似，新加坡则呈现恶化趋势。

表 4-4　中国与世界贸易进出口价格指数变化( 2012—2020 年)

| 地区/ 国家 | 项目 | 2012 | 2013 | 2014 | 2015 | 2016 | 2017 | 2018 | 2019 | 2020 |
|---|---|---|---|---|---|---|---|---|---|---|
| 世界 | 出口 | 118.8 | 119.2 | 119.1 | 109.1 | 106.3 | 110 | 115.3 | 113.1 | 114.5 |
| | 进口 | 118.1 | 118.2 | 118.1 | 107.7 | 105.4 | 109 | 114.4 | 112.4 | 113.6 |
| 加拿大 | 出口 | 127.5 | 126.9 | 124.4 | 115.8 | 113.8 | 116.5 | 118.7 | 116.8 | 116.4 |
| | 进口 | 123.2 | 121.1 | 118.7 | 112.5 | 111.4 | 112.4 | 114.3 | 115 | 115 |

| 地区/国家 | 项目 | 2012 | 2013 | 2014 | 2015 | 2016 | 2017 | 2018 | 2019 | 2020 |
|---|---|---|---|---|---|---|---|---|---|---|
| 美国 | 出口 | 121.2 | 120.9 | 120.3 | 114.1 | 111 | 113 | 116.9 | 116.8 | 115.1 |
| | 进口 | 117.5 | 116.1 | 115.6 | 110.8 | 108.4 | 109.9 | 111.9 | 110.8 | 110.3 |
| 日本 | 出口 | 105.9 | 96.6 | 92.2 | 83 | 84.3 | 85.3 | 87.2 | 85.1 | 84.4 |
| | 进口 | 109.2 | 100.7 | 97.3 | 89.9 | 90.3 | 89.8 | 92.4 | 89.8 | 87.6 |
| 韩国 | 出口 | 80.6 | 80.2 | 79.1 | 72.5 | 68.6 | 74.5 | 75.9 | 69.4 | 66.7 |
| | 进口 | 104.9 | 100.4 | 98.1 | 90.1 | 88.6 | 90.3 | 93.4 | 90.1 | 88.4 |
| 新加坡 | 出口 | 103.4 | 101.5 | 99.2 | 93.9 | 90.9 | 90 | 91.9 | 91.1 | 88.8 |
| | 进口 | 108.4 | 106 | 103.9 | 96.4 | 93.9 | 94.5 | 97.3 | 97.1 | 96.3 |
| 中国 | 出口 | 131.2 | 129.2 | 130.2 | 128.2 | 117 | 118.9 | 125.1 | 123.9 | — |
| | 进口 | 130 | 127.7 | 127.2 | 115.5 | 109.6 | 111.7 | 119.5 | 120.1 | — |

数据来源：根据 WTO 数据库整理计算（单位：2005 年 1 月 = 100）。

对于中国而言，改革开放以来，随着工业化和出口增长不断加速，工业规模不断扩张，我国已经从资源相对充足的国家转变为资源日渐紧张的国家，国际贸易条件一直处于不利地位的局面开始被扭转，出口价格指数开始逐渐高于进口价格指数，这一指标对比情况说明我国贸易发展实现了实质性的飞跃。但是新时期以来，受多重因素的影响，贸易价格条件（出口价格指数和进口价格指数之比）波动幅度较大，呈现恶化趋势。我国价格条件呈现先上升后下降趋势，从 2012 年的 100.9% 快速上涨至 2015 年的最高点 111.1%，然后逐渐下降到目前（2019）的 103.2%，也就是说，2015 年贸易条件为我国新时期以来的最好情况，表明当年我国出口一定数量的商品可以多换回 11.1% 的进口商品，究其原因，一方面在于当年大宗商品进口量的上升，此外还有同期出口价格跌幅小于同期进口价格跌幅。但是，近两年来我国对外出口价格指数呈现下滑趋势，进口价格指数也由于工业制造业原材料的价格上升和人力成本的增加而大幅上涨，贸易利益不断缩小，贸易条件有恶化的趋势，同时我国出口大量廉价的工业制成品，也进一步拉低了世界中低端工业品制造国的贸易条件。但是，从扭转世界贸易条件变化走向，以及减少全球商品和服务交换的不公平性的角度看，中国仍然做出了不可忽视的积极贡献。

### 3. 为促进全球经济复苏贡献力量

自 2020 年疫情爆发以来，全球的产业链和供应链遭受重创。我国迅速果断地采取流行病预防防治措施，通过出台各种政策积极应对，如投入更多的公共医疗卫生安全体系建设等，以此全面促进各行各业生产工作有序恢复，同时也特别强调了外贸领域的快速复工安排，特别时期出台具有针对性的政策措施，保证贸易行业的大中小企业都能顺利渡过难关，不仅确保了领军企业集团的稳定发展，以此引领掌舵全行业，同时也出台了很多降费减税措施帮扶中小微企业的资金周转问题，不仅为稳定我国经济发展，也为稳定全球供应链起到关键作用，是全球经贸复苏的"定海神针"。

国际货币基金组织（IMF）亚太部助理主任黑尔格·贝格尔指出，毋庸置疑，中国是全球贸易复苏的重要贡献者。中国经济的快速复苏，带动了贸易伙伴国和其他国家的需求，带来了积极的外溢效应，促进了现阶段全球经济更加均衡发展和复苏。

# 第五章 未来我国贸易发展面临的主要挑战及应对策略

## 一、未来我国贸易发展面临的主要挑战

当前，世界经济呈现复苏分化态势。全球能源短缺、供应链紧张、通胀上升等给经济复苏带来冲击。未来，世界经济有望延续复苏态势，但仍面临较多不确定性。

### (一)全球经济缓慢复苏，世界经贸复苏分化

#### 1. 世界经济呈分化复苏态势，疫情反复影响全球贸易复苏进程

2021年以来，世界经济缓慢复苏，呈现分化态势。国际货币基金组织（IMF）认为，受益于疫苗普及和刺激政策，发达经济体经济复苏较快。由于疫苗分配不公、政策支持手段较少，除中国以外的新兴和发展中经济体经济复苏相对缓慢，各经济体之间经济增长分化是全球经济复苏面临的主要问题之一。

此外，世界贸易组织（WTO）也认为在全球贸易增长的背后，不同区域不同类型的贸易复苏存在较大差异，中东、南美和非洲的贸易复苏相对缓慢。服务贸易复苏落后于货物贸易，尤其是旅游等行业恢复缓慢。WTO认为全球贸易最大的下行风险仍然来自疫情反复，呼吁各成员国公平分配

疫苗。

2020年，我国及时有效地控制住了疫情，在众多国家经济大幅度下滑的同时依然保持增长，成为经济保持正增长的唯一国家。但是，面对未来全球经济缓慢复苏呈现分化的大背景，全球一体化使得各经济体之间紧密相连，其中任何国家的滞后都将严重影响全球贸易复苏进程，成为全球各国共同面临的世界难题。

### 2. 主要国家和地区经济展望

（1）美国经济依然保持复苏

2021年美国经济增速反弹后出现下滑，第一、二、三季度实际GDP按年率计算分别增长6.3%、6.7%和2%。受全球供需错配、商品和能源价格上涨等因素影响，美国内通胀压力不断增加，10月CPI以及核心CPI分别上涨6.2%、4.6%，不仅高于前值，也超过市场预期。受高通胀等因素抑制，消费需求走弱。同时，制造业活动有所放缓。近期，美联储决定开始缩减购债规模。总体来看，美国经济仍保持复苏，但涨幅不大。

（2）欧盟新计划提振经济

由于疫情恶化导致经济活动放缓，2021年第一季度欧元区GDP环比下降0.3%。不过随着疫苗接种进程加快和管制措施放松，二、三季度经济迎来反弹，GDP环比分别增长2%、2.2%。未来随着"下一代欧盟"计划逐步落地，支持成员国进行改革和扩大投资，对经济将起到较好提振作用。

（3）新兴经济体和发展中国家逐步复苏，但存在不确定性

新兴经济体和发展中国家尤其是低收入发展中国家饱受疫情困扰，疫苗接种覆盖率低，经济增长乏力，但受到国际大宗商品价格上涨的带动，一些出口大宗商品的新兴经济体和发展中国家的短期经济前景有所改善。总体来看，发展中国家融资环境趋紧，通胀风险增大，债务负担上升，且无力采取更多政策支撑，复苏前景不容乐观。

## (二) 保护主义依然盛行，"去中国化"呈加速态势

### 1. 发达经济体政策调整，全球产业链本土化、区域化、碎片化趋势明显

西方主要发达经济体倡导的贸易保护主义仍将在未来很长一段时间内盛行，以美国为首的发达国家纷纷提出"制造业回流"计划，比如，美国和日本就先后出台奖励那些撤离中国的本国企业，给予它们各种税收减免的优惠政策。

此外，各国政府和企业在疫情冲击下也纷纷意识到过长的供应链条将面临更大的风险。为了保证供应链安全，增强应对风险的可控性，过去曾被各大集团奉为圭臬的低成本、零库存的供应链模式正面临着被替换的命运。美国、德国等发达国家推出了鼓励本地生产的政策。这些都将加速全球产业链的调整，生产逐渐呈现本土化发展趋势。

跨国公司在调整缩短其供应链的同时，也将目光望向了近邻，原本被拆分散落在世界各国的各条生产线此时被收缩回来并聚集于各国周边进行区域性生产，使该区域逐步呈现产业空间集聚化趋势。同时，跨国公司为降低风险也在极力推行多元化采购来源战略，比如为减少对中国的依赖，增加了从越南、泰国等亚洲国家采购和生产的备选计划。当前，很多大型跨国集团为加强其生产柔韧性和灵活性，积极开发拓展备选工厂。比如，丰田汽车在 2011 年日本大地震之后，重新布局了其全球生产网络——让其中各节点之间具有可及时补位的生产能力，由此增强生产网络的灵活性，降低风险。

在全球产业链、价值链及供应链呈现本土化、区域化、碎片化布局，全球区域内贸易份额不断上升的长期趋势下，如何兼顾生产效率和产业安全，在维持自身中国制造的同时增强产业链的"复原力"，将成为中国每个外贸企业面临的挑战。

## 2. 欧美发达经济体自由贸易协定"去中国化"趋势增强

时至今日，中国在世界的地位不断提高，实力不断增强，但一直受美国和欧盟等西方国家的各种经济封锁和打压，"去中国化"呈现加速态势。从全球范围来看，以美国为首的西方等国纷纷自发组团，构建属于自己的双边和多边"小圈子"。目前，USMCA、EPA 和 TTIP 囊括的全球经贸总额超过 70%（图 5-1），CPTPP 占全球的经济比重达 15%，WTO 全球治理地位明显下降。在百年未有之大变局之际，我国不仅面临着在货币体系中被欧美"去中国化"的风险，在贸易领域也面临着被各种具有排他性的高标准巨型自由贸易协定"边缘化"的风险，且所在亚洲区域也严重缺乏与北美、欧盟区域相抗衡的力量。此时，我国要想保持持续增长，过度依赖外需拓展贸易发展空间的路径已经不再适用，因为巨大的不稳定性不仅会影响我国经济发展的独立性，严重情况下还可能威胁到我国社会主义建设的安全根基。

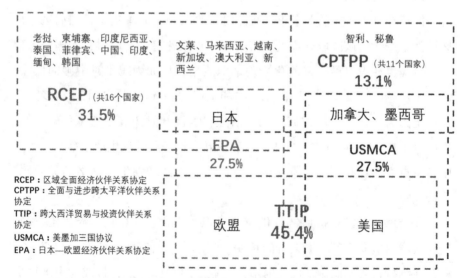

图 5-1　各区域性大型贸易协定国家组成情况及其占全球贸易额比重(%)

### 3. 贸易壁垒增强，各国非关税措施限制增多

近年来，各国之间以削减关税作为贸易谈判的基本让步条件，签署了各类双边、多边贸易协定，使得世界关税水平大幅下降，其对贸易的保护作用也日渐减少。伴随着贸易保护主义重新抬头，美国等西方国家对我国实行了全面的遏制和打压政策。在此之中，非关税措施（Non-Tariff Measures，NTMs）以其保护市场的独特优越性取代关税措施，成为各国进行贸易保护的主要手段。非关税措施的主要优势为：一是更灵活，二是限制进口更有针对性，三是隐蔽性和歧视性更强。

我国作为当前世界第二大经济体，进、出口产品将受到各国更多非关税措施的限制，受影响程度也将更大。根据联合国贸发会官方数据，运用比率指标法计算 NTMs 对各国（地区、经济体）进出口产品的影响情况可知（表 5-1 和表 5-2），在全球 82 个国家（地区、经济体）中，中国的进、出口产品分别受到 NTMs 的影响（综合得分）均排第一位，且 NTMs 对我国进口产品（11.6）的影响大于对出口产品（3.76）的影响。从影响面、影响额和影响强度①三个方面具体来看，我国 90% 的进口产品都受到 NTMs 的影响，94% 的进口贸易额受到 NTMs 影响，每项进口产品平均受到 7 项 NTMs 的影响；同理，我国 73% 的出口产品受到 NTMs 的影响，81% 的出口贸易额受到 NTMs 影响，每项出口产品平均受到 2.7 项 NTMs 的影响。从进口产品受 NTMs 影响的世界排名来看，我国影响面排名第八、影响额排名第四以及影响强度排名第一。显然，非关税措施已经成为影响我国对外贸易健康发展的掣肘。

---

① 影响面，指某个国家（地区、经济体）受 NTMs 影响的进口产品（或出口产品）种类占比，即该国（地区、经济体）有多少比例的进口产品种类（或出口产品种类）受到 NTMs 的影响；影响额，指某个国家（地区、经济体）受 NTMs 影响的进口（或出口）贸易额占比；影响强度，指平均有多少项 NTMs 作用于某个国家（地区、经济体）每项进口产品（或出口产品）。

表 5-1　世界各国(地区、经济体)进口产品受 NTMs 影响情况

| 国家(地区、经济体) | 影响强度 | 影响面 | 影响额 | 综合得分 |
|---|---|---|---|---|
| 中国 | 7.0 | 0.90 | 0.94 | 11.60 |
| 欧盟 | 6.5 | 0.94 | 0.94 | 9.83 |
| 巴西 | 6.3 | 0.76 | 0.86 | 7.93 |
| 沙特阿拉伯 | 6.3 | 0.68 | 0.75 | 7.08 |
| 吉尔吉斯斯坦 | 5.0 | 0.97 | 0.83 | 6.65 |
| 哈萨克斯坦 | 4.6 | 0.96 | 0.98 | 6.54 |
| 俄罗斯 | 4.2 | 0.76 | 0.85 | 6.09 |
| 瑞士 | 4.9 | 0.51 | 0.51 | 5.79 |
| 加拿大 | 4.3 | 1.00 | 1.00 | 5.23 |
| 阿根廷 | 3.8 | 0.94 | 0.94 | 4.78 |
| 巴林 | 3.3 | 0.45 | 0.59 | 4.63 |
| 澳大利亚 | 3.7 | 0.62 | 0.77 | 4.47 |
| 日本 | 3.3 | 0.62 | 0.78 | 4.40 |
| 菲律宾 | 3.2 | 0.75 | 0.71 | 4.24 |
| 美国 | 3.5 | 0.71 | 0.83 | 4.21 |
| 卡塔尔 | 2.2 | 0.56 | 0.68 | 3.60 |
| 阿联酋 | 3.3 | 0.52 | 0.72 | 3.55 |
| 哥伦比亚 | 2.7 | 0.55 | 0.71 | 3.46 |
| 新西兰 | 2.5 | 0.60 | 0.75 | 3.19 |
| 厄瓜多尔 | 2.7 | 0.57 | 0.69 | 3.12 |
| 巴勒斯坦 | 2.8 | 0.55 | 0.61 | 2.91 |
| 阿尔及利亚 | 2.6 | 0.54 | 0.57 | 2.78 |
| 加纳 | 2.4 | 0.36 | 0.54 | 2.63 |
| 越南 | 1.8 | 0.50 | 0.61 | 2.56 |
| 巴布亚新几内亚 | 2.4 | 0.35 | 0.54 | 2.55 |
| 尼日利亚 | 2.3 | 0.91 | 0.94 | 2.43 |
| 斯里兰卡 | 2.0 | 0.47 | 0.63 | 2.36 |

续表

| 国家(地区、经济体) | 影响强度 | 影响面 | 影响额 | 综合得分 |
|---|---|---|---|---|
| 印度尼西亚 | 1.7 | 0.41 | 0.41 | 2.28 |
| 摩洛哥 | 1.9 | 0.45 | 0.53 | 2.11 |
| 埃塞俄比亚 | 2.0 | 0.95 | 0.98 | 2.11 |
| 佛得角 | 1.8 | 0.17 | 0.46 | 2.01 |
| 阿曼 | 1.8 | 0.44 | 0.55 | 2.00 |
| 冈比亚 | 1.8 | 0.17 | 0.61 | 1.95 |
| 圭亚那 | 1.6 | 0.67 | 0.53 | 1.92 |
| 利比里亚 | 1.8 | 0.50 | 0.19 | 1.86 |
| 突尼斯 | 1.8 | 0.61 | 0.71 | 1.85 |
| 贝宁 | 1.6 | 0.30 | 0.64 | 1.82 |
| 马来西亚 | 1.5 | 0.34 | 0.53 | 1.79 |
| 智利 | 1.3 | 0.62 | 0.68 | 1.63 |
| 玻利维亚 | 1.3 | 0.28 | 0.44 | 1.59 |
| 泰国 | 1.3 | 0.21 | 0.29 | 1.51 |
| 香港 | 1.3 | 0.31 | 0.14 | 1.50 |
| 新加坡 | 1.2 | 0.21 | 0.13 | 1.47 |
| 墨西哥 | 1.2 | 0.43 | 0.52 | 1.44 |
| 印度 | 1.3 | 0.30 | 0.44 | 1.41 |
| 秘鲁 | 1.1 | 0.22 | 0.54 | 1.41 |
| 缅甸 | 1.4 | 0.31 | 0.61 | 1.40 |
| 土耳其 | 1.3 | 0.57 | 0.61 | 1.38 |
| 尼加拉瓜 | 1.2 | 0.34 | 0.59 | 1.35 |
| 文莱 | 1.1 | 0.20 | 0.37 | 1.27 |
| 黎巴嫩 | 1.1 | 0.22 | 0.49 | 1.16 |
| 乌拉圭 | 1.0 | 0.40 | 0.62 | 1.15 |
| 以色列 | 0.8 | 0.14 | 0.22 | 1.10 |
| 约旦 | 1.0 | 0.29 | 0.37 | 1.02 |
| 特立尼达和多巴哥 | 1.0 | 0.35 | 0.58 | 0.99 |

续表

| 国家（地区、经济体） | 影响强度 | 影响面 | 影响额 | 综合得分 |
| --- | --- | --- | --- | --- |
| 巴拉圭 | 0.8 | 0.29 | 0.51 | 0.94 |
| 马里 | 0.7 | 0.16 | 0.49 | 0.85 |
| 塔吉克斯坦 | 0.7 | 0.36 | 0.56 | 0.82 |
| 牙买加 | 0.8 | 0.33 | 0.54 | 0.79 |
| 巴哈马 | 0.7 | 0.22 | 0.41 | 0.78 |
| 毛里塔尼亚 | 0.6 | 0.16 | 0.40 | 0.71 |
| 古巴 | 0.6 | 0.20 | 0.36 | 0.70 |
| 格林纳达 | 0.6 | 0.27 | 0.41 | 0.65 |
| 尼日尔 | 0.5 | 0.19 | 0.29 | 0.62 |
| 阿富汗 | 0.6 | 0.19 | 0.27 | 0.62 |
| 布基纳法索 | 0.5 | 0.20 | 0.56 | 0.61 |
| 多哥 | 0.6 | 0.15 | 0.13 | 0.56 |
| 安提瓜和巴布达 | 0.5 | 0.26 | 0.49 | 0.53 |
| 多米尼克 | 0.4 | 0.29 | 0.47 | 0.52 |
| 巴巴多斯 | 0.4 | 0.16 | 0.43 | 0.43 |
| 苏里南 | 0.4 | 0.11 | 0.12 | 0.38 |
| 尼泊尔 | 0.4 | 0.22 | 0.40 | 0.38 |
| 塞内加尔 | 0.4 | 0.20 | 0.50 | 0.37 |
| 喀麦隆 | 0.3 | 0.11 | 0.47 | 0.31 |
| 巴拿马 | 0.2 | 0.05 | 0.15 | 0.30 |
| 巴基斯坦 | 0.2 | 0.11 | 0.33 | 0.25 |
| 委内瑞拉 | 0.2 | 0.04 | 0.11 | 0.19 |
| 科特迪瓦 | 0.2 | 0.14 | 0.22 | 0.16 |
| 危地马拉 | 0.0 | 0.00 | 0.01 | 0.04 |
| 洪都拉斯 | 0.0 | 0.00 | 0.01 | 0.04 |
| 哥斯达黎加 | 0.0 | 0.01 | 0.02 | 0.03 |
| 萨尔瓦多 | 0.0 | 0.00 | 0.00 | 0.01 |

数据来源：根据联合国贸发组织数据计算得出。

表 5-2　世界各国(地区、经济体)出口产品受 NTMs 影响情况

| 国家(地区、经济体) | 影响强度 | 影响面 | 影响额 | 综合得分 |
|---|---|---|---|---|
| 中国 | 2.7 | 0.73 | 0.81 | 3.76 |
| 澳大利亚 | 1.9 | 0.49 | 0.30 | 2.90 |
| 瑞士 | 2.5 | 0.83 | 0.96 | 2.81 |
| 巴林 | 2.2 | 0.48 | 0.77 | 2.28 |
| 沙特阿拉伯 | 1.7 | 0.49 | 0.10 | 2.03 |
| 日本 | 1.3 | 0.61 | 0.73 | 1.60 |
| 哈萨克斯坦 | 1.6 | 0.93 | 0.77 | 1.56 |
| 阿联酋 | 1.5 | 0.40 | 0.39 | 1.49 |
| 毛里塔尼亚 | 1.1 | 0.47 | 0.28 | 1.31 |
| 缅甸 | 1.1 | 0.41 | 0.72 | 1.26 |
| 圭亚那 | 1.0 | 0.76 | 0.86 | 1.20 |
| 斯里兰卡 | 0.8 | 0.22 | 0.31 | 1.09 |
| 贝宁 | 0.8 | 0.29 | 0.47 | 0.94 |
| 吉尔吉斯斯坦 | 0.9 | 0.41 | 0.77 | 0.92 |
| 马里 | 0.7 | 0.18 | 0.82 | 0.91 |
| 阿根廷 | 0.7 | 0.26 | 0.68 | 0.88 |
| 俄罗斯 | 0.7 | 0.43 | 0.79 | 0.87 |
| 加纳 | 0.7 | 0.21 | 0.90 | 0.82 |
| 印度尼西亚 | 0.8 | 0.33 | 0.55 | 0.81 |
| 突尼斯 | 0.7 | 0.42 | 0.57 | 0.81 |
| 摩洛哥 | 0.8 | 0.28 | 0.31 | 0.80 |
| 巴布亚新几内亚 | 0.7 | 0.34 | 0.86 | 0.79 |
| 埃塞俄比亚 | 0.6 | 0.36 | 0.93 | 0.72 |
| 阿曼 | 0.5 | 0.21 | 0.76 | 0.68 |
| 香港 | 0.6 | 0.26 | 0.10 | 0.62 |
| 特立尼达和多巴哥 | 0.5 | 0.38 | 0.83 | 0.58 |
| 菲律宾 | 0.5 | 0.18 | 0.14 | 0.56 |

续表

| 国家（地区、经济体） | 影响强度 | 影响面 | 影响额 | 综合得分 |
|---|---|---|---|---|
| 利比里亚 | 0.5 | 0.42 | 0.35 | 0.53 |
| 巴拉圭 | 0.5 | 0.17 | 0.31 | 0.52 |
| 越南 | 0.5 | 0.24 | 0.45 | 0.51 |
| 牙买加 | 0.4 | 0.17 | 0.77 | 0.48 |
| 喀麦隆 | 0.5 | 0.16 | 0.77 | 0.47 |
| 美国 | 0.4 | 0.20 | 0.35 | 0.44 |
| 巴西 | 0.4 | 0.43 | 0.50 | 0.43 |
| 玻利维亚 | 0.4 | 0.36 | 0.58 | 0.37 |
| 约旦 | 0.3 | 0.27 | 0.39 | 0.35 |
| 多哥 | 0.3 | 0.16 | 0.15 | 0.35 |
| 阿富汗 | 0.3 | 0.17 | 0.71 | 0.31 |
| 马来西亚 | 0.2 | 0.13 | 0.14 | 0.31 |
| 巴基斯坦 | 0.3 | 0.15 | 0.19 | 0.30 |
| 冈比亚 | 0.3 | 0.15 | 0.03 | 0.30 |
| 塞内加尔 | 0.2 | 0.11 | 0.33 | 0.29 |
| 新西兰 | 0.3 | 0.22 | 0.63 | 0.26 |
| 卡塔尔 | 0.2 | 0.13 | 0.01 | 0.26 |
| 塔吉克斯坦 | 0.2 | 0.19 | 0.20 | 0.24 |
| 文莱 | 0.2 | 0.13 | 0.38 | 0.24 |
| 尼加拉瓜 | 0.2 | 0.15 | 0.42 | 0.24 |
| 巴巴多斯 | 0.2 | 0.10 | 0.42 | 0.22 |
| 布基纳法索 | 0.2 | 0.19 | 0.65 | 0.21 |
| 古巴 | 0.2 | 0.21 | 0.17 | 0.21 |
| 巴勒斯坦 | 0.2 | 0.19 | 0.13 | 0.20 |
| 加拿大 | 0.2 | 0.15 | 0.34 | 0.19 |
| 巴哈马 | 0.2 | 0.06 | 0.39 | 0.19 |
| 新加坡 | 0.2 | 0.08 | 0.05 | 0.19 |
| 厄瓜多尔 | 0.2 | 0.08 | 0.22 | 0.15 |

续表

| 国家(地区、经济体) | 影响强度 | 影响面 | 影响额 | 综合得分 |
|---|---|---|---|---|
| 秘鲁 | 0.1 | 0.08 | 0.14 | 0.15 |
| 土耳其 | 0.1 | 0.11 | 0.23 | 0.15 |
| 佛得角 | 0.1 | 0.14 | 0.11 | 0.15 |
| 尼日利亚 | 0.1 | 0.14 | 0.01 | 0.14 |
| 墨西哥 | 0.1 | 0.09 | 0.11 | 0.13 |
| 苏里南 | 0.1 | 0.06 | 0.09 | 0.13 |
| 以色列 | 0.1 | 0.04 | 0.02 | 0.13 |
| 多米尼克 | 0.1 | 0.03 | 0.33 | 0.12 |
| 哥伦比亚 | 0.1 | 0.07 | 0.14 | 0.11 |
| 泰国 | 0.1 | 0.06 | 0.16 | 0.10 |
| 黎巴嫩 | 0.1 | 0.04 | 0.08 | 0.08 |
| 乌拉圭 | 0.1 | 0.06 | 0.32 | 0.06 |
| 智利 | 0.1 | 0.03 | 0.10 | 0.06 |
| 格林纳达 | 0.1 | 0.03 | 0.19 | 0.06 |
| 欧盟 | 0.1 | 0.03 | 0.03 | 0.06 |
| 尼泊尔 | 0.1 | 0.04 | 0.01 | 0.05 |
| 委内瑞拉 | 0.0 | 0.05 | 0.00 | 0.05 |
| 安提瓜和巴布达 | 0.0 | 0.02 | 0.02 | 0.05 |
| 尼日尔 | 0.0 | 0.04 | 0.26 | 0.04 |
| 科特迪瓦 | 0.0 | 0.03 | 0.38 | 0.03 |
| 阿尔及利亚 | 0.0 | 0.01 | 0.00 | 0.01 |
| 哥斯达黎加 | 0.0 | 0.00 | 0.00 | 0.01 |
| 印度 | 0.0 | 0.01 | 0.02 | 0.01 |
| 洪都拉斯 | 0.0 | 0.00 | 0.00 | 0.00 |
| 危地马拉 | 0.0 | 0.00 | 0.00 | 0.00 |
| 萨尔瓦多 | 0.0 | 0.00 | 0.00 | 0.00 |
| 巴拿马 | 0.0 | 0.00 | 0.00 | 0.00 |

数据来源：根据联合国贸发组织数据计算得出。

## (三)区域发展水平不一,跨境贸易面临重重挑战

2018年世界最大的两个经济体(中国和美国)之间的贸易摩擦对世界各国的经济发展均造成不同程度的影响,单边主义和保护主义甚嚣尘上,此时区域合作一体化成为促进全球经济贸易自由化,对抗日益严重的单边主义和贸易保护主义的有效途径。当前,我国作为自由贸易区域一体化的倡导者之一,不仅积极参与并推进各种区域经济一体化合作,同时,为了避免我国对发达国家市场的过度依赖,也在不断加强与发展中国家的经贸合作(如"一带一路"),以期增强贸易抗风险能力。但是,由于大多发展中国家经济社会发展水平差异较大,电商市场成熟度低,信息化水平差异大,产业支撑能力不足,基础设施建设落后以及物流运输效率低下等,对我国推进区域经贸合作一体化带来严峻的挑战。

截至2021年4月,我国已与31个国际组织、140多个国家签署了共建"一带一路"合作文件,各国(尤其是发展中国家)社会经济文化发展水平和所拥有的资源差异较大,成为阻碍贸易区域一体化进程的主要因素之一,影响了区域内跨境电商贸易的发展速度。2020年,联合国发布了152个国家的B2C电子商务指数排名。其中,"一带一路"沿线国家(尤其是发展中国家)排名相对靠后(表5-3),中国排名也仅为第55名,仍有较大进步空间。

表5-3　"一带一路"沿线主要57国B2C指数和B2C排名情况

| 国家 | B2C 指数 | B2C 排名 | 国家 | B2C 指数 | B2C 排名 |
|---|---|---|---|---|---|
| 新加坡 | 94.4 | 4 | 蒙古 | 65 | 61 |
| 爱沙尼亚 | 90.8 | 14 | 越南 | 61.6 | 63 |
| 捷克 | 85.8 | 22 | 黎巴嫩 | 60.4 | 64 |
| 斯洛伐克 | 85.7 | 23 | 阿塞拜疆 | 60 | 65 |
| 克罗地亚 | 84 | 25 | 巴林 | 59.7 | 66 |

| 国家 | B2C 指数 | B2C 排名 | 国家 | B2C 指数 | B2C 排名 |
|---|---|---|---|---|---|
| 以色列 | 83.9 | 26 | 波黑 | 58.1 | 70 |
| 立陶宛 | 82.6 | 27 | 印度 | 57.1 | 71 |
| 波兰 | 82.2 | 28 | 约旦 | 54.7 | 76 |
| 马来西亚 | 81.3 | 30 | 黑山 | 54 | 78 |
| 匈牙利 | 80.5 | 31 | 印度尼西亚 | 50.1 | 83 |
| 希腊 | 79.2 | 33 | 亚美尼亚 | 49.9 | 84 |
| 斯洛文尼亚 | 78.8 | 34 | 阿尔巴尼亚 | 49.5 | 86 |
| 阿联酋 | 78.2 | 37 | 斯里兰卡 | 47.8 | 91 |
| 塞浦路斯 | 78.1 | 38 | 菲律宾 | 44.7 | 96 |
| 拉脱维亚 | 77.8 | 39 | 吉尔吉斯斯坦 | 44.3 | 97 |
| 俄罗斯 | 76.6 | 41 | 老挝 | 40.6 | 101 |
| 泰国 | 76 | 42 | 乌兹别克斯坦 | 37 | 107 |
| 塞尔维亚 | 75.3 | 43 | 埃及 | 36.6 | 109 |
| 罗马尼亚 | 75 | 45 | 尼泊尔 | 34.3 | 113 |
| 保加利亚 | 73.9 | 46 | 不丹 | 33.6 | 114 |
| 格鲁吉亚 | 73.6 | 47 | 孟加拉国 | 33.3 | 115 |
| 沙特阿拉伯 | 72.3 | 49 | 巴基斯坦 | 32.5 | 116 |
| 卡塔尔 | 72.1 | 50 | 柬埔寨 | 31.1 | 117 |
| 乌克兰 | 71.2 | 51 | 塔吉克斯坦 | 30 | 121 |
| 北马其顿 | 71.1 | 52 | 伊拉克 | 25.4 | 129 |
| 摩尔多瓦 | 70.8 | 53 | 缅甸 | 24 | 130 |
| 中国 | 70.1 | 55 | 也门 | 18.5 | 138 |
| 土耳其 | 68.8 | 57 | 阿富汗 | 17.1 | 143 |
| 科威特 | 68.7 | 58 | | | |

数据来源：联合国贸发组织。

　　研究表明，各国实际拥有的资源(经济、社会、人力资本等)是支撑其发展电子商务和跨境贸易的基础，"一带一路"沿线 57 个国家实际拥有的资源差异明显，严重影响区域内跨境电商的发展。目前这些国家发展电子商务能力的资源使用率平均值仅为 75.9%①。其中，中国资源使用效率也仅略高于平均值，为 76.9%。

　　为了有效评估各国在电子贸易过程中开发及利用自身资源的情况，我们将联合国发布的 B2C 指数与各国资源使用效率结合②，可得出如图 5-2

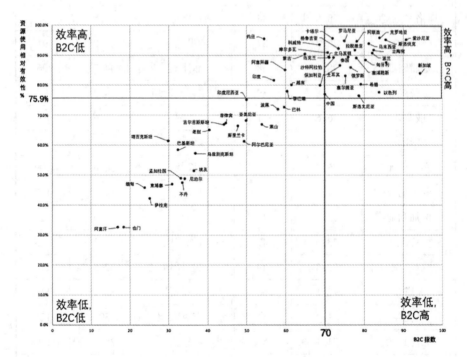

图 5-2 "一带一路"沿线国家电子商务指数和资源使用效率情况

数据来源：根据 DEA 模型计算所得。

①　梁骁."一带一路"沿线国家电子商务资源利用效率评价研究[J].贵州社会科学，2021(4)：9.

②　根据 2020 年 B2C 指数报告，共计 152 个国家参与排名，70 分以上的国家约占整体的三分之一，故选取 70 分作为分界线。

的四个象限，"一带一路"沿线的 57 个国家均分布在第一、第二和第三象限。其中，共有 22 个国家位于第三象限，这些国家的资源使用效率和 B2C 指数相对其他国家表现较差，其中最为突出的是也门和阿富汗；第二象限的八个国家，就目前而言，其资源利用效率已经达到较高水平，但是电子贸易发展水平仍然不够理想，这些国家若不加快开发更多支撑电子商贸发展的可用资源，很快将会面临发展瓶颈。而对于第一象限的国家（包括中国），目前资源使用效率和电子贸易发展状况相对较好。但是，值得注意的是，效率指标是个相对概念，这些国家仍有极大的进步空间（如中国的 B2C 排名仅为第 55 名，相对发达国家，仍有巨大的进步空间），而且，一旦该国获得新的资源且经济社会进一步发展，其资源使用效率指标也将面临再次下降的风险。由此可见，区域合作国家发展水平不一，跨境贸易将面临重重挑战。

## （四）全球能源短缺严重，影响贸易复苏进程

2021 年以来，随着世界经济持续复苏，各国寻求可持续的生产模式，进而对能源的需求激增，导致了能源短缺，无法满足需求。与此同时，异常的天气变化更加剧了能源短缺，比如 2020—2021 年北半球寒冬、2021 年 2 月美国得克萨斯州暴风雪、2021 年 8—9 月欧洲低风速以及墨西哥湾石油生产受飓风打击，使得绿色能源供应下降。全球各国人民也已从生活中各种高昂的能源价格感受到这种变化——欧洲创有史以来最高的天然气和电力价格，中国同样是高昂的煤炭价格，美国也是多年来最高的天然气价格以及远超长期实际平均水平的石油价格。世界银行《大宗商品市场展望》报告显示，2021 年的能源价格与 2020 年相比，提高了 80% 以上。受能源价格上涨驱动，欧美等国通胀高位运行，IMF 认为 2021 年全球 CPI 将达到 4.3%，相比 2020 年提高 1.1 个百分点，其中发达国家上涨幅度尤为明显，CPI 达到 2.8%，提高 2.1 个百分点。

能源短缺导致价格飙升，不仅影响外贸企业的生产环节，也影响贸易流通环节，给贸易产业供应链带来巨大的压力。WTO 认为，全球能源和原

材料的供应短缺以及海运受阻等问题都将给供应链造成影响，从而进一步蔓延影响到贸易领域。比如，许多制造业企业由于能源价格大幅攀升、电力供应不足等只得实施限产甚至停产。原油、天然气、煤炭等能源价格持续飙升，铜、铁矿石、钢铁等原材料以及化工、半导体、消费电子、汽车等中下游行业均出现了不同程度的供应短缺和价格上涨问题。其中，半导体短缺现象尤其突出，至今尚未出现缓解迹象。多家汽车企业大幅减产，例如丰田汽车在 2021 年将 9—10 月的全球产量下调了四成，并将 11 月产量从计划生产的 100 万辆减少了 15%。

显然，能源短缺及价格高企的能源供给势必会造成我国贸易产业供应链的局部紧张，给我国贸易发展带来巨大挑战。

## 二、未来我国贸易发展的应对策略

展望未来，随着习近平新时代中国特色社会主义思想内容的不断发展和丰富，习近平新时代国际贸易论述也会进一步向前发展，为应对未来我国贸易挑战提供了坚实的理论支撑。因此，我国对外贸易应在习近平新时代国际贸易论述的发展指导下采用以下应对策略。

### (一) 推进内外贸一体化，保障供应链畅通运转

#### 1. 推进内外贸一体化

第一，健全内外贸一体化政策体系，促进国内外与贸易相关的法律法规和检疫标准等逐步衔接，不断与国际标准接轨，提升国内外政策一致性。第二，积极推动国内外质量认证结果互认，鼓励国内的第三方认证机构朝着国际化方向发展。第三，培育内外贸一体化平台，逐步发掘并培育一批能与国际市场接轨的国内贸易产品交易市场。第四，加强进出口企业与物流企业的密切合作，实现资源整合，共享物流仓储等基础设施资源网络。第五，建立健全内外贸企业交流合作机制，发挥国家电子商务示范基

地作用，搭建更多贸易一体化大型综合网络平台。

## 2. 保障外贸供应链畅通运转

第一，保障能源和粮食安全，有效应对全球疫情反复风险。加快推进进口来源多元化，保障粮食、能源和资源在贸易流通环节的安全。深化贸易企业和物流企业的战略合作，提升并稳定贸易全链条的供给能力。此外，努力打造与国际接轨的大宗商品交易市场，积极参与行业定价，掌握更多主动权。同时，不断拓展与粮食、农业、能源等国际行业协会的合作，以此保障贸易产业链、供应链各流通环节的畅通运转。第二，加快加工贸易梯度转移。充分发挥自由贸易试验区、加工贸易产品博览会平台功能，依托加工贸易产业园及重点承接地，加快推进加工贸易梯度转移步伐，优化我国产业区域布局。同时，结合不同区域比较优势，积极探索加工贸易模式创新，提升我国中西部内陆地区和东北地区的加工承接能力。第三，强化国际物流体系保障。努力构建并发展与我国外贸体量和发展水平相当的国际物流体系，让我国物流在"走出去"进入国际市场的同时，也具有能在当地生根发芽的竞争实力。提升我国国际货运承载能力，推进航空、陆运、水运等多渠道发展，积极与外贸企业共同探索适宜的合作模式，创造更多元化的物流选择。

## 3. 深化"一带一路"贸易合作

首先，加快贸易通道建设。继续推进贸易畅通工作，不断扩大建设联通贸易内外的核心软、硬通道，如中欧班列、陆海新通道等硬通道和信息高速公路等网络软通道。此外，多元化拓展中欧班列回程的贸易商品货源地，同时积极鼓励国内各区域省市建设"一带一路"贸易货物集散地，提升贸易交易效率。其次，积极发展丝路电商。加快丝路电商全球化战略步伐，积极参与电子商务规则制定和谈判，进一步打造"一带一路"电子商务新格局。最后，积极探索并创新多种合作模式，支持地方农业、手工业等小型企业与丝路电商参与国精准对接，提升电商企业开拓海外市场能力，扩大产品进出口规模。

## (二)引领亚洲经贸秩序,有效应对"去中国化"

### 1. 成为亚洲领头羊,防止被巨型 FTA"边缘化"

构建亚洲新秩序,成为亚洲领头羊是我国有效应对当下以美国为主导的"去中国化"贸易保护主义行为,以此与欧、美形成"三足鼎立"的全球格局的最佳选择。

当下,亚洲区域治理体系长期缺位,现有亚洲区域经济治理模式与区域经济结构并不协调。已有的亚洲经贸合作机制较为碎片化,既不足以构建亚洲秩序,也不足以建立根据地。东盟"10+3"、东盟"10+6"和区域全面经济伙伴关系协定(RCEP)作为目前亚洲区域经济治理的三种存在形式,主导者都是东盟,属于多国综合治理模式,但是该模式并不是"轮轴-辐条"结构,不符合目前亚洲的经济结构,较易导致秩序失序,形成无效的区域治理。因此,亚洲区域亟待出现一个强有力的经济体辅以整合并构建新秩序。

目前,我国和其他 15 国共同签署的 RCEP 囊括了全球贸易额的31.5%。在该协定中,中国 2019 年 GDP(14.34 万亿美元)、货物贸易进出口总额(4.58 万亿美元)和人口(13.98 亿人)分别对应占 RCEP 缔约方总和的 55.51%、43.86%和 61.67%[①]。显然,RCEP 中,我国在经济规模、货物进出口贸易份额以及人口方面都已占据大半江山,未来成为亚洲领军者将成为必然。当下,在坚定维护以联合国为核心的国际体系,做多边主义践行者的同时,逐步整合亚洲现有自贸区、货币基金组织、丝路基金、亚洲基础设施投资银行等多边合作平台,通过东盟、RCEP 和"一带一路"倡议等合作渠道,利用我国巨大的市场规模和消费潜力,将其作为与亚洲各国的双边谈判筹码,循序渐进,逐一击破,最终实现亚洲全覆盖,达到构

---

① 沈楚铃. "数"说 RCEP 概况[J]. 中国海关,2021(3):3.

建符合亚洲经济结构新秩序的目标，这样不仅有利于形成与欧美对抗的"三足鼎立"的全球治理体系，也能有效地应对美国"去中国化"战略，降低被各种排他性高标准巨型自由贸易协定"边缘化"的风险。

### 2. 强化风险防控体系，积极应对贸易摩擦

首先，建立健全贸易摩擦应对体制机制。加强中央和地方以及企业之间的互动协作，推动形成多个市场主体共同有效应对贸易摩擦的工作模式，建立完善的工作保障机制。积极探索建设应对贸易摩擦的综合试验区，统筹建立全国应对贸易摩擦的预警系统，实时更新和发布预警信息，提高贸易企业抗风险意识，增强抗风险能力。其次，加强技术进出口管理，健全技术进出口法律法规。不断优化、更新和完善禁止、限制进出口技术目录，完善技术进出口协调监管、专家咨询等机制。促进国内知识产权保护法与国际法规标准接轨，深化国际合作，使国内外的知识产权都拥有同等的保护效力。最后，完善知识产权预警和维权援助信息平台建设。

### 3. 积极参与规则制定，扩大贸易开放合作

首先，积极参与国际经贸规则制定。坚定支持多边贸易体制，维护世界贸易组织基本原则，积极参与世界贸易组织改革工作，继续推动恢复上诉机构正常运行，继续参与投资便利化、跨境电商贸易、服务贸易、贸易与气候变化等议题的谈判和讨论。深度参与联合国、G20、金砖国家、亚太经合组织、中亚区域经济合作等合作机制，贡献更多中国方案。同时，积极参与数字化贸易、绿色贸易等新兴领域的规则制定。

其次，持续优化并削减货物贸易关税，提高应对技术性贸易措施等非关税措施壁垒的能力。依据不同行业特点分类降低服务贸易市场准入门槛，如逐步放开电信、医疗、教育等服务领域，同时稳步推进金融类产业的开放，积极探索服务贸易扩大开放的试点工作，如在海南自由贸易港实施货物贸易"零关税"、服务贸易"既准入又准营"等政策，不断提升贸易便利化水平。

## (三)创新引领外贸发展，增强我国核心竞争力

### 1. 创新驱动外贸发展，强化国家科技力量

坚持创新驱动发展，巩固增强国内大循环的主体地位。一方面，这是我国生存和发展的根本，是保障国内循环畅通的原动力；另一方面，这也是持续在国际大循环中创造新的竞争优势，保持领先的关键法宝。加快构建新发展格局，必须将科技创新上升到国家战略层面，通过提供高质量高标准的产品满足市场需求，同时进一步激发并创造新的需求，形成强大的消费和投资双重发展的国内市场。

未来，新技术将成为各国取胜的关键。2021 年美国国家反谍报与安全中心(NCSC)在十月份的一份报告中明确指出，人工智能、量子计算、生物技术、半导体和自主系统是"对美国经济和国家安全来说可能最利害攸关的"领域，要禁止对中国技术输出。

其中，人工智能是最核心的技术。通过人工智能和 5G 及自动化结合，就能创建快速的无人生产线、黑灯工厂，建立无人驾驶和无人码头，开发无人矿山或少人矿山，从此依靠机器进行无人生产产品，人工成本将不会成为影响竞争力的关键因素。在此基础上，如果将 AI 无人柔性生产线生产出来，就能遏制印度的下一次工业转移，因为我国的智能生产线需要的技工和制造业基础遥遥领先印度，此时，将严重削弱印度依靠生产线工人价格低的优势，维护我国外贸优势。

量子计算对于网络安全、大规模创新研发算法验证等有巨大的作用。尽管目前还处于初始阶段，但是量子计算应用一旦被突破后，拥有该项技术的国家将像拥有超级计算机一样碾压其他只拥有计算器的国家。

芯片是最核心的基础，除了生物技术和芯片紧密关系相对弱一些之外，其他技术都是基于芯片的。因此，美国大肆绞杀和封锁我国芯片企业，正是算准了中国在芯片制造业(特别是芯片制造设备)方面的薄弱基础。如果芯片制造无法实现自主可控，就无法突破美国人长臂管辖中国企

业的困境。同时，操作系统也是我国难以突破的方面，我国当前仍然没有可以支持中国信息产业的基座和主流操作系统。

生物技术方面，在经过新冠疫情一战之后，我国的基因技术、核酸检测技术以及各种最新疫苗技术都登上了一个新台阶，我国生物医疗技术已提升至国际一流层面。

5G 是未来经济的神经网络，目前我国已经完成 129 万个 5G 基站安装，远超计划，2021 年底已达到 140 万个，数量是美国现有 5G 基站数量的几十倍。其中，深圳 5G 基站已经超过 5 万个，甚至超过法国和德国的总和，且深圳已面向工业、城市管理、教育、医疗等重点领域输出 30 余种 5G 应用解决方案，推进开展 5G 应用项目达 258 个，"5G+千行百业"呈现快速发展态势。未来我国将会在 5G 工业应用方面领先，后续 5G 用于汽车自动驾驶 2.0，即在单车自动化驾驶功能上叠加网络交互和城市道路编队等功能，城市的交通必将焕然一新，交通速度大为提升。

显然，在这些方面实现科学应用技术的重大突破将极大提高我国的创新能力，强化我国经济、军事等战略力量，在国际大循环中塑造我国竞争新优势。

## 2. 提升企业创新能力

首先，加强自主研发，打造自主研发高端品牌。大力培育具有国际市场竞争力的自主品牌，拥有品牌设计和版权，才能在国际市场上拥有品牌的议价权和定价权，否则将永远只能作为大国集团的生产"外壳"，成为其全球战略布局中的一枚棋子，无法掌握其生产核心"秘密"。如果外部环境发生变化，大国集团拥有自主的产业链收缩和撤退计划，可以缩减甚至关闭发展中国家的任何一条生产线，或者将这一生产任务分包到其他国家。对于国际集团来说，外包生产分支为其提供了足够弹性，即使丢掉某一分支，也不会伤其筋骨，对其影响不大，但是，却对承接了一系列生产任务的国家造成毁灭性灾难，不仅白白耗费了大量优质的自然资源和能源，还对环境造成巨大污染，严重情况下还将面临巨大的贸易摩擦。由此，我国应充分利用相对完善的科研体系，不断提高国有企业和民营企业的创新能力，通过突破关键技术，拥有自主品牌，打破西方发达国家垄断，逐步扭转过去严重依靠外资和过度依赖外企的局面。只有这样，才能有效应对和抵抗西方对我国的经济打压和各种无理要求，彻底改变一直以来"廉价""低端""质量差"的国际形象，最终完全摆脱过去严重依赖资源和廉价劳动力的粗放型增长方式。

其次，提高企业集聚效应，深化协作水平。虽然我国外贸增速快，规模大，但是质量效益低仍是当前阻碍贸易进一步发展的最大问题，原因在于国内企业由于缺乏核心竞争力而不得不过度依赖低价竞争模式，导致各行业、各企业之间发生雷同、低质的竞争。造成这一现象的根本原因在于地方保护。研究表明，地方保护会导致地区产业结构趋同化现象①。具体来说，就是当前国内地方政府为保证实现地方利益，通过限制劳动力和外来产品进入等手段②，在自己所属地方重复建设一些能在短期获得巨额利润的产业项目，导致各地方产业结构趋同化的现象。在此过程中，地区产业结构相似度不断提高，各省之间贸易壁垒也在持续增加，由此导致全国各产业内部分工减少，从而引起恶性竞争等不良影响。此外，生产要素的自由流动也将频频受阻，不仅降低了资源配置效率，也阻碍了我国市场化进程和区域经济的发展。

因此，我们应健全市场体制机制，引导企业良性竞争；提高市场资源配置，合并重组生产雷同但是效益不佳的中小企业，通过不断整合资源，提高各市场主体分工协作水平；打破行政地域分割，畅通国内大市场，让各种生产要素和劳动力充分自由流动，积极参与竞争；夯实领军企业地位，树立行业典范，引领行业发展，提升行业内部及外部横向协作水平。由此，不断减少低质化的重复生产，以此促进更多劳动力和生产要素流动

---

① 刘海明，杨健，王灿雄，等. 区域经济协同发展研究进展综述——兼论区域经济协同发展机制建立的必要性[J]. 中国集体经济，2010(7)：86-89.

② 章尺木，李明. 地方保护与合作：基于产业结构趋同的经济学[J]. 财经科学，2007(3)：76-81.

并参与高质量的产业发展，为实现贸易高质量发展筑牢根基。

### 3. 加大科技投入，激发人才活力

从古至今，人类历史经历了众多变革的时代——石器时代、铁器时代、蒸汽时代、电气时代，每一轮新的技术革命都让世界发生了翻天覆地的变化，极大地提高了人类生产力水平，促进了经济的快速发展。我国的科技发展在改革开放后也全面加速，实现了各种历史性突破，取得了巨大成就。科技的迭代更新使得人类社会向前迈进速度更快，生活质量也加速提高。高铁的出现，减少了人们之间通勤时间，提高了沟通效率；各种节能设备有效减少了能源浪费，提高了能源使用效率，甚至彻底替代了不可再生资源；空间和航海技术让人类圆了上天下海的梦想；手机 APP 和咨询平台让人类可以坐在家中就能了解全球新闻时事；科学技术创新让我们过上了更舒适、更方便、更高质量的生活。这些都与近年来我国不断加大创新投入，不断提高创新科研水平息息相关。由此，我国已经基本具备通过科技强国进一步实现贸易强国的基础条件。

其中，科技创新和人才就是国家创新发展重要而坚实的基石。但是，我国科技创新和人力资源发展水平仍然问题重重。首先，科技创新仍然存在质量不高、技术难以解决真实需求等问题，部分高科技产业仍然面临受西方发达国家的技术封锁问题。其次，新型的基础设施建设搭建覆盖不足，难以形成全面的系统运用，如 5G、人工智能、工业物联网等。最后，目前我国人力资源的水平和结构难以支撑当前经济转型发展要求，中高级技术人才数量严重不足，人力供需不匹配问题十分突出。

因此，为满足当前百年未有之大变局转型期市场的需求，第一是要牢固树立人才引领发展的理念，明确创新唯在得人，全面创新人才评价机制，惜才爱才聚才，着力夯实人才是发展的根本基础。第二是要充分发挥市场导向机制，调动社会积极性和主动性，大力开发现有人力资源，培养和储备能满足转型时期所需的国际化信息化专业人才。在跨境人才方面，加强与"一带一路"沿线国家的教育合作，通过院校联动共建跨境人才教育

培训中心，培养一批具有跨文化沟通能力的复合型专业跨境电商人才，为不断促进中国和沿线国家的跨境贸易发展储备人才。第三是要继续加大科技投入力度，深化科技体制改革，优化和强化技术创新系统顶层设计，提升创新体系效能，推进高等院校、研究所和企业合作，提高科技投入产出比，努力打造具有世界一流水平的科学中心和创新高地，推动我国经贸可持续发展。第四是要在我国经济和消费结构发生巨变的重要时期(我国已经进入中等收入国家行列，农村劳动力加速转移，城镇化不断加速)，遵循经济发展客观规律，顺应历史发展趋势，因地制宜，以创新驱动贸易发展，充分发挥我国人力资本比较优势，不断推进我国贸易发展转型升级，促进我国经贸发展保持稳中有升态势。

### (四)拓展能源贸易渠道，加快人民币国际化进程

#### 1. 积极推进与俄罗斯商签以人民币结算的能源新协定

2022年3月，俄乌冲突爆发，美国联合欧盟、日本等国对俄展开了空前的经济制裁。美国一方面为乌克兰提供大批量先进武器，以增强乌方作战实力，另一方面和欧盟、日本共同商议加大对俄罗斯的制裁，其中能源成为制裁的最大切入点。为了尽快摆脱对俄能源的依赖，4月欧盟出台了煤炭进口禁令，指出从4月8日起将不再与俄签署新的煤炭供应合同，生效日将从2022年8月第二周开始。同一天，美国也宣布了对俄实施能源禁运，日本政府也公开表示将分阶段减少进口俄罗斯的煤炭。自此，"全球煤炭战"序幕正式拉开。

对此，俄罗斯通过推行能源交易"去美元化"的方式进行反制，强硬宣布不友好的国家必须使用卢布来购买俄罗斯的天然气，给世界发出了"去美元化"进行大宗商品交易的巨大信号。

恰逢此次巨大历史机遇期，我国应积极推进与俄罗斯的能源贸易合作，商签以人民币结算的能源贸易新协定。一方面，这种合作对中俄双方互惠互利，不仅能有效填补俄罗斯因欧盟禁止进口煤炭导致的市场缺口，

获得更大的贸易空间，也能帮助我国开拓能源进口新渠道，有效规避澳大利亚对我国能源贸易的掣肘，解决我国能源短缺问题。另一方面，这种能源合作关系一旦稳定并持续下去，将有助于中俄之间建立人民币—卢布的结算机制，向"去美元化"迈出一大步，不仅能有效动摇西方金融霸权根基，也能快速提升人民币的国际地位，成为我国推进人民币国际化进程的又一大有效切入点。

## 2. 积极与各国开展数字货币深度合作

自"一带一路"倡议提出、RCEP 和中欧协定签署以来，我国与世界各国合作愈加紧密，贸易额逐年稳步提升，其中跨境贸易的表现最为亮眼。新冠疫情爆发后，各国人民在疫情防控期间对无接触式支付的偏爱，更是加速了数字支付的发展。但是，跨境支付仍然是现有支付体系的痛点，主要在于国际支付标准不统一、系统操作无法完全同步且传统跨境支付所耗费用较高、耗时较长、透明度低等，而且商业银行货币结算也存在着信用风险和流动性风险敞口，央行支付系统也未完全包揽所有渠道，极大地增加了支付风险和成本。

当下，各国政府为了顺应全球金融科技的发展，各国央行都在致力于布局和研究央行数字货币①。不管新兴市场和发展中经济体关注的是数字货币带来的金融普惠性，还是发达国家关注的支付效率和安全性，数字货币的巨大优势实实在在地为各国政府和民众带来了便利——不仅提高了贸易交易效率，实现资产的可编程性，而且更好地保护了民众个人隐私，同时作为政府转移支付的补充工具，对经济复苏大有裨益。此外，央行数字货币还能有效帮助数据平台、金融企业、上下游产业链各方优化资源配置，提高运营效率，降低运营成本。显然，我国应当加快推进和研发央行数字货币的步伐，减小跨境支付过程中的障碍和风险，为跨境贸易夯实基础，同时注重我国自身的人力资本、交通运输和私营部门等方

---

① 刘慧，冯雪珺. 央行数字货币研发持续推进[N]. 人民日报，2021-05-11(18).

面的平衡发展，在持续培养跨境电商专业性人才，完善公路、铁路、航空等交通网络运输基础设施建设的同时，帮扶我国中小企业更快获得海外融资，为其海外经营安全性和快捷性保驾护航，不断提升我国电子商务能力。

此外，由于各国央行数字货币正式运行也会对全球支付系统造成不小的冲击，各国更加需要密切合作，以此应对发行央行数字货币所导致的银行市场被挤压引发挤兑等风险。此时，中国人民银行应加强与各国央行合作，联合发起多边央行数字货币研究等项目，共同探索央行数字货币在跨境支付中的应用，进一步加强与共建"一带一路"的国家在研发、试点、国际支付等领域开展更深度的合作，促进跨境贸易得到更快更好的发展。

## (五) 持续优化贸易结构，实现贸易高质量发展

### 1. 优化货物贸易结构

第一，优化国际市场布局。进一步优化我国的进口来源地和出口市场。在继续巩固加强深化与现存发达国家的经贸合作的同时，组织相关专家和业内人士积极研究和发掘更多的发展中国家的细分市场，将部分贸易重点转移至之前从未进行过合作但是同样优质的发展中国家和新兴市场，如亚洲、拉美、非洲等区域，充分调研这些新市场的人口结构、市场规模、消费需求、产业发展、政治风险等信息，由此发布较为详尽的国别投资贸易手册，以供贸易企业参考并制订进出口计划。

第二，优化国内区域布局。协调推进对外贸易政策融合、匹配、适应国内区域重大战略，使两者协同发展达到最优状态。在此过程中，一方面，对外贸易政策可以充分借助国内不同区域的比较优势，保障货源供给充足，以此满足海内外市场的需求；另一方面，国内市场不同区域也可以通过贸易市场发出的需求信号，灵活调整并完善市场产业链布局，以此实现国内市场区域优化的目的。比如，较为发达的东部地区可以努力对标国

际高标准贸易规则，通过各种高水平的进出口贸易平台，提升贸易质量和效益。对于中西部地区来说，可以在建立各种贸易保税区的同时尽力搭上"一带一路"倡议的顺风车，以此加快该区域的贸易发展速度。对于东北区域，进一步深化和拓展与边境中俄远东的贸易合作，以此更深入地参与对外区域合作。在全国各区域按照自身优势发展的基础上，全面整合并使所有区域协调发展，进一步提升贸易开放的深度和广度。

第三，优化进出口商品结构。加快优质产品进口速度，加大对优质工业产品、先进设备、核心零件的进口，增加对资源型产品以及目前我国农业发展水平尚低的农产品进口，积极推动对环保、节能、低碳、可循环等绿色生态产品的进口。同时，促进低附加值的一般贸易和加工贸易的转型升级。此外，还需降低进口关税和贸易进出口各环节中的制度性成本，提升贸易便利化程度。

第四，优化经营主体。向进出口贸易企业积极宣导国内国际双循环的伟大战略，号召其积极响应，提高其在内外两个市场中协调和配置资源的能力。此外，不断协调并提升市场不同经营主体发展水平，发挥产业头部领军企业创新引领作用，促进并带动中小微企业转型升级，在不断创新摸索中"走出去"，最终成为具有国际竞争力的贸易主体。政府及各相关职能部门在规范市场经营主体行为，制定监管机制的同时，也要为其解决在进出口中遇到的各种难题，帮扶其顺利出海。

第五，优化贸易方式。加快一般贸易技术迭代更新，增强研发、品牌、售后等一系列环节建设，夯实对外贸易发展基础。加快推进加工贸易转型升级试点建设，逐步淘汰高污染、高能耗的产业生产，积极探索并发展环保、节能、可持续的绿色生态新业态，推进产业链、供应链建设，不断创新发展。加快培育并发展其他新兴特色业态贸易，出台制定各类保障政策措施，帮扶小微企业稳步进入生产正轨，实现小额贸易持续健康发展。

## 2. 创新发展服务贸易

首先，优化服务进出口结构。降低产品研发、创意设计、低碳环保等生产性服务贸易进口门槛，加大卫生医疗等服务进口力度。扩大旅游业、交通运输业、建筑设计等传统服务出口规模。促进知识密集型服务出口，鼓励已具规模的专业化产业走出国门，如中文服务、农业技术、法律咨询、教育培训等专业。拓展具有中国特色的服务业出口，如中国文化、中医、中国传统运动等出口。

其次，加快服务外包转型升级。加快推进服务外包创新发展，积极探索服务外包新模式，如云外包、平台分包等；同时，继续拓展传统生产性外包服务，如产品研发、产品设计、产品包装、产品加工、产品维修等。促进对外发包发展，巩固并提高全球产业链供应链稳定性。充分利用物联网等新兴技术，促进服务外包与传统制造业的融合发展，实现服务外包数字化转型升级。

### 3. 加快发展贸易新业态

首先，促进跨境电商持续健康发展。稳步推进跨境电商综合试验区建设，优化并完善电商进出口监管体系，促进行业健康发展。积极探索创新跨境贸易交易各环节，帮助电商企业实现更灵活机动、更便捷的产业链管理。加快建设跨境电商网络综合服务平台，打造实体和网络深度融合、海内外贸易协同联动的跨境电商营销体系。加强国际行业交流，共同培养复合型的跨境电商人才，促进我国与其他国家的跨境电商业务合作。

其次，加快推进市场采购、海外仓和离岸贸易发展。加快建设市场采购贸易方式试点，辅助并支持试点创新工作，打造一系列可供全国复制和应用的成功经验，以此引领并带动一批地方示范领军企业发掘自身特点和比较优势，更好地实现地方产业转型升级。此外，加快出台海外仓行业标准，引导并鼓励市场经营主体积极打造具有本地化特色且能提供优质服务的标杆性海外仓。在不断加强与国际社会合作的过程中，共同打造并构建完善的海外仓服务体系，通过数字化赋能海外仓发展，打造智能一体化的物流服务信息平台，不断拓展与全球产业链上下游企业的深度合作。

最后，支持离岸贸易发展，引导并鼓励银行以提升审批流程效率和提供优质且合规的金融服务作为目标，创新支持离岸贸易发展的金融模式。以海南自由贸易港、自由贸易试验区等地作为金融创新试点，积极探索并培育一批优质的离岸贸易经营企业。

### 4. 提升贸易数字化水平

首先，加快促进贸易全链条数字化赋能，提高产业全链条智能化水平，如通过网络展会的举办，拓宽数字化营销渠道，扩大品牌知名度和影响力；通过实施"单一窗口"和证照无纸化通关政策，提高通关效率，提升贸易便利化程度；积极探索数字化服务模式，加快数字技术在销售后端的应用，不断提升服务质量；加快探索贸易融资、跨境支付等金融服务创新工具，如区块链技术等，提升服务和监管效能。其次，加快推进服务贸易数字化进程，推动数字技术与服务贸易深度融合，加快传统服务贸易转型升级步伐。比如，运用数字化技术，创新服务供应模式，提升交易效率。大力发展远程医疗、在线教育等运用，积极支持旅行、建筑、交通等传统服务行业开展数字化改造，推动跨境服务供需精准匹配。

### (六)实施扩大内需战略，推动构建新发展格局

消费一直是经济增长的原动力。改革开放以来，我国先后出现了三次消费贡献率高峰，即 1983—1985 年(72%)、1989—1990 年(87.7%)和1999—2000 年(84.0%)，其对 GDP 增长的平均贡献率均超过了 70%①。显然，消费对经济发展在扩大国内市场需求、促进国内循环、畅通国内国际双循环中起着决定性作用。但是，我国消费率自 20 世纪 80 年代以来一直呈下滑趋势，1978—2000 年保持在 58%~65%之间，之后则一路下降至2010 年的历史最低点 47.4%，2018—2019 年又上升至 55%的水平。在整个发展变化过程中，政府消费率较为稳定，居民消费率的下降幅度则较大

---

① 商务部流通产业促进中心. 我国或将迎来改革开放以来第四次消费贡献率高峰[EB/OL]. (2019-10-09) [2021-08-26]. https://baijiahao. baidu. com/s? id = 16468 72770777544071&wfr = spider&for = pc.

(从改革初期到 2010 年，下降了 18 个百分点)，成为影响经济增长的主要因素。相比于其他国家，我国的消费率偏低，特别是居民消费率(表 5-4)，2017 年居民消费率的世界平均值为 56.4%，高收入国家平均为 58.7%，我国只有 39%。

表 5-4　2017 年中国与世界需求结构(%) (占 GDP 的比例)

| | 最终消费 | 政府消费 | 居民消费 | 资本形成 | 固定资本形成 |
|---|---|---|---|---|---|
| 中国 | 53.6 | 14.6 | 39 | 44.7 | 42.9 |
| 东亚与太平洋 | 61.7 | 16 | 45.7 | 32 | 31 |
| 经合组织 | 77.8 | 17.6 | 60.2 | 22 | 21 |
| 中等收入国家 | 62.8 | 14.5 | 48.3 | 31 | 29 |
| 中高收入国家 | 63.6 | 15.6 | 48 | 32 | 30 |
| 低收入国家 | 74.8 | 12.5 | 62.3 | 29 | 25 |
| 高收入国家 | 76.4 | 17.7 | 58.7 | 22 | 21 |
| 世界平均 | 73.2 | 16.8 | 56.4 | 24 | 23 |

数据来源：世界银行数据库。

我国政府消费率目前与中等收入国家的平均水平相当，但是仍然低于高收入国家和世界平均水平。2017 年，我国政府消费率为 14.6%，仅仅高于同期低收入国家的 12.5% 和略高于中等收入国家的 14.5%，而世界平均水平是 16.8%，东亚与太平洋国家是 16%，OECD 国家(经合组织)是 17.6%。从另一个角度看，消费下滑意味着我国过去的经济发展将过多的目光关注在投资和贸易出口方向。但是，这种战略布局将不再具有可持续性。近年来，外需作用逐步下降①，此时如果继续过度依赖外需来刺激经济增长，经济发展的不确定性风险将会极大地增加，甚至会威胁到我国经

① 中国宏观经济研究院投资所. 全球经济下行压力增大　我国经济保持稳中有进态势[J]. 中国经贸导刊, 2019(12)：4.

济建设的安全底线，而且在当前复杂多变的外部环境下，各种贸易争端和经济制裁逐渐增多，在我国运用经贸规则能力还未达到更高水平的情况下，应当充分考虑并运用好内部市场，以免陷入被动的尴尬境地。

研究数据显示，相比于投资增长，消费变化对于刺激经济增长具有更高的适配性，两者的相关度高达 0.92①。2000—2010 年的十年间，消费增长落后于经济增长。但是，进入 2010 年后，这一情况发生根本改变，消费增长势头迅猛，一举超越经济增长，成为带动经济增长的重要引擎。

因此，现阶段我国应统筹推进供给侧结构性改革和需求侧管理，联动出台各种刺激消费的政策，不断提高国内消费率，以此快速消耗内部市场过剩产能。同时，培育壮大消费增长新动能，通过综合施策实现高水平的供需动态平衡，不断提高居民收入水平和人力资源开发水平，以此推动构建新发展格局，在新阶段、新起点开创稳中求进的新局面。

---

① 中国宏观经济研究院投资所. 全球经济下行压力增大　我国经济保持稳中有进态势[J]. 中国经贸导刊，2019(12)：4.

# 参 考 文 献

著作类：

[1]马克思恩格斯全集(第一卷)[M].北京：人民出版社，1995.

[2]马克思恩格斯全集(第三卷)[M].北京：人民出版社，2002.

[3]马克思恩格斯全集(第四卷)[M].北京：人民出版社，1958.

[4]马克思恩格斯全集(第二十五卷)[M].北京：人民出版社，2001.

[5]马克思恩格斯全集(第二十八卷)[M].北京：人民出版社，2018.

[6]马克思恩格斯全集(第三十一卷)[M].北京：人民出版社，1998.

[7]马克思恩格斯全集(第三十三卷)[M].北京：人民出版社，2004.

[8]马克思恩格斯全集(第三十四卷)[M].北京：人民出版社，2008.

[9]马克思恩格斯全集(第三十五卷)[M].北京：人民出版社，2013.

[10]马克思恩格斯全集(第三十六卷)[M].北京：人民出版社，2015.

[11]马克思恩格斯全集(第三十七卷)[M].北京：人民出版社，2019.

[12]马克思恩格斯全集(第四十四卷)[M].北京：人民出版社，2001.

[13]马克思恩格斯全集(第四十五卷)[M].北京：人民出版社，2003.

[14]马克思恩格斯全集(第四十六卷)[M].北京：人民出版社，2003.

[15]马克思恩格斯全集(第四十六卷)(上)[M].北京：人民出版社，1979.

[16]马克思恩格斯全集(第四十六卷)(下)[M].北京：人民出版社，1980.

[17]马克思恩格斯选集(第一卷)[M].北京：人民出版社，2012.

［18］马克思恩格斯选集（第二卷）［M］．北京：人民出版社，1995．

［19］马克思恩格斯选集（第四卷）［M］．北京：人民出版社，1995．

［20］马克思恩格斯文集（第一卷）［M］．北京：人民出版社，2009．

［21］马克思恩格斯文集（第二卷）［M］．北京：人民出版社，2009．

［22］马克思恩格斯文集（第八卷）［M］．北京：人民出版社，2009．

［23］马克思主义政治经济学概论编写组．马克思主义政治经济学概论［M］．
北京：人民出版社，2021．

［24］列宁选集（第三卷）［M］．北京：人民出版社，2012．

［25］列宁选集（第四卷）［M］．北京：人民出版社，2012．

［26］列宁文稿（第十卷）［M］．北京：人民出版社，1979．

［27］列宁全集（第三十三卷）［M］．北京：人民出版社，2017．

［28］列宁全集（第三十四卷）［M］．北京：人民出版社，2017．

［29］列宁全集（第三十五卷）［M］．北京：人民出版社，2017．

［30］列宁全集（第三十八卷）［M］．北京：人民出版社，2017．

［31］列宁全集（第四十卷）［M］．北京：人民出版社，2017．

［32］列宁全集（第四十一卷）［M］．北京：人民出版社，2017．

［33］列宁全集（第四十二卷）［M］．北京：人民出版社，2017．

［34］列宁全集（第四十三卷）［M］．北京：人民出版社，2017．

［35］列宁全集（第六十卷）［M］．北京：人民出版社，2017．

［36］中央编译局．苏联共产党代表大会、代表会议和中央全会决议汇编
（中文版第二分册）［M］．北京：人民出版社，1958．

［37］毛泽东选集（第一卷）［M］．北京：人民出版社，1991．

［38］毛泽东选集（第四卷）［M］．北京：人民出版社，1991．

［39］毛泽东文集（第一卷）［M］．北京：人民出版社，1993．

［40］毛泽东文集（第六卷）［M］．北京：人民出版社，1999．

［41］邓小平文选（第二卷）［M］．北京：人民出版社，1993．

［42］邓小平文选（第三卷）［M］．北京：人民出版社，1993．

［43］中共中央文献研究室．毛泽东书信选集［M］．北京：中央文献出版社，

2003.

[44] 中共中央文献研究室. 毛泽东早期文稿（1912.6—1920.11）［M］. 长沙：湖南人民出版社，1990.

[45] 中共中央文献研究室. 建国以来重要文献选编（第一册）［M］. 北京：中央文献出版社，1992.

[46] 中共中央文献研究室. 建国以来重要文献选编（第三册）［M］. 北京：中央文献出版社，1992.

[47] 中共中央文献研究室. 建国以来重要文献选编（第四册）［M］. 北京：中央文献出版社，1993.

[48] 中共中央文献研究室. 新中国60年研究文集［M］. 北京：中央文献出版社，2009.

[49] 中共中央文献研究室. 周恩来年谱（1949—1976）（上卷）［M］. 北京：中央文献出版社，1997.

[50] 中共中央文献研究室. 周恩来经济文选［M］. 北京：中央文献出版社，1993.

[51] 中共中央文献研究室. 十六大以来重要文献选编（上）［M］. 北京：中央文献出版社，2005.

[52] 中共中央文献研究室. 十六大以来重要文献选编（中）［M］. 北京：中央文献出版社，2006.

[53] 中共中央文献研究室. 十六大以来重要文献选编（下）［M］. 北京：中央文献出版社，2008.

[54] 中共中央文献研究室. 十七大以来重要文献选编（上）［M］. 北京：中央文献出版社，2009.

[55] 中共中央文献研究室. 十八大以来重要文献选编［M］. 北京：中央文献出版社，2016.

[56] 中华人民共和国大典编修指导委员会. 中华人民共和国大典［M］. 北京：中国经济出版社，1994.

[57] 中共中央文献研究室. 习近平关于社会主义经济建设论述摘编［M］.

北京：中央文献出版社，2017.

[58]中共中央宣传部. 习近平新时代中国特色社会主义思想学习纲要[M].
北京：学习出版社，2019.

[59]习近平谈治国理政(第一卷)[M]. 北京：外文出版社，2014

[60]习近平谈治国理政(第二卷)[M]. 北京：外文出版社，2017.

[61]习近平谈治国理政(第三卷)[M]. 北京：外文出版社，2020.

[62]习近平. 开放共创繁荣　创新引领未来——在博鳌亚洲论坛2018年年
会开幕式上的主旨演讲[M]. 北京：人民出版社，2018.

[63]习近平. 共建创新包容的开放型世界经济——在首届中国国际进口博
览会开幕式上的主旨演讲[M]. 北京：人民出版社，2018.

[64]习近平. 开放合作 命运与共——在第二届中国国际进口博览会开幕式
上的主旨演讲[M]. 北京：人民出版社，2019.

[65]习近平. 在第三届中国国际进口博览会开幕式上的主旨演讲[M]. 北
京：人民出版社，2020.

[66]习近平. 齐心开创共建"一带一路"美好未来：在第二届"一带一路"国
际合作高峰论坛开幕式上的主旨演讲[M]. 北京：人民出版社，2019.

[67]习近平. 在庆祝改革开放40周年大会上的讲话[M]. 北京：人民出版
社，2018.

[68]习近平. 携手共命运　同心促发展：在2018年中非合作论坛北京峰会
开幕式上的主旨讲话[M]. 北京：人民出版社，2018.

[69]习近平. 深化文明交流互鉴 共建亚洲命运共同体：在亚洲文明对话大
会开幕式上的主旨演讲[M]. 北京：人民出版社，2019.

[70]习近平. 在经济社会领域专家座谈会上的讲话[M]. 北京：人民出版
社，2020.

[71]习近平. 让多边主义的火炬照亮人类前行之路——在世界经济论坛
"达沃斯议程"对话会上的特别致辞[M]. 北京：人民出版社，2021.

[72]中国对外经济贸易年鉴编纂委员会. 中国对外经济贸易年鉴[M]. 北
京：中国对外经济贸易出版社，1984.

[73]周恩来选集(下卷)[M].北京：人民出版社，1984.

[74]中央文献出版社.不尽的思念[M].北京：中央文献出版社，1987.

[75]中国对外经济贸易年鉴编纂委员会.中国对外经济贸易年鉴[M].北京：中国对外经济贸易出版社，2002.

[76]李㻑.马克思主义国际贸易理论的构建[M].北京：中国财政经济出版社，2006.

[77]孙玉宗，王寿椿.对外贸易经济学[M].北京：中国财政经济出版社，1992.

[78]许兴亚.马克思的国际经济理论[M].北京：中国经济出版社，2002.

[79]杨圣明.马克思主义国际贸易理论新探[M].北京：经济管理出版社，2002.

[80]杨圣明，冯雷，夏先良.马克思国际贸易理论研究[M].北京：当代中国出版社，2017.

[81]埃德加·斯诺.西行漫记[M].北京：三联书店，1979.

[82]亚当·斯密.国民财富的性质和原因的研究[M].北京：商务印书馆，1974.

[83]萨米尔·阿明.不平等的发展：论外国资本主义的社会形态[M].北京：商务印书馆，1990.

[84]伊曼纽尔.不平等交换：对帝国主义贸易的研究[M].北京：中国对外经济贸易出版社，1988.

[85]托马斯·弗里德曼.世界是平的：21世纪简史[M].长沙：湖南科学技术出版社，2015.

[86]南亮进.中国的经济发展：与日本的比较[M].北京：经济管理出版社，1991.

[87]中国科学技术协会.2014—2015学科发展报告综合卷[M].北京：中国科学技术出版社，2016.

[88]复旦大学历史系中国近代史教研室.中国近代对外关系史资料选辑(下卷第1分册)[M].上海：上海人民出版社，1977.

[89] Baumol W J. Environmental Protection, International Spillovers, and Trade [M]. Stockholm: Almkvist and Wicksell, 1971.

[90] Dunn B. In Global Political Economy: A Marxist Critique [M]. London: Pluto Press, 2009: 179-202.

论文:

[1] 江泽民. 加快改革开放和现代化建设步伐, 夺取有中国特色社会主义事业的更大胜利——在中国共产党第十四次全国代表大会上的报告 [J]. 求是, 1992(11): 1-16.

[2] 江泽民. 高举邓小平理论伟大旗帜, 把建设有中国特色社会主义事业全面推向二十一世纪——在中国共产党第十五次全国代表大会上的报告 [J]. 求是, 1997(18): 2-23.

[3] 江泽民. 全面建设小康社会, 开创中国特色社会主义事业新局面——在中国共产党第十六次全国代表大会上的报告 [J]. 求是, 2002(22): 3-19.

[4] 胡锦涛. 高举中国特色社会主义伟大旗帜 为夺取全面建设小康社会新胜利而奋斗——在中国共产党第十七次全国代表大会上的报告 [J]. 实践(思想理论版), 2007(Z1): 4-19.

[5] 胡锦涛. 坚定不移沿着中国特色社会主义道路前进 为全面建成小康社会而奋斗——在中国共产党第十八次全国代表大会上的报告 [J]. 党建, 2012(12): 13-30.

[6] 习近平. 决胜全面建成小康社会 夺取新时代中国特色社会主义伟大胜利——在中国共产党第十九次全国代表大会上的报告 [J]. 实践(思想理论版), 2017(11): 4-21.

[7] 李荣林, 史祺. 马克思的国际价值理论与西方国际贸易学说 [J]. 南开经济研究, 2000(5): 41-45.

[8] 张弦, 王家斌. 马克思与其前人的贸易思想研究 [J]. 社会主义研究, 2003(3): 71-73.

[9] 刘厚俊，袁志田. 马克思国际贸易理论与西方国际贸易理论的比较[J].
当代经济研究，2006(1)：17-20，72-73.

[10] 李恒. 国家利益与国际贸易理论的重构——西方贸易理论与马克思贸
易理论的比较研究[J]. 国际贸易问题，2007(9)：121.

[11] 尹栾玉. 马克思国际贸易理论与克鲁格曼新贸易理论之比较[J]. 马克
思主义研究，2007(5)：28-32.

[12] 杨玉华. 马克思经济学与西方经济学国际贸易动力理论的比较[J]. 经
济纵横，2011(5)：1-5.

[13] 张志敏，何爱平. 马克思经济学与西方经济学国际贸易理论比较研
究[J]. 经济纵横，2013(8)：60-65.

[14] 刘国晖，吴易风. 国际贸易理论——马克思经济学与西方经济学的比
较[J]. 政治经济学评论，2015，6(4)：118-136.

[15] 鲁晓璇，张曙霄. 对马克思主义国际贸易理论和西方国际贸易理论及
其关系的思考[J]. 经济学家，2018(1)：20-28.

[16] 罗云，戴轶，蒋琳莉. 论经典马克思主义的国际贸易思想[J]. 人民论
坛，2020(Z1)：150-151.

[17] 杨圣明，王茜. 马克思世界市场理论及其现实意义——兼论"逆全球
化"思潮的谬误[J]. 经济研究，2018，53(6)：52-66.

[18] 黄瑾，王敢. 马克思恩格斯自由贸易思想及当代启示[J]. 经济学家，
2020(3)：16-24.

[19] 赵茜. 马克思恩格斯的国际贸易政策思想及其当代启示[J]. 社会主义
研究，2021(2)：31-37.

[20] 徐绍元，史春林. 马克思恩格斯对资本主义国际贸易政策本质的分析
及现实启示[J]. 湖湘论坛，2021，34(4)：35-47.

[21] 谢地，张巩. 逆全球化的政治经济学解释[J]. 马克思主义与现实，
2021(2)：75-80.

[22] 戴军，韩跃红. 环境保护对国际贸易的影响及其对策探讨[J]. 昆明理
工大学学报(社会科学版)，2003(2)：33-36.

［23］熊涓，孙祉祺. 我国高新技术产品进出口状况分析［J］. 对外经贸，2020，309（3）：39-41.

［24］高士旺. 机电外贸企业的突出困难和经营亮点——2020 年机电外贸形势梳理［J］. 进出口经理人，2021（1）：4.

［25］李坤望. 改革开放三十年来中国对外贸易发展评述［J］. 经济社会体制比较，2008（4）：35-40.

［26］关成华. 中国创新能力的现状研判与前景展望［J］. 人民论坛，2020（36）：76-79.

［27］梁骁. "一带一路"沿线国家电子商务资源利用效率评价研究［J］. 贵州社会科学，2021（4）：9.

［28］沈楚铃. "数"说 RCEP 概况［J］. 中国海关，2021（3）：3.

［29］中国宏观经济研究院投资所. 全球经济下行压力增大 我国经济保持稳中有进态势［J］. 中国经贸导刊，2019（12）：4.

［30］刘海明，杨健，王灿雄，等. 区域经济协同发展研究进展综述——兼论区域经济协同发展机制建立的必要性［J］. 中国集体经济，2010（7）：86-89.

［31］章尺木，李明. 地方保护与合作：基于产业结构趋同的经济学［J］. 财经科学，2007（3）：76-81.

［32］姚鹏，张明志. 新中国 70 年中国中部地区工业发展——历程、成就、问题与对策［J］. 宏观质量研究，2019，7（2）：103-113.

［33］Ghorashi Reza. Marx on Free Trade［J］. Science & Society，1995，59（1）：38-51.

［34］Tairako T. Marx on Capitalist Globalization［J］. Hitotsubashi Journal of Social Studies，2003，35（1）：11-16.

［35］Ganguli B N. Marx's Theory of Trade Policy［J］. The Economic Weekly，1965（2）：217-224.

［36］Hoselitz B F. Socialism, Communism, and International Trade［J］. Journal of Political Economy，1949，57（3）：227-241.

[37] Ranjit S. Towards a Marxian Theory of International Trade and Capital Flow[J]. Economic and Political Weekly, 1977, 12 (33/34): 1437-1450.

[38] Matsui Kiyoshi. On the Theory of International Trade[J]. Kyoto University Economic Review, 1951, 21(1(50)): 23-38.

[39] Rima I H. China's Trade Reform: Verdoorn's Law Married to Adam Smith's "Vent for Surplus" Principle[J]. Journal of Post Keynesian Economics, 2004, 26(4): 729-744.

[40] Ozaki Robert S. A Note on the Future of Japan's Trade with Red China[J]. The American Economist, 1960, 4(2): 36-38.

[41] Pavcnik G N. Distributional Effects of Globalization in Developing Countries[J]. Journal of Economic Literature, 2007, 45(1): 39-82.

[42] Gordon H Hanson. The Rise of Middle Kingdoms: Emerging Economies in Global Trade[J]. Journal of Economic Perspectives, 2012, 26(2): 41-63.

[43] Dechezlepretre A, Sato M. The Impacts of Environmental Regulations on Competitiveness [J]. LSE Research Online Documentson Economics, 2017.

[44] Daly H E, Cobb C W. For the Common Good: Redirecting the Economy Toward Community, the Environment and a Sustainable Future[J]. Boston Massachusetts Beacon Press, 2017, 2(4): 346-347.

[45] Morris D. Free Trade: the Great Destroyer[J]. Ecologist, 1990.

[46] Daly H, Goodland R. An Ecological-Economic Assessment of Deregulation of International Commerce Under GATT[J]. Ecological Economics, 1994, 9(1): 73-92.

[47] George Liodakis. Environmental Implications of International Trade and Uneven Development: Toward a Critique of Environmental Economics [J]. Review of Radical Political Economics, 2000.

［48］Zhang J. International Production Fragmentation，Trade in Intermediate Goods and Environment［J］. Economic Modelling，2020，87：1-7.

［49］James R Markusen. International Externalities and Optimal tax Structures ［J］. Journal of International Economics，1975，5(1)：15-29.

［50］John Whalley. The Interface Between Environmental and Trade Policies ［J］. The Economic journal，1991，101(405)：180-189.

报纸：

［1］中共中央关于完善社会主义市场经济体制若干问题的决定［N］. 人民日报，2003-10-22(01).

［2］胡锦涛. 注重分析世界经济形势，抓住机遇推动经济发展［N］. 光明日报，2003-01-29(01).

［3］胡锦涛. 中国的发展亚洲的机遇——在博鳌亚洲论坛2004年年会开幕式上的主旨演讲［N］. 光明日报，2004-04-25(01).

［4］胡锦涛. 加强互利合作促进共同发展——在墨西哥参议院的演讲［N］. 光明日报，2005-09-14(03).

［5］胡锦涛. 与时俱进，继往开来，构筑亚非新型战略伙伴关系——在亚非峰会上的讲话［N］. 光明日报，2005-04-23(01).

［6］胡锦涛. 促进中东和平建设和谐世界——在沙特协商会议发表重要演讲［N］. 光明日报，2006-04-24(02).

［7］习近平. 决胜全面建成小康社会 夺取新时代中国特色社会主义伟大胜利——在中国共产党第十九次全国代表大会上的报告［N］. 人民日报，2017-10-28(001).

［8］习近平. 共担时代责任，共促全球发展［N］. 人民日报，2017-01-18(01).

［9］习近平. 在十八届中央政治局第十九次集体学习时的讲话［N］. 人民日报，2014-12-07 (01).

［10］习近平. 习近平在河南考察时强调 深化改革发挥优势创新思路统筹兼

顾确保经济持续健康发展社会和谐稳定[N].人民日报,2014-05-11
(01).

[11]习近平.在2020年中国国际服务贸易交易会全球服务贸易峰会上的致
辞[N].人民日报,2020-09-05(02).

[12]习近平.顺应时代潮流实现共同发展——在金砖国家工商论坛上的讲
话[N].人民日报,2018-07-26.

[13]习近平.二〇一九年新年贺词[N].人民日报,2018-12-31(01).

[14]习近平.同舟共济创造美好未来——在亚太经合组织工商领导人峰会
上的主旨演讲[N].人民日报,2018-11-18.

[15]习近平.为建设更加美好的地球家园贡献智慧和力量——在中法全球
治理论坛闭幕式上的讲话[N].人民日报,2019-03-27.

[16]习近平.共同构建人类命运共同体——在联合国日内瓦总部的演
讲[N].人民日报,2017-01-20.

[17]习近平.凝心聚力继往开来,携手共谱合作新篇章——在中国-中东欧
国家领导人峰会上的主旨讲话[N].光明日报,2021-02-10(02).

[18]中共中央关于制定国民经济和社会发展第十四个五年规划和二〇三五
年远景目标的建议[N].人民日报,2020-11-25(06).

[19]辰昕,文华,文涵.人民要论:理性认识经济全球化大逻辑大趋
势[N].人民日报,2020-07-22(09).

[20]顾阳.增强活力:持续改善营商环境[N].经济日报,2019-08-11(01).

[21]曾金华.我国营商环境国际竞争力持续增强[N].经济日报,2019-10-
26(05).

[22]贺勇,谢卫群,曲哲涵.全球排名屡创新高,多项指标实现跃升,我
国营商环境持续优化[N].人民日报,2019-10-27(04).

[23]中华人民共和国国民经济和社会发展第十四个五年规划和2035年远
景目标纲要[N].人民日报,2021-03-13(001).

[24]刘慧,冯雪珺.央行数字货币研发持续推进[N].人民日报,2021-05-
11(18).

## 报告：

[1] 商务部. 世界贸易经济趋势[R]. 北京：中华人民共和国商务部，2020.

[2] 世界银行. 2020 年营商环境报告（190 个国家）[R]. 华盛顿：世界银行，2020.

[3] 世界经济论坛. 2019 年度全球竞争力报告[R]. 日内瓦：世界经济论坛，2019.

[4] 华为. 华为创新和知识产权白皮书 2020[R]. 深圳：华为技术有限公司，2021-03-16.

[5] 商务部研究院. 全球服务贸易发展指数报告 2020[R]. 北京：商务部研究院，2020.

[6] 中国贸促会. 全球经贸摩擦指数报告[R]. 北京：中国国际贸易促进委员会经贸摩擦法律顾问委员会，2021.

[7] Yeats A J. China's Foreign Trade and Comparative Advantage：Prospects，problem，and policy implications[R]. Washington，D. C：World Bank，1992（141）.

[8] World Bank. Global Economic Prospects，June 2021[R]. Washington，DC：World Bank，2021.

[9] OECD. Entrepreneurship at a Glance 2018 Highlights[R]. OECD，2018.

[10] UNCTAD. Economic Development in Africa Report 2017：Tourism for Transformative and Inclusive Growth[R]. New York and Geneva：UNCTAD，2017.

## 网络文献：

[1] 科技部. 2019 年我国 R&D 经费投入特征分析[EB/OL]. （2021-06-08）[2021-08-26]. http://www. most. gov. cn/xxgk/xinxifenlei/fdzdgknr/kjtjbg/kjtj2021/202106/t20210608_175085.html.

[2] 商务部. 四大举措推进我国贸易市场多元化[EB/OL]. （2019-12-

17）［2020-09-16］. http：//chinawto. mofcom. gov. cn/article/e/r/201912/20191202922748.shtml.

［3］商务部. 对外贸易发展"十二五"规划［EB/OL］.（2012-04-26）［2020-08-25］. http：//www. mofcom. gov. cn/aarticle/b/e/201204/20120408091457.html.

［4］商务部. 对外贸易发展"十三五"规划［EB/OL］.（2016-12-26）［2020-08-25］. http：//www. mofcom. gov. cn/article/h/redht/201701/20170102498080.shtml.

［5］商务部. "十四五"商务发展规划［EB/OL］.（2021-06-30）［2021-09-16］. http：//www.mofcom.gov.cn/article/guihua/202107/20210703174101.shtml.

［6］习近平. 以自贸区开拓国际市场助企业走出去［EB/OL］.（2014-12-07）［2021-08-31］. https：//news.qq.com/a/20141207/001386.htm.

［7］习近平. 创新是企业经营最重要的品质［EB/OL］.（2020-09-18）［2021-08-31］. https：//baijiahao.baidu.com/s？id＝1678132546300167360&wfr＝spider&for＝pc.

［8］习近平. 走好自主创新的自力更生之路［EB/OL］.（2020-10-13）［2021-08-31］. https：//baijiahao.baidu.com/s？id＝1680400132587166412&wfr＝spider&for＝pc.

［9］国务院. 关于加强进口促进对外贸易平衡发展的指导意见［EB/OL］.（2012-04-30）［2021-08-25］. http：//www. gov. cn/gongbao/content/2012/content_2131969.htm.

［10］国务院. 关于加强进口的若干意见［EB/OL］.（2014-10-23）［2021-09-16］. http：//www.gov.cn/zhengce/content/2014-11/06/content_9183.html.

［11］商务部. 关于扩大进口促进对外贸易平衡发展的意见［EB/OL］.（2018-07-02）［2021-09-18］. http：//www. gov. cn/zhengce/content/2018-07/09/content_5304986.htm.

［12］李丹. 习近平用这则古语阐明国际贸易的历史规律［EB/OL］.（2020-11-03）［2021-08-31］. http：//news. cctv. com/2020/11/03/ARTIvsn9ln

MKcfC866g5saPX201103.shtml.

[13]习近平在二十国集团领导人第八次峰会就贸易等议题发表讲话[EB/OL].（2013-09-06）[2021-08-31].http://www.gov.cn/ldhd/2013-09/06/content_2483042.htm.

[14]龚刚.供给侧要改革，中国外贸战略必须转型[EB/OL].（2018-04-11）[2021-08-27].http://m.eeo.com.cn/2018/0411/326436.shtml.

[15]国务院.关于加快发展服务贸易的若干意见[EB/OL].（2015-02-14）[2021-08-25].http://www.gov.cn/zhengce/content/2015/02/14/content_9482.htm.

[16]商务部新闻办公室.区域全面经济伙伴关系协定谈判进程正式启动[EB/OL].（2012-11-21）[2021-08-25].http://fta.mofcom.gov.cn/article/ftanews/201211/11207_1.html.

[17]国务院.关于构建开放型经济新体制的若干意见[EB/OL].（2015-09-17）[2021-08-25].http://www.gov.cn/xinwen/2015-09-17/content_2934172.htm.

[18]中国国际进口博览局.第四届进博会第一批160家参展商名单正式公布[EB/OL].（2021-03-12）[2021-08-26].https://www.ciie.org/zbh/bqgffb/20210312/27214.html.

[19]海关总署.优化口岸营商环境，加快提升通关便利化水平[EB/OL].（2019-07-03）[2021-08-27].http://www.customs.gov.cn/customs/xwfb34/302425/2531239/index.html.

[20]安蓓，王雨萧.推动各领域全方位扩大对外开放——国家发改委有关负责人回应2019年版外资准入负面清单、鼓励外商投资产业目录热点问题[EB/OL].（2019-06-30）[2021-08-25].https://baijiahao.baidu.com/s?id=1637760897673602780&wfr=spider&for=pc.

[21]国务院.优化营商环境条例[EB/OL].（2019-10-22）[2021-08-27].http://www.gov.cn/zhengce/content/2019/10/23/content_5443963.htm.

[22]罗珊珊.2020年我国跨境电商进出口额同比增长超三成[EB/OL].

（2021-07-13）［2022-03—20］. http：//www.gov.cn/zhengce/2021-07/13/content_5624482.htm.

［23］国务院办公厅. 关于加快发展外贸新业态新模式的意见［EB/OL］. （2021-07-02）［2022-03—20］. http：//www. gov. cn/zhengce/content/2021-07/09/content_5623826.htm.

［24］国务院. 中华人民共和国外商投资法［EB/OL］. （2019-12-26）［2021-08-27］. http：//www. gov. cn/zhengce/content/2019-12/31/content＿5465449.htm.

［25］国务院. 关于推进对外贸易创新发展的实施意见［EB/OL］. （2020-10-25）［2021-08-28］. http：//www. gov. cn/zhengce/content/2020-11/09/content_5559659.htm.

［26］王卓伦. 首次！习主席说中国将积极考虑加入这个协定［EB/OL］. （2020-11-22）［2021-08-28］. http：//www. xinhuanet. com/politics/2020-11/22/c_1126772494.htm？baike.

［27］海关总署.去年出口超2千亿只口罩,相当于国外每人近40个［EB/OL］. （2021-01-14）［2021-09-02］. https：//baijiahao. baidu. com/s？id＝1688837692889856299&wfr＝spider&for＝pc.

［28］海关总署. 2020年民营企业进出口14. 98万亿元 是第一大外贸主体［EB/OL］. （2021-01-14）［2021-09-03］. https：//baijiahao.baidu.com/s？id＝1688838360252620182&wfr＝spider&for＝pc.

［29］郑晨. 2020年中国高新技术企业发展现状分析："十三五"期间企业数量高速增长［EB/OL］. （2021-01-27）［2021-09-03］. https：//www. qianzhan.com/analyst/detail/220/210127-f3bff19f.html.

［30］海关总署. 2020年进出口实绩企业53. 1万家,增加6. 2%［EB/OL］. （2021-01-14）［2021-09-05］. https：//www. zhonghongwang. com/show-257-193659-1.html.

［31］中国经济网. 2020年度"高被引科学家"名单出炉［EB/OL］. ［2020-11-18］（2022-03-18）. https：//baijiahao. baidu. com/s？id＝168370548

38909599 63&wfr＝spider&for＝pc.

［32］商务部. 关于调整部分商品出口退税率和增补加工贸易禁止类商品目录的通知［EB/OL］.（2006-09-14）［2021-07-25］. http：//www. gov. cn/govweb/zwgk/2006-10/13/content_412260.htm.

［33］商务部. 关于扩大跨境电商零售进口试点的通知［EB/OL］.（2020-01-17）［2021-09-05］. http：//www. gov. cn/zhengce/zhengceku/2020/01/19/content_5470578.htm.

［34］商务部. 2020 年中国服务进出口总额达 45642.7 亿元［EB/OL］.（2021-02-09）［2021-07-16］. http：//www. gov. cn/shuju/2021-02/09/content_5586245.htm.

［35］国家统计局. 中国人均国民总收入首破 1 万美元，世界排名位次明显提升［EB/OL］.（2020-08-07）［2021-07-15］. https：//baijiahao. baidu. com/s？id＝1674353926489534447&wfr＝spider&for＝pc.

［36］财富. 2012 年世界 500 强排行榜［EB/OL］.（2012-07-09）［2021-07-16］. http：//www. fortunechina. com/fortune500/c/2012-07-09/content_106535.htm.

［37］世贸组织. 2012 年中国货物贸易额全球第二，仅次于美国［EB/OL］.（2013-04-11）［2021-07-18］. https：//finance. huanqiu. com/article/9CaKrnJA23j.

［38］商务部. 关于进一步加强贸易摩擦"四体联动"应对工作机制的通知［EB/OL］.（2018-01-05）［2021-07-19］. http：//cacs. mofcom. gov. cn/article/flfwpt/stld/sxh/202001/162063.html.

［39］商务部. 十九届五中全会会议公报［EB/OL］.（2020-10-29）［2022-03-19］. https：//baijiahao. baidu. com/s？id＝1681878650959407819&wfr＝spider&for＝pc.

［40］朱茜. 2020 年全球贸易摩擦发展现状分析［EB/OL］.（2021-02-21）［2021-09-03］. https：//www. qianzhan. com/analyst/detail/220/210220-75fee34c.html.

[41]国家统计局. 2019 年全国科技经费投入统计公报［EB/OL］.（2020-08-27）［2021-08-24］. http://www.stats.gov.cn/tjsj/zxfb/202008/t20200827_1786198.html.

[42]教育部. 2019 年各级各类学历教育学生情况［EB/OL］.（2020-06-11）［2021-08-24］. http://www.moe.gov.cn/s78/A03/moe_560/jytjsj_2019/qg/202006/t20200611_464803.html.

[43]商务部流通产业促进中心. 我国或将迎来改革开放以来第四次消费贡献率高峰［EB/OL］.（2019-10-09）［2021-08-26］. https://baijiahao.baidu.com/s? id=16468727707775440718wfr=spider&for=pc.

[44] World Bank. The Global Findex Database［DB/OL］.（2016-12-06）［2021-08-27］. https://globalfindex.worldbank.org/.

## 博士论文：

[1]马慧敏. 当代中国对外贸易思想研究［D］. 复旦大学，2003.

[2]徐雅. 马克思国际贸易思想研究［D］. 东北财经大学，2020.

[3]陈艳. 基于产业集中度视角的中国钢铁行业国际竞争力分析［D］. 东北财经大学，2012.